bup
BERLIN UNIVERSITY PRESS

Walter Krämer
Wie wir uns von falschen Theorien täuschen lassen

Berlin University Press

Walter Krämer
Wie wir uns von falschen Theorien täuschen lassen

Erste Auflage im August 2011
© Berlin University Press 2011
Alle Rechte vorbehalten

Ausstattung und Umschlag
Groothuis, Lohfert, Consorten|glcons.de
Satz und Herstellung
Dittebrandt Layout&Satz, Baden-Baden
Schrift
Borgis Joanna MT
Druck
Beltz Druckpartner GmbH Co. KG, Hemsbach
ISBN 978-3-86280-016-2

Inhalt

Vorwort 7

Teil I: Leben und Sterben
– Wege und Irrwege des modernen Medizinbetriebs –
1. Ein Bonus für Raucher? 11
2. Gesundheit um jeden Preis? 16
3. Zum Begriff des ‚Bedarfs' in der Gesundheits- und Sozialpolitik 23
4. Der statistische Wert eines Menschenlebens 32
5. Gesundheitspolitik als Nullsummenspiel 46
6. Wer soll leben? – Rationierung im Gesundheitswesen aus Statistiker- und Ökonomensicht 54
7. Die Illusion der Prävention 65
8. Demographie als Schicksal oder freier Wille? 76
9. Gesundheit für alle – wie lange noch? Zieht die ältere Generation den Kürzeren? 80
10. Die Tragödie der Struldbrugs 90

Teil II: Zählen, Messen und Vergleichen
– Verwirrspiele mit Zahlen, Daten und Statistik –
11. Sinn und Unsinn von Wahlprognosen 93
12. Grundkurs Statistik 97
13. Nicht das Gegenteil von Glück: Überlegungen zum „Armuts- und Reichtumsbericht" der Bundesregierung 107
14. Der Mythos von der Zwei-Drittel-Gesellschaft 114
15. Was sagt uns die Lohnquote? 116
16. Nützt die Globalisierung nur den Reichen? 118
17. Terms of Trade: Beutet der reiche Norden den armen Süden dieser Erde aus? 120
18. Wer zählt die Arbeitslosen? 122
19. Wer gefährdet unsere Kinder? 133
20. Was ist eigentlich so schlimm an Staatsverschuldung? 135
21. Sind Kapitalmärkte effizient? 137

22. Sind Studiengebühren unsozial? ... 141
23. Wider den Akkreditierungswahn ... 146

Teil III: Sprechen, Denken und Erkennen
– Wege und Umwege zwischen Zunge und Gehirn –
24. Irren ist menschlich ... 151
25. Statistik als Motor und Bremser des Fortschritts
in den Wirtschafts- und Sozialwissenschaften ... 164
26. Ein prima Spiel –
Wirtschafts-Nobelpreise für Heckman und McFadden ... 179
27. Wirtschafts-Nobelpreis 2003:
Verdienter Lohn für ARCH und Kointegration ... 183
28. Verlierer sprechen Denglisch ... 189
29. Sprache als Produktionsfaktor ... 195
30. Sprechen Global Player Englisch? ... 211
31. Die deutsche Sprache und das Kommunistische Manifest ... 213
32. Der Phrasentöter: Hommage an Karl Kraus ... 218
33. Die englische Verdrängung ... 220

Teil IV: Täuschen und Vertuschen
– Weltansichten zwischen Schein und Sein –
34. Lüge, Notlüge, Statistik? ... 223
35. Von wegen halbe-halbe:
Den Arbeitgeberbeitrag zahlt der Arbeitnehmer ... 231
36. Sag die Wahrheit! Echte und vorgeschobene
Interessen in der gesundheitspolitischen Diskussion ... 233
37. Im Land der Panikmacher und Hypochonder ... 245
38. Fragwürdige Zwangsarbeiterzahlen ... 251
39. Mythos Marshallplan ... 253
40. Geschichtsfälschung auf Französisch ... 255
41. Kernkraftwerke erzeugen Schweißfüße ... 263
42. Der Fall Lomborg, oder: Die Panik-Mafia schlägt zurück ... 266

Vorwort

Ich bin mit Leib und Seele Statistiker. Damit kann man auf Partys niemanden beeindrucken, aber der Nutzen für das Leben ist gewaltig. Man lernt z. B. die Dinge so zu sehen, wie sie sind, nicht, wie wir sie gerne hätten. Das bewahrt vor vielen unangenehmen Enttäuschungen und Überraschungen, kann aber auch zuweilen sehr ernüchtern. Raucher belasten das Gemeinschaftswesen? Ohne die Raucher und deren frühes Ableben wäre das deutsche Sozialsystem schon lange unbezahlbar. Eine hohe Staatsverschuldung belastet künftige Generationen? Schwachsinn, unsere Kinder erben ja nicht nur unsere Schulden, sie erben auch unser Vermögen. Und das besteht zum großen Teil aus Staatspapieren. Vorsorge ist sinnvoller als heilen? Irrtum. Denn eine Verlagerung unserer Gesundheitsausgaben in Richtung noch mehr Prävention macht unseren Medizinbetrieb langfristig nicht billiger, sondern nur noch teurer. Und so weiter und so fort.

Viele der hier versammelten Texte zu falschen Theorien und gern geglaubten Unwahrheiten aller Art sind schon andernorts erschienen, einige in Zeitungen und Zeitschriften wie *Frankfurter Allgemeine Zeitung*, SPIEGEL, ZEIT, WELT oder der *Neuen Zürcher Zeitung*, die man an jedem Kiosk kaufen kann, andere in Spezialpublikationen, die nur von Fachleuten gelesen werden. Sie gehen aber nicht nur die Spezialisten etwas an. Wieder andere Kapitel basieren auf Vorträgen, die in dieser Form noch nirgends schriftlich festgehalten sind. Der Schwerpunkt liegt dabei auf neueren Dokumenten, aber mit Bedacht habe ich auch den einen oder anderen Text aus den achtziger Jahren ausgewählt. Einmal, weil gewisse Einsichten zeitunabhängig sind, aber auch, um nachzuweisen, wie wenig Wirkung viele öffentliche Debatten dann doch haben. Es hat mich selbst z. B. sehr ernüchtert, dass 30 Jahre, nachdem ich in der Hamburger *Zeit* über das Grunddilemma des modernen Gesundheitswesens geschrieben hatte (siehe „Gesundheit um jeden Preis?"), ein ähnlicher Aufsatz in *Capital* genau die gleichen Reaktionen provozierte: Das ist aber interessant, das hätten wir so nie gedacht. Ganz offensichtlich sind Hunderte, ja Tausende von Meinungsäußerungen deutscher Gesundheitsökonomen zu den wahren Gründen der Kostenexplosion im modernen Gesundheitswesen an der Öffentlichkeit vorbeigegangen.

Mit Absicht habe ich daher für diesen Sammelband die ältere Fassung des damaligen Aufsatzes gewählt; sie zeigt, wie sehr sich die Probleme und Dilemmas damals wie heute gleichen. Mit Euro statt DM und aktuellen Zahlen anstelle einiger veralteter Statistiken ließe sie sich wörtlich auch in der *Zeit* von heute nochmals drucken.

Andere Kapitel gehen der Frage nach, wieso trotz steigenden Wohlstands die Armut in Deutschland nicht verschwinden will, oder warum Schein und Sein zu Studiengebühren, Umwelt, Lebensmittelsicherheit und Gefahren aller Art so weit auseinanderklaffen. Auch hier befreit ein nüchterner Blick auf die Zahlen von vielen Illusionen und falschen Ängsten gleichermaßen. Und natürlich kommt auch das Thema Sprache und Denken nicht zu kurz, das mich in letzter Zeit ganz intensiv beschäftigt. Denn was heute mit der deutschen Sprache geschieht, speziell das modische Vermanschen des Deutschen mit dem Englischen zu einem Pidgin-Dialekt namens Denglisch, ist mehr als nur ein Pausenthema für Deutschlehrer; es geht weit mehr, als die meisten glauben, auch die Wissenschaft und die Wirtschaft an.

Ich danke meinen vielen akademischen Weggefährten der letzten 30 Jahre für die zahlreichen Debatten und Diskussionen, aus denen meine hier wiedergegebenen Analysen hervorgegangen sind, meinen Mitarbeitern und Studenten an der TU Dortmund für die unermüdlichen Recherchen, ohne die viele meiner Thesen über Spekulationen nicht hinausgekommen wären, und meiner Familie für die Bodenhaftung, die ein Sachbuchautor dringend braucht, um sich nicht in seinen eigenen Lieblingstheorien zu verlieren.

Dortmund, im Sommer 2011   Prof. Dr. Walter Krämer

Teil I: Leben und Sterben

– Wege und Irrwege des modernen Medizinbetriebs –

1. Ein Bonus für Raucher?

■ *Spiegel,* 17/1983

Vor kurzem durchbrachen die jährlichen Gesundheitsausgaben der Bundesrepublik die Schallmauer von 200 Milliarden Mark, so viel wie noch vor etwa 25 Jahren das gesamte westdeutsche Bruttosozialprodukt. Und wie immer bei derart beunruhigenden Meldungen ist man froh über jeden Sündenbock. „Genusssucht und Zügellosigkeit", so der Vorsitzende des Deutschen Kassenarztverbandes, sollen für einen Großteil dieser astronomischen Gesundheitsausgaben verantwortlich sein. „Ihre volle Dramatik erhält die Kostenlawine der modernen Medizin erst durch die Tatsache, dass mindestens die Mehrzahl aller Krankheitsfälle auf ein gesundheitsschädigendes Verhalten des Erkrankten zurückzuführen ist", urteilt auch Hans Schaefer, einer der scharfsinnigsten Kritiker des bundesdeutschen Medizinbetriebs, und mit ihm nahezu das gesamte gesundheitspolitische Establishment.

„Richtige Lebensweise, verantwortungsbewusste Lebensführung und Einhaltung natürlicher Ordnungen würden mit einem Schlag die Situation im Gesundheitswesen grundlegend ändern und die Kosten auf ein erträgliches Maß absenken", meinte Joachim Illies im *Rheinischen Merkur,* und in logischer

Fortführung dieses Gedankens fordert der Deutsche Kassenarztverband, dass Raucher oder Patienten, die häufig Alkohol trinken, einen Risikozuschlag zu den ärztlichen Behandlungskosten zahlen sollen.

Auch falsche Ernährungsgewohnheiten, die „Selbstverstümmelung mit Messer und Gabel", sollen künftig nach den Vorstellungen vieler Ökonomen, Mediziner und Gesundheitspolitiker den Verursacher dort treffen, wo es ihn am meisten schmerzt, an seinem eigenen Geldbeutel. „Wenn Leute für 30 Kilogramm Übergewicht einen doppelten Krankenversicherungsbeitrag bezahlen müssten, verschwände das Übergewicht unserer Bevölkerung ungewöhnlich schnell", glaubt Ökonomie-Professor Frank Münnich, ein Kenner und Kritiker der gesundheitspolitischen Szene in der Bundesrepublik.

Das alles klingt sehr einleuchtend und ist trotzdem falsch. Vorbeugen statt Heilen, wie sinnvoll diese Kehrtwendung für gesundes und langes Leben auch sein mag – sie wird die Kostenexplosion im bundesdeutschen Gesundheitswesen unter den gegenwärtigen Rahmenbedingungen nicht bremsen können.

Ohne den lebensverlängernden Wert präventiver Gesundheitsmaßnahmen zu bestreiten oder gar herabsetzen zu wollen – mehr als die Hälfte der Leser dieser Zeilen wären ohne moderne Schutzimpfungen und sanitäre Einrichtungen nicht mehr am Leben –, sind doch eine Reihe von Zweifeln an den angeblich kostendämpfenden Wirkungen einer verstärkten Vorbeugemedizin angebracht.

Glauben denn Nikotingegner im Ernst, dass Nichtraucher ewig leben? Oder wird man etwa durch regelmäßigen Sport, vernünftige Essgewohnheiten und Verzicht auf Alkohol unsterblich? Natürlich nicht, und nur wenige Sportler, Anti-Alkoholiker und Nichtraucher sterben, wenn auch mitunter später als andere, ohne vorher krank und behandlungsbedürftig und damit für die Krankenversicherung eine Quelle von Kosten zu sein.

Nach einer neueren statistischen Untersuchung sterben in den USA jährlich etwa 600 000 Menschen eines vermeidbaren Todes (400 000 durch Herz- und Gefäßkrankheiten, 100 000 durch Krebs, 50 000 durch Unfälle, 25 000 durch Diabetes). Was wäre die Folge, wenn die Ursachen dieser Todesfälle, Rauchen, übermäßiges Essen und Trinken, Drogenmissbrauch und Umweltschäden, vollständig beseitigt würden? Diese Menschen müssten auch weiterhin sterben, wenn auch später, teils an den gleichen, teils an „billigeren", teils aber auch an erheblich „teureren" Krankheiten, mit einem nicht notwendig positiven Kosten-Nettoeffekt. „Es ist keineswegs sicher, dass die Verhütung der heute wichtigsten Krankheits- und Todesursachen auch die Kosten der Gesundheit senken kann", stellen die Autoren dieser Studie in der Wissenschaftszeitschrift *Science* fest.

Nach einer Untersuchung des Harvard-Demographen Konrad Täuber würde sogar die vollständige Ausrottung der Menschheitsgeißel Krebs keinen kostensenkenden Effekt haben, sondern nur zu einer geringfügigen Erhöhung der mittleren Lebenserwartung führen: „Alles in allem sieht es nicht so aus, als ob die Kosten der Gesundheit durch die Elimination von Krebs gesenkt werden könnten."

Herkömmliche Kosten-Nutzen-Analysen lassen stets einen ganz wesentlichen Kostenfaktor vorbeugender Gesundheitsmaßnahmen außer Acht. Das sind die Kosten derjenigen Krankheiten, die man sich nur deswegen zuziehen kann, weil man nicht an der ersten Krankheit gestorben ist. Das Musterbeispiel einer derartigen Milchmädchenrechnung wurde kürzlich im *Deutschen Ärzteblatt* aufgemacht. Danach sind Kreislauf-Präventivkuren zur Verhinderung von Herzinfarkt als kostendämpfend anzusehen, mit dem folgenden Argument: Für einen 45-jährigen, leicht übergewichtigen Mann, der täglich 20 Zigaretten raucht und mäßig erhöhten Blutdruck hat, beträgt das Risiko eines Herzinfarkts 32 Prozent, d. h. von 100 Männern dieser Gefährdungsstufe erleiden im Durchschnitt 32 innerhalb der nächsten sechs Jahre einen Herzinfarkt.

Dieses Risiko, so rechnen die Autoren der Studie, sinkt nach einer Präventivkur auf etwa 4 Prozent. Bei 3.000 DM Kosten pro Kur und 24.000 DM Kosten pro Herzinfarkt ergibt das bei 100 Kurteilnehmern Gesamtkosten von 300.000 DM, dem ein durch 29 verhütete Herzinfarkte gewonnener Nutzen von 696.000 DM gegenübersteht. Also auf zur Kur, sollte man meinen.

Leider ist Kostendämpfung im Gesundheitswesen so einfach nicht zu haben. Der Rückgang des Infarktrisikos gilt nur für die ersten sechs Jahre nach der Kur. Und dann tritt trotzdem irgendwann ein Herzinfarkt auf, oder der Mann erleidet einen Schlaganfall oder erkrankt an Krebs.

Sterben muss jeder, ganz gleich, wie viele Präventivkuren er macht. Von den 714.000 Toten in der Bundesrepublik im Jahr 1980 starben nur 6.500 an Altersschwäche, aber 148.000 an Krebs und 359.000 an Krankheiten des Kreislaufsystems, und daran wird sich auch durch noch so massive Vorbeugungskampagnen nichts ändern.

Sicher gibt es auch Präventivmaßnahmen, die von einem veterinärmedizinischen Standpunkt (der mit Kosten-Nutzen-Argumenten implizit immer eingenommen wird) lohnend erscheinen, etwa in der Zahnmedizin. Und selbst dort muss man nach der Kostenersparnis fragen, wenn ein Patient seine mehrere Tausend DM teure Zahnprothese mit 70 statt mit 50 bekommt.

Von wenigen Ausnahmen abgesehen, sind verstärkte Vorbeugungsaufwendungen aber – so wertvoll sie für die Gesundheit des Betroffenen sein mögen – die schlechteste Kostenbremse für unser Gesundheitswesen, die man sich denken kann. Wie gesund man auch lebt, krank werden und sterben müssen wir trotzdem, und häufig wird eine gegebene Behandlung immer teurer, je später im Leben man sie braucht. Stirbt man nicht an Krebs A, dann an Krebs B, und ein durch regelmäßige Blutdruckkontrolle abgewendeter Schlaganfall macht oft nur Platz für eine hundertmal teurere Herzoperation.

Die Behandlung von Lungenkrebs ist nicht nur in der Regel vergeblich, sondern auch erheblich billiger als viele andere sonst nötige Therapien, die durch den Tod des Patienten entfallen und damit auch keine Kosten verursachen können. Sollten daher Raucher auf diese Weise zur Entlastung unseres Gesundheitsbudgets beitragen, eine nach jüngeren statistischen Untersuchungen nicht von der Hand zu weisende Möglichkeit, stünde ihnen bei den von Ärzten und Gesundheitspolitikern oft geforderten „risikogerechten Krankenkassenbeiträgen" sogar eine Ermäßigung statt eine Erhöhung ihres Beitrags zu.

2. Gesundheit um jeden Preis?

■ *Die Zeit*, 27. Juni 1980

In der satirischen Zeitschrift *Pardon* war vor einigen Jahren die folgende, Lebensstil und Umwelt künftiger Generationen überspitzt vorwegnehmende Karikatur zu sehen: Inmitten und gleichsam erdrückt von prächtigen Apotheken, Kliniken und Krankenhäusern sinniert ein Clochard wehmütig vor seiner Wellblechhütte: „Das waren noch Zeiten, als man sich außer der Krankenkasse noch etwas anderes leisten konnte."

In der Tat scheinen solche Zeiten nicht mehr fern. So wurden etwa im Jahr 1961 nur 4,5 Prozent aller in der Bundesrepublik Deutschland produzierten Güter und Dienstleistungen (Bruttosozialprodukt) im Dienste der Gesundheit produziert, 1975 wurden daraus bereits 9,4 Prozent, und setzt man etwa den Trend der sechziger Jahre unverändert in die Zukunft fort, so wird genau im Jahr 2065 das gesamte bundesdeutsche Bruttosozialprodukt durch Gesundheitsausgaben ausgeschöpft. Mit leicht abweichenden „Einholdaten" gilt das Gleiche für die übrigen Industrienationen Westeuropas und die USA. Statt Privatautos werden dann Rettungshubschrauber, anstelle von Eigenheimen Krankenhäuser hergestellt. Niemand läuft weiter als 100 Meter bis zur nächsten Apotheke, und einen Herzchirurgen findet man leichter als einen Friseur. Bei einem Verkehrsunfall darf man mit dem unverzüglichen Einfliegen eines voll ausgerüsteten Notarztteams rechnen, aber zu essen gibt es nur noch Erbsensuppe.

Natürlich ist solches Argumentieren, für sich allein genommen, Bauernfängerei und unseriös. Auch die prozentualen Beiträge anderer Branchen zum Sozialprodukt ändern sich im Zeitablauf, ohne dass dies Grund zur Besorgnis gibt. Ohne Zweifel geht auch ein gewisser Teil des vergangenen überproportionalen Wachstums der Gesundheitsausgaben auf die Wünsche der Menschen zurück: Mit steigendem Einkommen werden verhältnismäßig mehr zusätzliche Gesundheitsgüter nachgefragt (im Fachjargon der Wirtschaftswissenschaft ist Gesundheit ein „Luxusgut"). Ebenso trägt der steigende Anteil älterer Jahrgänge an der Bevölkerung und die hohe Arbeitsintensität im Gesundheitswesen auf natürliche Weise zur Aufblähung des Ausgabenvolumens bei.

Trotzdem enthält die Karikatur in Pardon einen wahren Kern. Das tatsächliche Wachstum der Gesundheitsausgaben zeichnet sich durch eine Tendenz zur Überschreitung jeder wie immer aus den Wertvorstellungen der Gesellschaft abgeleiteten optimalen Quote aus. Es gibt keine im Gesundheitswesen eingebaute Bremse, die das Ausgabenwachstum bei Erreichen des sozialen Optimums stoppt.

Der viel gebrauchte Ausdruck Kostenexplosion deutet zunächst auf überdurchschnittliche Preissteigerungen hin. Doch das täuscht. Die „Kostenexplosion" im Gesundheitswesen ist in erster Linie ein reales, kein monetäres Phänomen, ein Mengen- und kein Preisproblem. Nicht bestimmte Leistungen werden teurer, sondern der mengenmäßige Behandlungsaufwand bei gegebenen Gesundheitsstörungen steigert sich. Die Preissteigerungen für bestimmte Arzneimittel oder ärztliche Leistungen nehmen sich im Vergleich zum allgemeinen Lebenshaltungskostenindex eher bescheiden aus. Dagegen nimmt der quantitative Aufwand zur Behandlung der Beschwerden mitunter geradezu dramatisch zu. Lebensbedrohende Organschäden nahm man früher als Schicksal hin – heute wird transplantiert. Bei einfachen, unkomplizierten Blinddarmentzündungen stieg die Zahl der durchschnittlich vorgenommenen Labortests von fünf im Jahr 1951 auf 30 im Jahr 1970, und bei einer Entbindung ist das Verhältnis 14:5. Früher ließ man eine Erkältung über sich ergehen, heute verdient die Pharmazie. Die Preisindices für Waren zur Gesundheitspflege – ein Teilindex des Gesamt-Lebenshaltungskostenindex –, für pharmazeutische Erzeugnisse im Groß- und Einzelhandel oder der Index der Erzeugerpreise pharmazeutischer

Produkte stiegen in der ersten Hälfte der siebziger Jahre sämtlich langsamer als der Preisindex für die Lebenshaltung (27 Prozent). Trotzdem nahm im gleichen Zeitraum der Umsatz der Apotheken um mehr als 60 Prozent zu. Damit geht das Ausgabenwachstum bei Arzneimitteln vor allem auf die Mengen- und nicht auf die Preiskomponente zurück. Auf die gleiche Weise wird man bei näherem Hinsehen bei der Mehrzahl aller heute behandelbaren Krankheiten und Verletzungen feststellen, dass weniger die Preise, sondern vielmehr die Mengen der erbrachten und verbrauchten Güter und Dienstleistungen überproportional gestiegen sind.

Fragt man bei den Betroffenen – Ärzte, Gesundheitspolitiker, Pharmaindustrie – nach den Gründen dieser Entwicklung, erhält man abweichende Antworten. Die richtige ist selten dabei. Weder überflüssiger Behandlungsaufwand seitens der Ärzte oder monopolistische Praktiken der Pharmaindustrie noch schlampige Betriebsführung im Krankenhaus oder Anspruchsdenken der Versicherten haben die Kostenlawine im Gesundheitswesen in erster Linie ausgelöst, obwohl solches Fehlverhalten durch das derzeitige unselige System geradezu provoziert wird. Die beängstigende Ausweitung des Gesamtaufwands hat einen anderen und tiefer liegenden Grund. Sie wäre im gegenwärtigen System auch dann unausweichlich, wenn jeder Beteiligte, Arzt und Patient, nur das Nötige verlangt oder tut. Der wahre Grund ist das atemberaubende Wachstum dessen, was nach dem Stand der medizinischen Wissenschaft heute „nötig" ist. Als Herzverpflanzungen technisch noch nicht möglich waren, bestand auch kein „Bedarf" danach. Gleiches gilt für die weniger spektakuläre, aber ebenso aufwendige Herz-Koronar-Chirurgie, Verpflanzungen anderer Organe, die mittlerweile altehrwürdige Röntgentechnik, oder auch die jüngst so ins Gerede gekommene Computertomographie. Das Antidiabetikum Euglucon, umsatzstärkstes Arzneimittel auf dem deutschen Markt und neunmal teurer als Gold, befriedigt erst seit seiner Markteinführurig 1969 den danach bestehenden „Bedarf", ebenso wie die übrigen vorzugsweise in den letzten Jahrzehnten entwickelten Produkte der Pharmaindustrie. Die riesige und immer schneller wachsende Palette an Diagnose- und Heilverfahren zusammen mit allen übrigen Fortschritten der medizinischen Wissenschaft hat zu einer Explosion des medizinisch Machbaren und damit des „Bedarfs" geführt.

Nicht umsonst wird hier das Wort „Bedarf" in Anführungszeichen gesetzt. Wohl kaum ein Wort der deutschen Sprache wird ausdauernder missbraucht, entbehrt so sehr eines allgemein anerkannten Sinngehalts und ist daher als Leerformel so vorzüglich zum Auffüllen mit einer gerade genehm erscheinenden Bedeutung zu gebrauchen wie dieses Wort „Bedarf". Hier wird die folgende Begriffsbestimmung gebraucht: „Bedarf" an zusätzlichen Mitteln (Produktionsfaktoren) im Gesundheitssektor einer Volkswirtschaft liegt immer dann vor, wenn dieser zusätzliche Mitteleinsatz noch einen Nutzen hat, also Leben rettet, Krankheiten verkürzt und allgemein der Gesundheit dient (in der Fachsprache der Wirtschaftswissenschaft: bei positiver Grenzproduktivität). Und der so definierte Bedarf an Gesundheitsgütern wächst seit geraumer Zeit schneller als das Sozialprodukt, und er wird das auch in Zukunft tun.

Dass dieser Bedarfsexplosion eine Ausgabenexplosion auf dem Fuß folgte, hat mehrere Gründe. Einmal in den Heilberufen, etwa durch das 1948 vom Weltärzteverbund in Genf verabschiedete Ärztegelöbnis (Hippokrates-Eid), das den Einsatz aller verfügbaren Mittel zum Wohl des Patienten zur Pflicht gemacht hat. Noch wichtiger: Mit zunehmender Verbreitung der Krankenversicherung sind die dem einzelnen Arzt zur Verfügung stehenden Mittel nicht mehr durch die Finanzen des jeweiligen Patienten begrenzt. Man stelle sich etwa den Boom der Gerichtskosten vor, wenn für jeden Bundesbürger eine Rechtsschutzversicherung obligatorisch wäre.

Natürlich ist die mit der Krankenversicherung einhergehende gleichmäßigere Verteilung der Gesundheitsgüter durchaus sozial erwünscht. Nach einer von vielen Gesundheitsökonomen geteilten Wertvorstellung (Recht auf Gesundheit) hat bei der Verteilung der Segnungen der modernen Medizin der Markt nur ein bedingtes Recht. Das Problem einer möglichst gleichmäßigen (gerechten) Verteilung eines gegebenen Gesamtvolumens hat aber mit der dringenden Notwendigkeit der Beschränkung dieses Gesamtvolumens nichts zu tun. An dieser Beschränkung des gesamten Gesundheitsbudgets führt kein Weg vorbei, es sei denn, man lebt gern in einer Wellblechhütte neben einem Klinikpalast. Das sogenannte Kostendämpfungsgesetz von 1977 war ein erster und wichtiger Schritt dahin. Jedoch werden davon nur der ambulante Sektor und die Arzneimittelversorgung erfasst, während sich der Aufwand in der stationären Behandlung auch weiterhin am „Bedarf" orientiert. Dringend erforderlich ist daher ein deutliches Wort von politischer Seite, dass in Zukunft auch im Krankenhaus nicht mehr alles nach dem Stand der Medizin mögliche auch ohne weiteres machbar ist.

Wer glaubt, dies sei durch die Wünsche der Menschen nicht gedeckt, mache folgendes Gedankenexperiment. Angenommen, es gäbe einen Impfstoff gegen Krebs, der 100.000 DM pro jährlicher Injektion kostete, und es würden zwei Strategien zur Wahl gestellt: (a) die Gesamtbevölkerung wird jedes Jahr geimpft, und der Krankenkassenbeitrag steigt auf 80 Prozent vom Lohn (damit bliebe dem Durchschnittsverdiener kein Auto, kein Farbfernseher und kein Urlaub mehr) oder (b) niemand wird geimpft und die Gefahr eines frühzeitigen Krebstodes bleibt, wie sie ist. Vermutlich wird eine Mehrheit dieses Risiko zusammen mit einem angenehmen Leben einem sonst kärglichen Dasein vorziehen. Sterben muss man ohnehin. Wie sonst könnten Ärzte Raucher sein? Eine Begrenzung des Gesundheitsbudgets vor Erreichen der Bedarfsgrenze (bei positiver Grenzproduktivität) bedeutet also Verzicht auf medizinisch machbare und erfolgversprechende Heil- oder Vorbeugeverfahren. Diese Tatsache ist durch nichts hinwegzudiskutieren. Jedes Beschränken der Mittel bei noch positiver Grenzproduktivität nimmt notwendigerweise ein unbestimmtes Maß von ansonsten vermeidbarem menschlichem Leid und Schmerz und auch Tod in Kauf. Ein an Stelle eines herzchirurgischen Zentrums gebauter Kindergarten, eine eingesparte künstliche Niere, ein unterbesetzter Notarztdienst kommen ohne Zweifel für zahlreiche Menschen einem Todesurteil gleich.

Das Gleiche gilt aber auch für eine aus Kostengründen in der Nacht nicht beleuchtete Straßenkreuzung, ein ungenügend ausgebautes Flugsicherungssystem, eine wegen eines Sportstadiums nicht gebaute Kläranlage und eine Vielzahl anderer Beispiele, in denen eine speziell gewählte Verwendungsart knapper Mittel über Gesundheit und Leben von Menschen bestimmt. Daraus folgt, dass die Existenz von Bedarf allein noch kein hinreichender (wohl aber notwendiger) Grund für die Inanspruchnahme knapper Mittel ist. Über das Feststellen eines objektiven Bedarfs hinaus ist immer auch ein Bewerten alternativer Verwendungsarten gefragt. Für einen Bildungspolitiker etwa ist das nicht neu, und auch jeder Normalbürger ist im Prinzip in der gleichen Lage, wenn er zwischen einer Urlaubsreise und einem Farbfernseher wählt.

Es bleibt die Frage, wie die dann auch im Gesundheitswesen knapp gewordenen Mittel auf die „Bedürftigen" zu verteilen sind. Dies scheint in der Tat eines der drängendsten auf die Gesundheitspolitik zukommenden Probleme zu sein, sowohl, was die Aufteilung des Gesamtbudgets auf einzelne Teilsektoren, als auch, was die Verteilung der dort produzierten Güter und Dienstleistungen auf die Patienten betrifft. Die Rückkehr zu marktwirtschaftlichen Lösungen (Zuteilung nach Zahlungsfähigkeit) scheint im letzten Fall dabei allein schon deshalb ausgeschlossen, weil zahlreiche Spitzenleistungen der modernen Medizin bereits heute auch für Wohlhabende nicht mehr erschwinglich sind. Keinesfalls erforderlich ist weiterhin, und das sei hier aus gutem Grund betont, ein Ausrichten des Behandlungsaufwands am ökonomischen Wert des zu rettenden Lebens. Dies wäre in der Tat Veterinärmedizin. Zwar wird bei Staatsoberhäuptern, Päpsten und Regierungschefs, allgemein bei Persönlichkeiten des öffentlichen Lebens ein bei gewöhnlichen Sterblichen unüblicher Aufwand toleriert, aber eine Vorzugsbehandlung von Facharbeitern etwa verglichen mit Rentnern, rein aus ökonomischen Gründen, ist inhuman.

Als möglicher Ausweg bietet sich etwa die Rationierung knapper Gesundheitsgüter nach der Reihenfolge der Kontaktaufnahme mit dem Gesundheitssystem (wer zuerst kommt, mahlt zuerst) oder einer von den Heilberufen vorgenommenen Einschätzung des Grades der ‚Bedürftigkeit' an. Bereits heute scheint eine Mischung aus diesen Prinzipien, wenn auch noch als Ausnahme, die Verteilung knapper Mittel etwa in der Herzchirurgie zu bestimmen. Der medizinische Fortschritt wird diese Kluft zwischen dem medizinisch Möglichen und dem nach den Wertvorstellungen der Gemeinschaft Finanzierbaren in Zukunft eher breiter machen. Damit zieht zunehmend auch im Gesundheitswesen die Knappheit ein. Für eine Versachlichung der gesundheitspolitischen Diskussion wäre viel gewonnen, wenn alle Betroffenen der Tatsache ins Auge sähen, dass dies keine vorübergehende Engpass-Situation, sondern ein unumgänglicher Dauerzustand ist.

3. Zum Begriff des „Bedarfs" in der Gesundheits- und Sozialpolitik

■ *Sozialer Fortschritt 6/1981*

Der Mensch braucht 1200 Kalorien pro Tag, Luft, Bewegung, Vitamin C und eine gute Erziehung. Ein Auto braucht Benzin. Die Bundesrepublik Deutschland braucht Facharbeiter, eine aktive Handelsbilanz und Erdöl. Ferner bedarf unser Gemeinwesen zusätzlicher Lehrstellen und weiterer Mittel für die Herzchirurgie. Offenbar lässt sich diese Liste ohne Mühe verlängern. Kaum ein Tag vergeht, ohne dass in den Massenmedien ein neuer „Bedarf" das Licht der Welt erblickt. Man darf ohne Übertreibung feststellen, dass dieser Begriff zu den am meisten gebrauchten der deutschen Sprache gehört.

Umso bedenklicher ist es, dass keine Einigkeit über die Bedeutung dieses Wortes besteht. Zwar ist in der Regel und im konkreten Einzelfall mit dem Wort „Bedarf" ein bestimmter Inhalt verknüpft; dieser ist aber nicht in allen Fällen gleich. Die gemeinte Bedeutung hängt vielmehr vom gesellschafts- und sozialpolitischen Standpunkt des Betrachters ab. So sind mit großer Wahrscheinlichkeit verschiedene Dinge gemeint, wenn ein Vertreter der Gewerkschaften oder ein Ärztefunktionär vom zukünftigen Bedarf an Ärzten spricht. Gleiches gilt, mit jeweils anderer Rollenbesetzung, für den Bedarf an Lehrern, Gastarbeitern, Verteidigungsausgaben, Geburten, Sozialleistungen, Kernkraftwerken und eine Anzahl anderer Dinge mehr. Man hat auch schon von einem „Bedarf an Abtreibungen" gehört.

Vielfach sind die Abweichungen bei der Definition dieses zentralen Begriffs den Beteiligten überhaupt nicht oder nur vage bewusst. Die Folge sind unnötiges Aneinandervorbeireden und vermeidbare Reibungsverluste in der sozialpolitischen Diskussion. Der vorliegende Beitrag hat daher eine Klärung dieser Begriffsverwirrung zum Ziel; er stellt zum einen gebräuchliche Verwendungsarten des Begriffs „Bedarf" einander gegenüber. Beispiele sind vor allem aus dem Gesundheitssektor entlehnt. Hier scheinen die Fronten am starrsten und die Missverständnisse am folgenreichsten zu sein. Darüber hinaus mögen die folgenden Zeilen vielleicht auch in anderen Bereichen der Sozialpolitik zu einer Versachlichung der Diskussion beitragen.

Bedarf und Nachfrage

Eine erste Quelle der Verwirrung ist die häufige Gleichsetzung von Bedarf mit dem in den Wirtschaftswissenschaften verwendeten Nachfragebegriff. Nachfrage setzt Bereitschaft und Fähigkeit zum Tausch voraus. Nachfrage nach Wohnraum, Bildung und Gesundheitsgütern besteht nur in dem Umfang, wie Individuen dafür alternative Verwendungsarten ihres Einkommens aufzugeben bereit und in der Lage sind. Sie ist dem Einzelnen nicht von außen vorgegeben wie Körpergröße und Gewicht, sondern variiert mit Einkommen und Preisen und hängt von je nach Person verschiedenen Wertvorstellungen und Rangordnungen ab. Demgegenüber wird Bedarf, unabhängig von den im Weiteren vorgestellten konkreten Begriffsbestimmungen, meistens mehr im Sinn von Körpergröße und Gewicht interpretiert. Er ist dem Individuum von außen aufgeprägt. Der Bedarf an Insulinspritzen und Nachhilfestunden in Mathematik mag zwar je nach Person verschieden sein, hängt aber nicht von den Wertvorstellungen der Betroffenen ab. Er ist vorhanden oder nicht, unabhängig davon, was der Einzelne darüber denkt. Bedarf wird damit oft als notwendige, aber nicht hinreichende Bedingung für Nachfrage angesehen. Nicht jeder Bedarf löst Nachfrage aus. Auf der anderen Seite mag aber auch bei fehlendem Bedarf eine Nachfrage bestehen. Höchst selten wird etwa die Existenz eines Bedarfs an Pornoliteratur und Spirituosen anerkannt. Ebenso schwerlich wird man leugnen können, dass nach beiden eine nicht unbeträchtliche Nachfrage besteht. Dieser Sachverhalt hat vielfach zu einer gefühlsmäßigen Abwertung von Nachfrage und einer entsprechenden Aufwertung des Begriffs Bedarf geführt. Die marxistische Forderung „Jeder nach seinen Fähigkeiten, jedem nach seinem Bedarf" drückt Bedarf zugleich als eine mit Anspruch auf Befriedigung verknüpfte Sache aus. Wenn aber auch die alte und neue Linke zuweilen glaubt, sie kenne die wahren Bedürfnisse, so hat weder diese noch irgendeine andere weltanschauliche Gruppierung bislang eine Einigung erreicht, was darunter eigentlich zu verstehen ist.

Bedarf als positiver Begriff

Boulding hat, bezogen auf das Gesundheitswesen, die folgende Definition vorgeschlagen: Der Bedarf an ärztlichen Leistungen, Medikamenten und Gesundheitsgütern aller Art ist durch die zur Aufrechterhaltung des gesundheitlichen Status quo notwendige Menge bestimmt; er nennt das „homöostatischen Bedarf". Ein Automobil braucht zum reibungslosen Funktionieren in gewissen Abständen neue Zündkerzen und einen Ölwechsel. In genau dem gleichen Sinn braucht der Mensch Kalorien und Vitamine und ein Zuckerkranker Insulin. Ebenso ist der Bedarf an Blinddarmoperationen, Zahnersatz und Pharmaerzeugnissen durch die Aufrechterhaltung der körperlichen Funktionstüchtigkeit der Mitglieder der Gesellschaft als notwendige Menge festgelegt. Damit scheint eine eindeutige und in der gesundheitspolitischen Praxis verwertbare Definition von Bedarf gefunden zu sein.

Leider wirft diese Begriffsbestimmung jedoch eine ganze Reihe von Problemen auf. Da ist zunächst das Phänomen des Alterns. Wie ein Ölwechsel bei einem verschlissenen Automotor, können noch so viele Gesundheitsgüter ein gleichbleibendes Funktionieren des menschlichen Körpers nicht langfristig sicherstellen. Sodann das Feld der präventiven Medizin. Wie soll man etwa den homöostatischen Bedarf an Grippeschutzimpfungen bestimmen? Schließlich das Problem der Verallgemeinerung auf andere Bereiche der Sozialpolitik. So ist Bouldings Vorschlag offensichtlich zur Bestimmung des Bedarfs an Schulen und Lehrern nicht anwendbar. Hier ist gerade die Veränderung und in keiner Weise die Beibehaltung des bildungsmäßigen Status quo das Ziel aller Anstrengungen.

Eine zweite operationale Definition von Bedarf orientiert sich an den wirtschaftstheoretischen Begriffen „Grenznutzen" und „Grenzproduktivität". Dies scheint zugleich die am häufigsten, wenn auch mehr oder weniger unbewusst, in sozialpolitischen Diskussionen zugrunde gelegte Begriffsbestimmung zu sein. Danach ist der Bedarf an künstlichen Nieren so lange ungedeckt, wie das letzte eingesetzte Gerät noch einen Nutzen bringt. Analog wird der Bedarf an Medikamenten und anderen medizinisch-technischen Apparaten bestimmt, und in gleicher Weise ist damit auch in anderen Bereichen der Sozialpolitik jedweder Bedarf an Mitteln objektiv und unzweideutig festgelegt.

Vor allem im Gesundheitswesen scheint der so formulierte Bedarfsbegriff das Handeln der Verantwortlichen zu bestimmen, Schwierigkeiten bei der Anwendung dieser Definition ergeben sich vor allem aus möglichen Meinungsverschiedenheiten bei der Feststellung, ob der Einsatz zusätzlicher Mittel in einem konkreten Fall noch einen positiven Nutzen bringt oder nicht. Dies wird auf eklatante Weise durch die gegenwärtige Diskussion zum Für und Wider einer möglichen „Ärzteschwemme" deutlich. Um ihr Einkommen besorgte etablierte Ärzte versuchen, den Zufluss neuer Kollegen mit dem Argument zu bremsen, dass ein weiteres Wachstum der Ärztezahl die Qualität der medizinischen Versorgung gefährde. Mit anderen Worten: Zusätzlichen Ärzten wird eine negative Grenzproduktivität unterstellt. Der Scheincharakter dieses Arguments liegt jedoch offen zutage und zeigt lediglich, dass man eine Bedarfsbestimmung grundsätzlich nicht interessierten Parteien überlassen darf.

Als letzter Versuch einer objektiven Begriffsbestimmung sei der sogenannte „komparative Bedarf" erwähnt. Nach dieser Definition hat ein Individuum oder ein Teil der Gesellschaft so lange Bedarf, wie es einem anderen Individuum oder Teil der Gesellschaft besser geht. Auf dem Gesundheitssektor mag das etwa bedeuten: Ist die Arztdichte in Rheinhessen niedriger als im Bundesdurchschnitt, so besteht in dieser Region ein Ärztebedarf. Analog kann man den Bedarf an Lehrern und Wohnungen bestimmen. Bei Einzelpersonen wird ein auf derartigen Überlegungen gründender Bedarfsbegriff vor allem bei der Festlegung von Armutsgrenzen und Existenzminima verwendet. Nicht mehr ein absoluter Maßstab, sondern der Blick auf den Nachbarn bestimmt, ob man „bedürftig" ist.

Bedarf als normativer Begriff

Ein von dem oben genannten verschiedener Bedarfsbegriff leitet sich aus persönlichen und gesellschaftlichen Wertvorstellungen ab. Nicht die Welt, wie sie ist, sondern die Welt, wie sie sein sollte, bestimmt den Bedarf. Womit sich unausweichbar die Frage stellt: Wer bestimmt wessen Bedarf? Wessen Wertvorstellungen geben bei der Formulierung des zu erstrebenden Idealzustands den Ausschlag? Offenbar sind hier je nach religiösem und politischem Weltverständnis fundamental verschiedene Ziele und davon abgeleitete Bedürfnisse denkbar. Ein gläubiger Katholik wird den Bedarf an Missionaren in der Republik Kongo anders einschätzen als ein Atheist, und ein Vegetarier hat im Allgemeinen eine von der vorherrschenden Meinung abweichende Auffassung zum Bedarf an Schweinefleisch. Diese Diskrepanz wird auch dadurch nicht weggewischt, dass einige gesellschaftliche Gruppierungen sich im Besitz der wahren Erkenntnis glauben. Das marxistische „Wir kennen die wahren Bedürfnisse" etwa darf nicht darüber hinwegtäuschen, dass diese vermeintlich wahren Bedürfnisse in keiner Weise objektiv und physikalisch messbar sind.

Zuweilen wird diese Tatsache dadurch verschleiert, dass in einer konkreten Diskussion die Nennung des zugrunde liegenden Optimalzustands unterbleibt. Damit erhält die Bedarfsfeststellung den Charakter einer positiven und nachprüfbaren Behauptung. Die Meldung etwa „In der Bundesrepublik Deutschland fehlen derzeit 500.000 Wohnungen" scheint auf den ersten Blick eine Aussage zu sein wie „Morgen ist der erste April" oder „Hamburg ist größer als München". In Wahrheit ist die erste Behauptung aber in keiner Weise durch Rückgriff auf die Tatsachen nachprüfbar. Sie hängt vielmehr entscheidend von der folgenden Wertvorstellung ab: Jeder bundesdeutschen Familie steht eine eigene Wohnung zu, und jedes Kind soll ein eigenes Zimmer haben. Dies ist eine Wertvorstellung, die der Autor dieser Zeilen durchaus teilt, aber es ist und bleibt eine Wertvorstellung und keine Tatsachenbehauptung. Bei näherem Hinsehen entpuppen sich damit auch die im vorigen Abschnitt vorgestellten vermeintlich positiven Bedarfsdefinitionen als letztendlich an normativen Wertvorstellungen orientiert. Ob homöostatischer, komparativer oder von Grenznutzen abgeleiteter Bedarf, im Hintergrund steht immer ein Werturteil. „Ein Menschenleben hat keinen Preis", „Lernen kann man nie genug" und „Alle Menschen sollen gleich sein" sind Beispiele dafür.

Derartige Auffassungen sind unterschiedlich fest in einer Gesellschaft verankert und akzeptiert. Das eine Ende der Skala nehmen in westlichen Zivilisationen wohl Vorstellungen über den Wert des menschlichen Lebens ein. Am anderen Ende finden sich etwa Ziele wie „Verteidigungsbereitschaft nach außen" und der davon abgeleitete Bedarf an Soldaten und Panzern. Darüber besteht hierzulande und anderswo in keiner Weise Einigkeit. Wie aber die ablehnende Einstellung einiger religiöser Sekten zu lebensrettenden chirurgischen Eingriffen zeigt, wird auch die Vorstellung, dass ein gefährdetes Menschenleben um jeden Preis gerettet werden sollte, durchaus nicht von allen Gemeinschaftsmitgliedern geteilt. Jede Feststellung von Bedarf findet somit unabhängig von der verwendeten Definition in zwei Schritten statt. Am Anfang steht ein Werturteil der Form „A ist erstrebenswert", sodann die Behauptung „A erfordert Maßnahme (Mittel, Medikament) B", und aus beiden Aussagen wird abgeleitet: Es besteht ein Bedarf an B. Der zweite Schritt beinhaltet eine positive Aussage und ist entweder wahr oder falsch. Diese Frage kann grundsätzlich durch Rückgriff auf die Fakten entschieden werden. In der Tat werden im Allgemeinen auch auf dieser Ebene die Meinungen auseinandergehen, und die gegenwärtige Diskussion zum Für und Wider steigender Ärztezahlen legt dafür ein beredtes Zeugnis ab. Auch Diskussionen zu konkurrierenden Therapien und Lehrmethoden auf einer mehr technischen Stufe der Gesundheits- und Bildungspolitik gehören hierher. Allen derartigen Streitfragen ist gemeinsam, dass sie zumindest im Grundsatz lösbar sind.

Das gilt jedoch nicht für Meinungsverschiedenheiten zum ersten Schritt. Hier wird man so lange keine Einigung erreichen, wie die Wertvorstellungen der Menschen verschieden sind.

Bedarf als Leitfaden der Sozialpolitik

Wann immer eine weltanschauliche, standespolitische, regionale oder sonstige Interessengruppe einen Bedarf irgendwelcher Art anmeldet, verknüpft sie das in der Regel auch mit einem Anspruch auf Befriedigung. Da aber die zugrunde liegenden Normvorstellungen nicht von allen und nicht einmal notwendig von einer Mehrheit der Gemeinschaftsmitglieder geteilt werden, können solche Bedarfsdeckungswünsche allein noch kein Anlass für sozialpolitische Maßnahmen sein. In vielen Fällen ist diese enge Beziehung zwischen Bedarfsmeldung und Eigeninteresse unschwer zu durchschauen, etwa wenn die erstaunte Öffentlichkeit durch den lokalen Schwimmverein vom Bedarf an einem Hallenbad erfährt. Hier wird auch die Verwendung des Begriffs Bedarf eine rationale Abwägung von Kosten und Nutzen wohl kaum verhindern können. Eigentliche Probleme ergeben sich erst, wenn ein wie auch immer abgeleiteter Bedarf auf allgemein geteilten Überzeugungen beruht und seine Deckung daraufhin zum Ziel des öffentlichen und privaten Handelns wird.

Ein Musterbeispiel für die Folgen dieser Einstellung liefert das derzeitige Geschehen auf dem Gesundheitssektor. Hier war lange Zeit und ist zum Teil noch heute Bedarf die Richtschnur der Politik. Zuweilen, etwa von Krankenkassen und im öffentlichen Gesundheitsdienst, werden dabei Varianten des oben vorgestellten homöostatischen oder komparativen Bedarfs zugrunde gelegt. In den weitaus häufigsten Fällen erweist sich Bedarf aber als am Grenznutzen orientiert. Vor allem im Bewusstsein der Öffentlichkeit und der Heilberufe scheint das die implizit und durchweg verwendete Definition zu sein. Bedarf an weiteren Mitteln ist so lange vorhanden, wie dadurch noch Leiden gelindert und Menschenleben gerettet werden können, und dieser Bedarf hat einen unbedingten Anspruch auf Befriedigung. Solange die Möglichkeiten der Medizin beschränkt bleiben, wirft diese Einstellung keine Probleme auf. Als der Computertomograph noch nicht erfunden war, bestand auch kein Bedarf danach. In den vergangenen Jahrzehnten ist jedoch die mit positivem Grenznutzen im Gesundheitswesen verwendbare Menge an Ressourcen erheblich schneller gewachsen als der Rest des Sozialprodukts. „We are now in a position to spend the entire national product on medical tests and procedures", wie das Nachrichtenmagazin TIME dazu einen amerikanischen Ärztefunktionär zitiert. Diese Bedarfsexplosion und nichts anderes aber hat im Verein mit dem Bedarfsdeckungsprinzip und der am Grenznutzen orientierten Bedarfsdefinition die viel diskutierte Kostenexplosion im Gesundheitswesen verursacht, und ein Festhalten an dieser Politik erfordert logisch gesehen notwendigerweise und auf lange Sicht einen allgemeinen Krankenkassenbeitragssatz von 100 Prozent des Einkommens. Damit hat aber der Bedarf auch im Gesundheitswesen als Richtschnur ausgedient.

Welche Rolle verbleibt also diesem Begriff noch in der Sozialpolitik? Die Antwort ist offenbar, dass Bedarf in dem zuletzt verwendeten Sinn zwar kein hinreichender, wohl aber ein notwendiger Grund zur Beanspruchung knapper Mittel ist. Die Existenz von Bedarf allein räumt aber noch kein Recht auf auch anderweitig verwendbare Ressourcen ein.

Zusammenfassung und Konsequenzen

Der nur scheinbar objektive Begriff „Bedarf" scheint in der sozialpolitischen Diskussion vor allem das bequeme Verschleiern der jeder Bedarfsbestimmung notwendig zugrunde liegenden Wertvorstellungen zu ermöglichen und geradezu herauszufordern. Für eine rationale Sozialpolitik wäre daher viel gewonnen, wenn an die Stelle der mit beliebigen Bedeutungen auffüllbaren Leerformel „Bedarf" eine ehrliche Offenlegung der zur jeweiligen Bedarfsmeldung führenden Wertvorstellung träte. Das Wort „Bedarf" selbst aber, ohne klärende Zusätze, sollte aus jeder seriösen sozialpolitischen Diskussion verschwinden.

4. Der statistische Wert eines Menschenlebens

■ *Medizin-Mensch-Gesellschaft* 13, 1988, S. 34—41

> „Neun Zehntel unseres Glücks
> beruhen allein auf der Gesundheit."
>
> Schopenhauer, Aphorismen zur Lebensweisheit

Die meisten Menschen sind mit Schopenhauer einig: Gesundheit ist das höchste Gut. Seit Jahrzehnten liefern Meinungsumfragen nach den Voraussetzungen von irdischem Glück und Zufriedenheit monoton den gleichen Sieger – die eigene Gesundheit. Für die Gesundheit ist nichts zu teuer, für die Gesundheit muss man alles tun, der Gesundheit ist alles unterzuordnen, so fängt das sozialpolitische Credo moderner Wohlstandsbürger an. „Die größte aller Torheiten ist, seine Gesundheit aufzuopfern", meinte schon Schopenhauer, „für was es auch sei, für Erwerb, für Beförderung, für Gelehrsamkeit, für Ruhm, geschweige für Wollust und flüchtige Genüsse. Vielmehr soll man ihr alles nachsetzen".

Trotzdem tun wir im Alltag genau das: Wir riskieren unsere Gesundheit, wir opfern sie auf, um mit Schopenhauer zu sprechen, für Beförderung und Erwerb, weniger für Gelehrsamkeit, oft für Ruhm, und erst recht und mit Begeisterung für Wollust und flüchtige Genüsse. Niemand zwingt uns zum Tiefseetauchen, Drachenfliegen oder Fallschirmspringen oder drängt einem jungen Mann die Karriere eines Formel-I-Piloten auf. Wir essen zu viel (im Durchschnitt 500 Kalorien mehr am Tag als optimal), trinken im Übermaß, nehmen „Wollust und flüchtigen Genüssen" zuliebe Geschlechtskrankheiten und AIDS, wegen einer satten Urlaubsbräune auch Hautkrebs in Kauf oder verursachen durch Leichtsinn Unfälle aller Art. Fettsüchtige stellen drei Viertel aller Bluthochdruckpatienten und erleiden mehr als die Hälfte aller Herzinfarkte in unserem Land, und so mancher Arzt, der eben noch das

Leichentuch über einen Lungenkrebstoten gebreitet hat, steckt sich auf dem Flur die nächste Zigarette an.

Das erscheint auf den ersten Blick nicht gerade konsequent. Wie kann man die Gesundheit zum höchsten Gut erheben und dann so fahrlässig mit ihr umgehen!

Ein Grund ist sicher die ewige menschliche Unzulänglichkeit, gepaart mit vielfältiger Unkenntnis über die Folgen gesundheitsschädlichen Verhaltens. So können wir uns natürlich nur dann vor Giften oder schädlichen Zusätzen in unseren Nahrungsmitteln schützen, wenn wir deren Zusammensetzung kennen, und auch AIDS wäre heute nicht das Schreckgespenst, das es ist, hätte man die Ursachen von Anfang an gekannt. Dennoch erklärt das unser gesundheitsgefährdendes Verhalten nur zum Teil. Viele Menschen würden auch in voller Kenntnis aller Risiken und ohne einer Sucht verfallen zu sein nicht anders handeln. Wo ist der Raucher, der wegen des Aufdrucks „Rauchen gefährdet Ihre Gesundheit" auf modernen Zigarettenschachteln sein Laster aufgegeben hätte, wo der Gelegenheitstrinker, der sich durch die jährlichen Unfallstatistiken die Freude an seinem Bier verderben lässt? Eher schon wäre ein Rückgang des Nikotinkonsums zu erwarten, könnte man nachweisen, dass Zigaretten dick machen oder Pickel verursachen. Genauso werden die Menschen erst dann aufhören, sich Sommer für Sommer in die Sonne zu legen, nicht wenn Mediziner ihnen versichern, dass sie davon Hautkrebs bekommen, sondern wenn vornehme Blässe wieder zum westlichen Schönheitsideal geworden ist. Ist also unsere Verehrung der Gesundheit nur geheuchelt, während wir in Wahrheit lieber der Eitelkeit, dem Ehrgeiz und anderen Götzen opfern?

Die Antwort ist nein. Ein Sonnenbad in vollem Bewusstsein der Hautkrebsgefahr, ein genussvoller Zug aus der Zigarette sind durchaus mit der Maxime „Gesundheit = höchstes Gut" unter einen Hut zu bringen, so widersprüchlich das zunächst auch klingt. Das hat weitreichende Konsequenzen für eine rationale, an den Wünschen und Wertvorstellungen der Bürger ausgerichtete Gesundheitspolitik und rechtfertigt einen kleinen Ausflug in die theoretische Nationalökonomie.

Nutzen und Grenznutzen im Gesundheitswesen

Betrachten wir statt Hautkrebs und Sonnenbräune besser zwei vergleichsweise profane Güter wie Wasser und Kohlenstoff (in der Form von Diamanten). Dieses Beispiel verdanken wir Adam Smith, dem Begründer der modernen Nationalökonomie. Es ist allen Studenten der Wirtschaftswissenschaften aus Lehrbüchern bekannt. Offenbar könnte die Menschheit sehr gut ohne Diamanten, auf keinen Fall aber ohne Wasser glücklich werden, und niemand würde bei der Frage „Wenn einer dieser Stoffe von der Erde verschwinden müsste, welchen könnten Sie entbehren?" mit „Wasser" antworten. Trotzdem ist ein Kilo Diamanten unvergleichlich viel teurer als ein Liter Wasser. Dieser scheinbare Widerspruch erklärt sich daraus, dass die Menge des einen Gutes, die wir für eine Einheit des anderen herzugeben bereit sind, eben nicht von der Wertschätzung abhängt, die wir für die Gesamtmenge des ersten oder zweiten Gutes empfinden.

Wer lieber in marxistischen Kategorien denkt, kann hier auch den Unterschied zwischen Tauschwert und Gebrauchswert eines Gutes betonen. Kein Mensch kann ohne Wasser existieren, und ein Verdurstender in der Wüste gäbe für einen Fingerhut davon gern sein ganzes Vermögen her. Beim zweiten Fingerhut dagegen fängt er vielleicht schon an zu handeln, und ist der erste Durst gelöscht, nimmt die Zahlungsbereitschaft immer weiter ab, bis man das Wasser schließlich auch zum Klospülen benutzt. Der aktuelle Preis von rund einer Mark für einen Kubikmeter, der zurzeit in der Bundesrepublik Deutschland gilt, bedeutet daher nicht, dass jeder Kubikmeter Wasser, den wir in unserem Leben verbrauchen, sei es im Kaffee, als Bestandteil von Spirituosen oder Milch, sei es zum Zähneputzen oder Autowaschen, uns nur eine Mark wert ist. Vor der Frage „Alles oder Nichts" würden wir im Gegenteil erheblich mehr für einen Kubikmeter zahlen (und viel weniger verbrauchen, aber das gehört nicht hierher). Die eine Mark drückt einzig und allein aus, was wir für einen weiteren Kubikmeter Wasser zu zahlen bereit sind, nachdem wir schon eine erkleckliche Anzahl verbraucht haben.

Das klingt wie eine der vielen Haarspaltereien, mit denen Wirtschaftswissenschaftler so gern ihr Publikum vergraulen, ist aber ein ganz zentraler Punkt. Der Preis eines Gutes hängt grundsätzlich eben nicht von seinem Nutzen, sondern von seinem *Grenznutzen* ab. Der Grenznutzen ist der Zuwachs an Bedürfnisbefriedigung, den die zuletzt konsumierte Einheit bewirkt, und dieser Grenznutzen ist nicht konstant, sondern nimmt mit wachsendem Verbrauch monoton immer weiter ab.

Wenden wir jetzt diese Erkenntnis auf das Gesundheitswesen an. Wie Nahrung, Kleidung oder Immobilien ist Gesundheit ein Gut, das verschiedene Menschen in verschiedenem Umfang besitzen. Von kerngesund mit ruhigem Schlaf und geregelter Verdauung reicht die Skala über kleine bis große Beschwerden bis hin zum schlechtestmöglichen Gesundheitszustand, dem Tod. Jeder besitzt daher, solange er lebt, ein gewisses Gesundheitskapital. Dieses wird er in der Regel für keinen Preis der Welt en bloc verkaufen (gegen andere Güter eintauschen), d. h. Gesundheit ist wirklich unser höchstes Gut. Von Selbstmördern und Heiligen abgesehen gibt niemand sein Leben, d. h. 100 Prozent seiner Gesundheit, freiwillig her. Dagegen sind wir durchaus bereit, wenn das Tauschverhältnis stimmt, kleine Portionen davon gegen Geld und andere Güter abzugeben. Nicht wenige Kollegen des Autors dieser Zeilen würden gerne den Rest ihres Lebens hinken oder mit einem Bein herumlaufen, wenn sie dafür den Nobelpreis in Nationalökonomie bekämen. Andere tauschen ihre Bandscheiben gegen einen Olympiasieg, ihren Meniskus gegen die deutsche Fußballmeisterschaft oder ihr Gehör gegen fröhliche Abende in der Diskothek. Aber auch der ehrgeizigste Sportler würde vermutlich auf die Goldmedaille verzichten, wenn er hinterher tot vom Siegertreppchen fiele (und das vorher weiß). Der Grenznutzen von etwas mehr oder weniger Gesundheit ist also durchaus eine endliche und begrenzte Größe, auch wenn die Gesundheit als ganze unbezahlbar bleibt. Je geringer das verbleibende Kapital, desto höher der Preis des jeweils letzten Stücks (wenn wir einmal unterstellen, Gesundheit wäre wie Wasser oder Diamanten in Litern bzw. Pfund zu messen). Einem bettlägerigen Rheumakranken, der nur noch wenig von diesem kostbaren Gut besitzt, ist ein bisschen mehr Gesundheit wichtiger, und er wird dafür mehr zu zahlen bereit sein, als ein sonst gesunder Mensch, den nur ein lästiger Heuschnupfen plagt, wie wir ja auch immer wieder im Alltagsleben beobachten, dass vor allem solche Menschen über Gesundheit reden, die sie in großem Umfang verloren haben (siehe Schopenhauer; sein Lobgesang auf die Gesundheit entstand nicht in der Jugend, sondern erst als er alt und taub geworden war).

Betrachten wir als weiteres Beispiel einen zufällig ausgewählten 40-jährigen Bundesbürger männlichen Geschlechts. Er hat, wenn man dem Statistischen Bundesamt glauben darf, im Durchschnitt noch 33 Jahre und 8 Monate zu leben. Gegen keinen Preis der Welt wird er diesen ganzen Rest an einem Stück verkaufen. Anders verhält es sich dagegen mit dem letzten Monat. Fast alle würden ihn, könnten sie mit dem Teufel oder dem lieben Gott einen Pakt schließen, gegen recht bescheidende irdische Güter hergeben. Wir müssen alle einmal sterben, früher oder später, und ob nach 33 Jahren und acht Monaten oder nach 33 Jahren und 7 Monaten, darüber lässt sich reden (solange noch etwas übrig bleibt). Der zweite Monat wird allerdings schon teurer, und je geringer das verbleibende Kapital, desto höher der Preis. Dieser mit zunehmender

Gesundheit abnehmende (und mit abnehmender Gesundheit zunehmende) Grenznutzen erklärt auch, warum wir oft unser Leben riskieren, aber selten in den sicheren Tod gehen. Jahr für Jahr werden etliche Automobilrennfahrer (genauso wie Bergleute, Schornsteinfeger, Polizisten und viele andere) Opfer ihres Berufs, aber der Nachwuchs reißt dennoch nicht ab.

Angenommen, für einen Automobilrennfahrer beträgt die Wahrscheinlichkeit, bei einem bestimmten Rennen umzukommen, 1 Prozent. Gegen entsprechendes Honorar (das durchaus auch in nichtmonetären Größen wie Ruhm und Publicity oder der Bewunderung der Frauen bestehen kann) nimmt mancher Rennfahrer dieses Risiko gern in Kauf. Wenn dieses Honorar eine Million DM beträgt, bedeutet das aber nicht, dass der gleiche Rennfahrer für 100 Millionen DM ein 100-prozentiges Todesrisiko eingehen würde, also um diesen Preis sein Leben verkauft. Das zweite Risikoprozent lässt er sich vielmehr schon teurer bezahlen, und je höher das Risiko, desto höher der Preis für jedes weitere Prozent. Das letzte Prozent schließlich ist im Allgemeinen für alles Geld der Welt nicht mehr zu haben.

Menschenleben im individuellen und statistischen Sinn

Dieser fundamentale Unterschied zwischen Nutzen und Grenznutzen hat Anwendungen in den verschiedensten Bereichen des Alltagslebens. Im Gesundheitswesen führt er zur Trennung von individuellen und statistischen Menschenleben, zweier Größen, die unbedingt auseinandergehalten werden müssen, auch wenn viele den Unterschied immer noch nicht erkennen und damit die unvermeidliche Kostendämpfungsdiskussion im Gesundheitswesen mit viel überflüssiger Polemik belasten. Der Unterschied zwischen individuellen und statistischen Menschenleben erklärt und rechtfertigt die scheinbar paradoxe Diskrepanz des Aufwands, den wir für verschiedene

Arten der Lebensrettung betreiben. Zur Rettung einiger weniger eingeschlossener Bergleute werden Mittel mobilisiert, die, in die Verbesserung der Grubensicherheit investiert, zehnmal so viel Kumpels vor dem Tod bewahren würden. Mit den Kosten für den Transport und die anschließende Operation eines auf dem Schulweg verunglückten Kindes könnten unter Umständen 50 zusätzliche Verkehrsampeln installiert und dadurch langfristig nicht ein, sondern fünf, zehn oder noch mehr Kinder vor Unfällen bewahrt werden.

„Ammen können nicht mehr helfen – Der allergiekranke Moritz verträgt auch keine Muttermilch", meldete die *Hannoversche Allgemeine Zeitung* im Mai 1986 als Beispiel für eine spektakuläre und teure moderne Rettungsaktion. Der Säugling litt seit Geburt an einer seltenen Nahrungsmittelallergie, die noch vor wenigen Jahren den sicheren Tod bedeutet hätte. Zunächst mit Muttermilch von hilfsbereiten Frauen aus der Nachbarschaft am Leben erhalten, wurde er, als er diese auch nicht mehr annahm, durch eigens für ihn hergestellte halbsynthetische künstliche Nahrung in der Medizinischen Hochschule Hannover versorgt – mit Erfolg: „Moritz ist wieder zu Hause", erfuhr man drei Monate später, zusammen mit der Meinung der Ärzte, dass die Allergie im Lauf der ersten Lebensjahre von selbst vergehen werde.

Die Kosten der Rettung des kleinen Moritz hätten ausgereicht, um ganze Kinderdörfer in Bangladesh auf Jahre hinaus der Malaria und damit einem fast sicheren Tod zu entreißen. Genauso wären allein mit den Kosten, die ein einziger Blutkranker pro Jahr verursachen kann, auch hierzulande Tausende anderer Menschenleben zu retten, sei es durch eine Umleitung der Mittel in den Umweltschutz oder in die Verkehrssicherheit oder für so profane Dinge wie kippsichere Bürosessel oder nichtbrennbare Gardinen (denn durch Unfälle zu Hause und am Arbeitsplatz kommen in Westdeutschland jedes Jahr mehr Menschen zu Tode als im gesamten Straßenverkehr). Der Unterschied ist: Mit dem Geld, das wir für den kleinen

Moritz ausgeben, retten wir ein konkretes Menschenleben (genauer: wir schieben den unvermeidlichen Tod auf ungewisse Zeit hinaus). Geben wir das gleiche Geld für feuersichere Vorhänge aus, geht für alle Bundesbürger, die Gardinen vor ihren Fenstern haben, die Wahrscheinlichkeit, durch einen häuslichen Brand ums Leben zu kommen, um sagen wir 50 Prozent zurück. Wenn vorher im Durchschnitt 200 Menschen pro Jahr durch Wohnungsbrände umkommen, sind es hinterher nur noch 100, d. h. pro Jahr werden 100 Menschen vor dem Feuertod gerettet.

Soll das nun heißen, wir lassen den kleinen Moritz sterben und investieren stattdessen in die häusliche Sicherheit? Wer hier zwischen statistischen und individuellen Menschenleben nicht unterscheidet, müsste konsequenterweise mit ja antworten. Macht man aber einen Unterschied zwischen einem individuellen Menschenleben auf der einen und der bloßen Reduktion einer Sterbewahrscheinlichkeit auf der anderen Seite (auch wenn diese sich unter dem Strich zu mehreren Hundert statistischer Menschenleben aufaddiert), so lässt sich ein überproportionaler Mitteleinsatz für konkrete Personen weiterhin vertreten, kann man weiterhin nach der Maxime handeln: „Das individuelle Menschenleben hat keinen Preis und ist bei Gefahr ohne Ansehen der Kosten mit allen verfügbaren Mitteln zu retten", und trotzdem auf der anderen Seite, ohne inkonsequent zu sein, einen Mitteleinsatz ablehnen, solange davon nur statistische Menschenleben betroffen sind.

Im Gegensatz zu individuellen haben statistische Menschenleben durchaus einen Preis. Sonst hätte man schon längst Alkohol und Zigaretten verbieten müssen, genauso wie das Schnellfahren auf der Autobahn (oder das Autofahren überhaupt, eine der gefährlichsten Tätigkeiten, die es gibt). Ein statistisches Menschenleben ist nichts als eine Summe von Wahrscheinlichkeiten, und über die Zu- oder Abnahme der Wahrscheinlichkeit, in einer bestimmten Zeitspanne zu sterben, lassen wir durchaus mit uns handeln. Laut Statistischem

Bundesamt beträgt z. B. die Wahrscheinlichkeit für einen 40-jährigen Mann, vor Erreichen des 41. Lebensjahres zu sterben, 0,25 Prozent oder 2,5 Promille, d. h. von 10.000 Männern dieses Alters werden 25 ihren 41. Geburtstag nicht erleben. Der Autor dieser Zeilen, der gerade dieses Alter durchlebt, würde für eine Reduktion dieses Risikos auf 2 Promille durchaus etwas zahlen, wenn auch nicht sehr viel (sagen wir 10 DM. Bei einem Preis von 10 Mark für ein halbes Promille macht das also 2.000 mal 10 DM für 100 Prozent, d. h. ein statistisches Menschenleben kostet 20.000 Mark. Umgekehrt wären sicher viele 40-Jährige auch bereit, gegen geringfügigen Ausgleich, etwa eine Gratisrunde auf dem Nürburgring, eine Erhöhung des Risikos von 2,5 auf 3 Promille zu akzeptieren, sodass in Zukunft nicht 25, sondern 30 von 10.000 vor Ablauf der 12 Monate sterben.

Wem das zynisch oder frivol erscheint, der möge doch einmal seinen eigenen Lebenswandel und all die Möglichkeiten bedenken, das eigene Sterberisiko herauf- oder herabzusetzen. Der Punkt ist auf jeden Fall, keines der fünf zusätzlichen Opfer in obigem Beispiel würde individuell zum Tode verurteilt, sondern das Risiko trifft alle 40-jährigen gleichermaßen.

Sparen auch am höchsten Gut

Diese Unterscheidung zwischen statistischen und individuellen Menschenleben hat enorme Konsequenzen für die Gesundheitspolitik. Der Medizinbetrieb kann nun nicht mehr wie gewohnt immer mehr Mittel allein mit dem Argument requirieren, dadurch würden soundso viele Menschenleben gerettet. Sind das Menschenleben im statistischen Sinn, tritt er vielmehr in Konkurrenz zum Umweltschutz, zur Verkehrssicherheit, zur Feuerwehr oder zur Flugüberwachung, um nur einige Aktivitäten zu nennen, die genau wie die

Medizin Menschenleben im statistischen Sinn betreffen. Ob durch ein verbessertes Radargerät eine Flugzeugkatastrophe verhindert oder durch ein neues herzchirurgisches Zentrum 100 Herzpatienten vor dem frühzeitigen Tod bewahrt werden, in jedem Fall ist bei der Entscheidung noch nicht klar, wer davon eines Tages den Nutzen haben und wer darunter leiden wird.

Damit ist auch der einzige humane Weg zu einer Ausgabenbegrenzung im Gesundheitswesen aufgezeigt. Eine solche Ausgabenbegrenzung lange vor Erreichen des medizinischen Optimums, die übrigens unabhängig von der gewählten Methode auf jeden Fall kommen und auch heute schon vielfach praktiziert wird, kann, aber muss nicht bedeuten, dass auch bei Menschen veterinärmedizinische Gesichtspunkte angewandt werden, wie vor allem die Vertreter der Heilberufe immer befürchten. Zur Rettung konkreter Schiffbrüchiger mag auch weiterhin ohne Ansehen der Kosten die gesamte deutsche Seenotrettungsflotte auslaufen. Das heißt aber nicht, dass wir unser ganzes Geld für Seenotrettungskreuzer ausgeben müssen. Ebenso sind auch im Gesundheitswesen zur Rettung konkreter Menschenleben weiterhin keine Kosten und Mühen zu scheuen. Das muss uns aber nicht daran hindern, vor Eintreten des Eventualfalls die Kapazitäten zu beschränken. Das könnte etwa bedeuten, grundsätzlich keine Einrichtungen für bestimmte kostspielige Operationen wie Kunstherzeinpflanzungen zur Verfügung zu stellen und damit horrende Kosten zu sparen. Durch diese Sparmaßnahme würde aber nicht einem konkreten Herrn Müller oder einer bei der Entscheidungsfindung schon bekannten Frau Meier das Lebenslicht ausgeblasen (da derartige Beschlüsse wegen der langen Vorlaufzeit die heutigen Patienten ohnehin nicht mehr betreffen), sondern für alle Bundesbürger nimmt die Wahrscheinlichkeit zu, mangels Kunstherz früher zu sterben. Wer letzten Endes davon betroffen wird, weiß man vorher nicht. Möglicherweise die Entscheidungsträger selbst. Damit sind Einsparungen im

Gesundheitswesen durchaus in Einklang mit unseren sonstigen Wertvorstellungen zu bringen, nämlich wenn sie nicht individuelle Menschenleben, sondern nur Menschenleben im statistischen Sinn kosten.

Manche Autoren nennen das auch indirekte (im Gegensatz zur direkten) Rationierung, sprechen von konstitutiven (im Gegensatz zu operativen) Entscheidungen oder unterscheiden zwischen verschiedenen Ebenen, auf denen über die Verwendung knapper Mittel entschieden wird. Die oberste und am weitesten vom konkreten Patienten entfernte Ebene ist die, wo über die Finanzierung alternativer Forschungsprogramme, etwa die Entwicklung atomgetriebener Kunstherzen oder neuer Gentechnologien, entschieden wird. Hierher gehört auch die Frage, ob die Bundesrepublik Deutschland sich stärker in der Rheumaforschung engagieren oder besser ein nationales Bluthochdruckprogramm beginnen sollte. Solche Grundsatzentscheidungen haben weitreichende Folgen und berühren das Leben ungezählter Patienten, die aber oft zum Zeitpunkt der Entscheidung überhaupt noch nicht geboren sind. Auf der nächsten Ebene entscheiden Heilberufe und Finanzgeber, ob bestimmte grundsätzlich mögliche Behandlungsmethoden wie etwa Herzverpflanzungen allgemein vorgehalten werden sollen oder nicht. Eine weitere Ebene tiefer und schon sehr viel näher an Einzelfallentscheidungen entscheiden Gesetzgeber oder Gesundheitsbürokratie über den Leistungskatalog der Krankenversicherungen. Ein Beispiel ist die Entscheidung des amerikanischen Kongresses von 1972, wonach Dialysebehandlung von Nierenkranken grundsätzlich im Rahmen des Medicare-Programms zu finanzieren ist, und andererseits der Regierungsbeschluss von 1980, dass Medicare und Medicaid keine Kosten für Herzverpflanzungen übernehmen.

In der Bundesrepublik drückt man sich um derartige Entscheidungen noch durch die allgemeine Bestimmung herum, dass die Gesetzlichen Krankenkassen „ausreichende und zweckmäßige" Krankenhilfe zu leisten hätten. Gerade in der

Frage, was „ausreichend und zweckmäßig" eigentlich heißt, liegt ja das Problem. Auf der letzten und dem Patienten nächsten Ebene schließlich wird über konkrete Einzelfälle entschieden, wird bestimmt, ob Herr Müller oder Frau Schmitz das neue Herz und wer als Nächster eine neue Niere erhält. Es sind diese Fälle, die die Öffentlichkeit erregen, wo die Wogen der Diskussion hochschlagen und die Tragik der begrenzten Ressourcen am deutlichsten zutage tritt. Hier wird direkt rationalisiert, hier werden operative Entscheidungen getroffen, hier geht es um Menschenleben nicht im statistischen, sondern in einem sehr individuellen und konkreten Sinn, hier lauert das Gespenst der Veterinärmedizin.

Das ist die Lage auf der sinkenden Titanic: 3000 Passagiere an Bord, aber nur für die Hälfte sind Rettungsboote vorhanden. Wer bekommt einen der knappen Plätze und wer muss ertrinken? Tragisch sind solche Entscheidungen offenbar nur, wenn sie konkrete Menschen betreffen. Warum also derartige Entscheidungssituationen, wo immer möglich, gar nicht erst entstehen lassen? Das bedeutet, Entscheidungen über die Verwendung knapper Mittel, die natürlich auch weiterhin getroffen werden müssen, von der untersten, patientennächsten Ebene möglichst weit nach oben zu verlegen, z. B. auf bestimmte kostspielige Therapien entweder ganz zu verzichten oder aber, wenn man eine Therapie überhaupt zulässt, sie für alle verfügbar zu halten. Man stelle sich nur vor, es gäbe ein Medikament gegen AIDS, das pro Patient 10 Millionen DM kostet. Solange die Zahl der AIDS-Patienten in Grenzen bleibt, etwa in der Größenordnung der genauso teuren Bluterkranken, könnten wir uns eine Therapie für alle vielleicht noch leisten. Was aber, wenn wir einmal eine Million AIDS-Patienten haben sollten? Deren Therapie wäre dann teurer als das ganze Sozialprodukt, d. h. auch beim besten Willen aller Beteiligten nicht mehr zu finanzieren.

Vereinfacht ausgedrückt heißt das, entweder Rettungsboote für alle oder gar keine Rettungsboote. Auch die zweite

Alternative könnte vor Antritt der Reise eine durchaus rationale Wahl sein, etwa wenn die Mitnahme von Rettungsbooten die Überfahrt so verteuert, dass die Passagiere wegen des Preisvorteils gern bereit sind, das geringfügig erhöhte Risiko des Ertrinkens zu tragen. Auf keinen Fall tolerabel sind aber Rettungsboote nur noch für die erste Klasse.

Natürlich sind Entscheidungen im Gesundheitswesen nicht immer nach diesem simplen Muster zu fällen. Dennoch würde die Maxime, so viele Entscheidungen wie möglich von der operativen auf die konstitutive Ebene zu verlagern, die tragische Komponente der Ressourcenallokation im Gesundheitswesen erheblich reduzieren. Auf der konstitutiven Ebene fällt das Entscheiden leichter, hier stehen nicht mehr individuelle, sondern nur noch statistische Menschenleben auf dem Spiel, und diese haben, wie wir weiter oben festgestellt haben, durchaus ihren Preis. Solange Sparmaßnahmen im Gesundheitswesen nur statistische Menschenleben kosten, sind sie mit unseren sonstigen Wertvorstellungen durchaus kompatibel. Schließlich lehnen wir auch mit großer Mehrheit ein Tempolimit auf unseren Autobahnen ab und verwahren uns gegen jedes Alkohol- und Nikotinverbot, obwohl allein diese Maßnahmen jedes Jahr mehr Todesfälle verhindern würden als alle Herzkliniken Deutschlands zusammengenommen. Mit dem gleichen Recht, mit dem wir ein Tempolimit ablehnen, dürften wir daher auch einen Rettungshubschrauber verschrotten (das Rettungswesen ist einer der kostenintensivsten und ineffizientesten Zweige unseres ganzen Gesundheitswesens) oder entscheiden, ein solches System gar nicht erst aufzubauen. Genau wie in der Frage des Tempolimits wird hier nur über statistische Menschenleben entschieden, in beiden Fällen sind die Opfer zum Zeitpunkt der Entscheidung nicht bekannt, steigt allein für alle Verkehrsteilnehmer die Wahrscheinlichkeit eines Unfalltods.

Unter der Überschrift „Weniger Verkehrstote bei schnellerer Hilfe" meldete etwa die Zeitschrift *Euromed* im Dezember

1984, dass in Österreich pro Jahr rund 800 der 5000 Verkehrstoten zu retten wären, könnte die Zeit zwischen Unfall und Eintreffen qualifizierter Hilfe von damals durchschnittlich 25 Minuten auf 15 Minuten verkürzt werden – nach herkömmlicher Denkweise ein hinreichendes Argument, schleunigst die nötigen Mittel für die Modernisierung des Verkehrsrettungswesens bereitzustellen (oder wenigstens so zu tun). Auf keinen Fall sozialpolitisch akzeptabel erscheint vielen Menschen die Antwort: Nein, das Ganze ist uns zu teuer. Die gleichen Sozialpolitiker, die nicht wagen, einen derartigen Antrag des Medizinbetriebs abzuschlagen, rühren keinen zusätzlichen Finger, wenn in Österreich Jahr für Jahr Hunderte von Menschen von Leitern fallen, in ungesicherten Schwimmbädern ertrinken oder von Lawinen verschüttet werden. Vielleicht ließen sich durch zusätzliche Schutzmaßnahmen auf diesen Gebieten für das gleiche Geld viel mehr Menschenleben retten als durch ein teures Rettungshubschraubersystem. Vielleicht aber auch nicht. Diese Frage will ich hier gar nicht entscheiden. Der Punkt ist, solange nur statistische Menschenleben zur Debatte stehen, sollten wir unsere knappen Mittel dort einsetzen, wo sie am meisten Gutes tun.

Wir müssen zwischen konkurrierenden Verwendungen unserer begrenzten Ressourcen wählen, ob wir wollen oder nicht. Wenn wir aber schon wählen müssen, dann doch lieber so, dass wir für unsere Gesundheitsmilliarden den maximalen Gegenwert bekommen, und dieses Ziel erreichen wir nicht, indem wir vor unangenehmen Wahrheiten die Flucht ergreifen.

5. Gesundheitspolitik als Nullsummenspiel

- *Sozialer Fortschritt* 31, März 1982, S. 1065–1067

„Nullsummenspiel" bezeichnet in der mathematischen Spieltheorie eine Klasse von Handlungsalternativen, bei der den Gewinnen gewisser Akteure genauso hohe Verluste anderer Parteien gegenüberstehen. Was der eine auch gewinnen und der andere verlieren mag, die Summe aus Gewinnen und Verlusten ist immer null. In diesem Sinn ist jede Skat- oder Poker-Runde, ist Toto, Lotto oder Roulette ein Nullsummenspiel. Bezieht man den Staat oder die Bank als Spieler mit ein, so kommt überall die Summe der Gewinne der Summe der Verluste gleich. Weder fließt Geld ab, noch kommt welches dazu. Ein Nullsummenspiel ist eine reine Umverteilungsangelegenheit.

In dieser Situation befinden sich nahezu alle westlichen Industrienationen im Augenblick. Als Folge stagnierenden Wirtschaftswachstums nähert sich das Geben und Nehmen zwischen verschiedenen gesellschaftlichen Gruppen immer mehr einem Nullsummenspiel. Was der eine will, muss er dem anderen wegnehmen. Im Gegensatz zu wachsenden Wirtschaften, wo zumindest im Grundsatz jeder über immer größere Stücke des Sozialprodukt-Kuchens verfügen kann, ohne dass ein anderer darunter leiden muss, ist heute der Anspruch auf ein Mehr eines einzelnen Individuums, eines Interessenverbandes oder einer sonstigen gesellschaftlichen Gruppe automatisch mit einer Minderversorgung anderer verknüpft.

Das ist so in der Lohnpolitik, beim Umweltschutz, der Energieversorgung und allen Programmen der Sozialpolitik. Zwar sind für viele Probleme auf diesen Gebieten Lösungen vorhanden, „but all these solutions have the characteristic that someone must suffer large economic losses. No one wants to volunteer for this role, and we have a political process that is incapable of forcing anyone to shoulder this burden. Everyone wants someone else to suffer the necessary economic losses, and as a consequence none of the possible solutions can be adopted" (Lester Thurow).

Auf ebendiese Pattsituation bewegt sich auch die bundesdeutsche Gesundheitspolitik hin. Ganz offensichtlich erfolgversprechende Programme und Neuerungen scheitern zunehmend am Widerstand negativ betroffener Interessengruppen. Als Folge der sich immer deutlicher abzeichnenden Vorab-Plafondierung der Gesundheitsausgaben tritt auch in der Gesundheitspolitik der Nullsummen-Charakter immer deutlicher hervor. Sofern potentielle Reformmaßnahmen Anbieter und Produzenten von Gesundheitsgütern betreffen, sind damit notwendig für bestimmte Gruppen Einkommensverluste verknüpft. Sofern Patienten und damit Konsumenten betroffen sind, geht die Besserversorgung einer Gruppe mit einer Minderversorgung einer anderen Gruppe einher. In beiden Fällen muss die Gesundheitspolitik mit Protest und Abwehrmaßnahmen der Geschädigten fertig werden. Auf vielen Gebieten wird damit eine dringend nötige Reformpolitik unmöglich oder doch zumindest sehr erschwert. Im Extremfall bleibt die Aufteilung der Mittel ein für alle Mal beim historisch entstandenen Status quo, wie sinnvoll oder unsinnig dieser auch immer sei.

Zunehmende Rivalität unter Anbietern

Am deutlichsten treten die Folgen der Nullsummen-Charakteristik heutiger Gesundheitspolitik bei den Anbietern von Gesundheitsgütern zutage. Dies ist eine unmittelbare, wenn auch oft übersehene Folge des Umstandes, dass die im Gesundheitsbetrieb Beschäftigten dort nicht nur zum Wohl der Patienten, sondern auch zum eigenen Broterwerb tätig sind.

So hört man in jüngster Zeit zunehmend von Praxisschließungen junger Fachärzte, die am offensichtlichen Überweisungsboykott eingesessener Allgemeinpraktiker scheitern. In diesem Zusammenhang ist auch die von vielen Allgemeinärzten unterstützte Forderung zu sehen, den unmittelbaren Zugang zum medizinischen Versorgungssystem per Facharzt für die Patienten zu sperren. Neben Versuchen zum Abblocken potentieller Konkurrenz, die so alt sind wie die medizinische Wissenschaft selbst, sind derartige Rivalitäten innerhalb der Ärzteschaft ein eher modernes, und zwar parallel zu den Kostendämpfungsbemühungen der letzten Jahre entstandenes, Phänomen.

Ebenso konkurrieren Krankenhäuser mit früher nie gekannter und auch nicht notwendiger Härte um knapper werdende Mittel. Als nach dem Willen der baden-württembergischen Landesregierung nur eines von zwei benachbarten Krankenhäusern in Villingen und Schwenningen einen Computertomographen erhalten sollte, zog man dabei jüngst sogar bis vor Gericht. Auch in anderen Bundesländern wie etwa Rheinland-Pfalz werden Computertomographen staatlicherseits auf einige wenige Krankenhäuser verteilt, bei hörbarem Zähneknirschen der Zu-kurz-Gekommenen. Man darf mit Sicherheit davon ausgehen, dass vor der betreffenden Entscheidung und hinter den Kulissen eine gehörige Rangelei um die Apparate stattgefunden hat. Erbitterten Kompetenzstreit gibt es neuerdings auch zwischen den zahlreichen deutschen Kurkliniken und „normalen" Krankenhäusern; den Ersteren werden riskante diagnostische Maßnahmen vorgeworfen, bei ungenügend qualifiziertem Personal und Gefährdung ahnungsloser Patienten. Als ob es dergleichen nicht auch in anderen Krankenhäusern gäbe!

Auch die bislang so einträgliche Allianz der Anbieter medizinischer Heil- und Hilfsmittel gerät durch zunehmenden Rationalisierungsdruck ins Wanken. Zahn- und Orthopädietechniker, Hörgeräte-Akustiker und Optiker können sich nicht mehr so widerstandslos wie gewohnt aus dem Finanztopf der Versichertengemeinschaft bedienen. Zunehmend wird Umsatzwachstum nur noch auf Kosten des Kollegen und plötzlichen Konkurrenten möglich. Dadurch wird hier mehr als nur eine heile Welt zusammenbrechen. Ein erstes Anzeichen künftiger Erdbeben beunruhigt etwa derzeit den deutschen Brillenmarkt. „Von der Branche mit blankem Hass verfolgt" schickt sich hier der norddeutsche Optikfilialist Fielmann zur Unterbietung seiner Konkurrenten an.

Weit verbissener noch als die Verteilungskämpfe innerhalb homogener Anbietergruppen wird das Tauziehen zwischen verschiedenen Anbietergruppen als Ganzes sein. Bereits aus der Vergangenheit kennt man das Gerangel zwischen Psychologen und Ärzten um die Pfründe „psychotherapeutische Behandlung". Neu dagegen sind zunächst noch zaghafte Vorschläge, auch aus den Reihen niedergelassener Ärzte, das Honorar der Zahnärzte zugunsten der Humanmedizin zu kürzen. Auch die so lange friedliche Symbiose zwischen Arzt und Apotheker ist bedroht. In verschiedenen Verträgen zwischen kassenärztlichen Regionalvereinigungen und Krankenkassen aus der jüngsten Zeit wird niedergelassenen Ärzten die Möglichkeit einer Honoraraufbesserung im Fall unterdurchschnittlicher Arzneimittelverschreibungen und Krankenhauseinweisungen zugestanden.

Unter dem Vorzeichen allgemeiner Ausgabenplafondierung ist Gesundheitspolitik ohne materielle Schlechterstellung einzelner Anbietergruppen nicht mehr machbar. Dagegen regt sich naturgemäß Widerstand. Keine der so zahlreichen Interessengemeinschaften auf der Anbieterseite des Gesundheitswesens, ob Kassenärztliche Bundesvereinigung, Arbeitsgemeinschaft der Berufsvertretungen deutscher Apotheker, Bundesverband der Pharmazeutischen Industrie oder Deutscher Bäder-Verband bis hin zum Bundesverband der diätischen Lebensmittelindustrie, ist freiwillig zur Aufgabe einmal erreichter Positionen bereit. Diese Situation findet man jedoch in der gesundheitspolitischen Diskussion nur sehr verzerrt wiedergegeben. Verfolgt man im Gegenteil die Argumentation in der jeweiligen Fachpresse, scheint allein das Patientenwohl, allenfalls noch Kostendämpfungsbeflissenheit, das ausschlaggebende Handlungsmotiv zu sein.

Warum fordert der Deutsche Apothekertag ein generelles Verbot von Ärztemustern? Wenn man den offiziellen Argumenten glauben darf, gab dabei allein die Sorge um die Arzneimittelsicherheit den Ausschlag. In Arztpraxen fehle es an Einrichtungen zur sachgemäßen Lagerung, sogar verdorbene Arzneimittel würden an Patienten abgegeben und diese dadurch einer unverantwortlichen Gefährdung ausgesetzt. Auch die Ablehnung der Arzneimittelversorgung ambulant behandelter Krankenhauspatienten durch Krankenhausapotheken wird nicht wegen befürchteter Umsatzeinbußen, sondern zumindest offiziell wegen des dadurch gefährdeten Rechts auf freie Apothekerwahl abgelehnt. Ebenfalls unterschiedlich interpretierbar ist die Entschließung der Hauptversammlung der Deutschen Apotheken, sämtliche freiverkäuflichen Arzneimittel der Apothekenpflicht zu unterstellen, oder auch das geforderte Verbot der stillen Teilhaberschaft. Neben dem offiziellen Argument, dass die freiheitliche Konzeption des Apothekers in seiner Apotheke bewahrt werden müsse, muss hier auch erwähnt werden, dass man so vor allem jungen Apothekern die Mittel zur Neugründung vorenthalten und damit potentielle Konkurrenz ausschalten kann. Wird schließlich doch einmal der gefährdete eigene Umsatz als Argument vorgebracht, so ebenfalls nur aus Sorge um die dadurch ebenfalls gefährdete Versorgungsqualität: „Wenn allerdings der von Apotheken nicht zu beeinflussende Umsatz stagniert oder zurückgeht, besteht die Gefahr, dass das Arzneimittelsortiment mangels finanzieller Mittel nicht in dem Maß bereitgehalten werden kann, wie es zur Erfüllung des Versorgungsauftrags erforderlich ist" (*MEDIKAMENT UND MEINUNG*).

Dieser Vorwurf, eigene materielle Interessen hinter dem vorgeschobenen Rücken des Patientenwohls zu verstecken, trifft alle Anbieter im Gesundheitswesen gleichermaßen. So bekämpft etwa der Zentralverband der Augenoptiker die in gewöhnlichen Ladengeschäften verkauften Brillengestelle aus Niedrigpreisländern angeblich nur deshalb, weil wegen deren minderer Qualität auf die Kassen langfristig eine erhöhte und im Endeffekt teurere Nachfrage zukomme. Auch die Pharmaindustrie macht vorgeblich nur deswegen ihren ganzen Einfluss gegen Positivlisten für Arzneimittel geltend, weil damit eine patientengefährdende Einengung des ärztlichen Therapiespektrums einherginge. Vorschläge des Deutschen Gewerkschaftsbundes zu verbesserter Markttransparenz führten zu „schwerwiegenden strukturellen Veränderungen der pharmazeutischen Industrie mit der Bedrohung ihrer internationalen Leistungsfähigkeit" (MEDIKAMENT UND MEINUNG).

Müsste man jedoch einer bestimmten Anbietergruppe für besonders penetrantes Vorschieben des Allgemein- und Patientenwohls zur Wahrung eigener materieller Besitzstände einen ersten Preis zuerkennen, so gebührte dieser zweifellos der organisierten Ärzteschaft. Die sachliche Unrichtigkeit der am Patientenwohl orientierten Argumentation zum Abblocken unerwünschten Nachwuchses ist bereits an anderer Stelle dargelegt worden. Daneben sind niedergelassene Ärzte vor allem um die Verteidigung ihres weitgehenden und durch medizinische Erfordernisse kaum gerechtfertigten ambulanten Behandlungsmonopols bemüht. Auch hier gibt man sich vor allem um das Allgemeinwohl besorgt: „Jede Art institutionalisierter teilstationärer Krankenhauspflege muss bedeuten, dass die Kosten im stationären Sektor weiter steigen, die Gefahr der Selbsteinweisung des Patienten durch das Krankenhaus wächst und die Strukturen ambulanter Versorgung systemverändernd attackiert werden" (DER NIEDERGELASSENE ARZT).

Hier wie bei allem von Interessengruppen Vorgebrachten ist der Verdacht nicht von der Hand zu weisen, dass eine mögliche Übereinstimmung zwischen vorgeschobenem Patienten- und materiellem Eigeninteresse allenfalls auf Zufall beruht. Das schließt zeitweilige Parallelen nicht aus, macht derartige

Behauptungen aber für die praktische Gesundheitspolitik weitgehend unbrauchbar. „Just as the object of a trade union under existing conditions must finally be, not to improve the technical quality of the work done by its members, but to secure a living wage for them, so the object of the medical profession today is to secure an income for the private doctor; and to this consideration all concern for science and public health must give way when the two come into conflict" (George Bernard Shaw). Diese Beobachtung eines gesundheitspolitisch interessierten Außenseiters ist heute genauso wahr wie vor 50 Jahren. Man wird lange darauf warten können, dass Anbieter von Gesundheitsgütern wissentlich auf Maßnahmen drängen, die zwar die Gesundheit der Menschen fördern, ihre eigene materielle Position aber schädigen könnten. Angenommen, ein Pharmaproduzent findet heraus, dass das Trinken von unbehandeltem Meerwasser eine seiner teuren Drogen ersetzt und sogar für die Gesundheit besser ist; man darf mit Recht bezweifeln, dass jemals ein Mensch auf der Welt von dieser Entdeckung erfährt. Als durch Massenproduktion von Penicillin auch die Preise dieses Medikaments nach dem Zweiten Weltkrieg drastisch fielen, stürzte sich der Präsident der amerikanischen Pharmafirma Commercial Solvents vor Verzweiflung aus dem Fenster seines New Yorker Büros. Alle seine teuer gekauften Vorräte waren mit einem Schlag wertlos geworden. Ein Beispiel von vielen, dass die Interessen der Anbieter von Gesundheitsgütern durchaus nicht immer mit denen der Allgemeinheit identisch sind.

Rivalität unter Konsumenten

Aber auch zwischen Patientengruppen wird es zu Verteilungskämpfen kommen, auch hier gibt es bei begrenztem Leistungsvolumen mehr als nur einen fundamentalen Interessenkonflikt. Sollten etwa in der Bundesrepublik wie in den

Niederlanden Bürgerinitiativen von Herzpatienten auf mehr Spezialkliniken und Operationsmöglichkeiten drängen, so ist das bei gegebenem Budget nur auf Kosten anderer Patientengruppen oder der Vorsorge möglich. Mehr Herzoperationen bedeuten weniger Cobaltbestrahler. Offenbar besteht hier die Gefahr, dass zahlenmäßig gewichtige Patientengruppen zukünftige Allokationsprozesse zu ihren Gunsten manipulieren werden.

Derzeit wird man als typischer Patient eine solche Unterstellung noch entrüstet zurückweisen. Man hat noch nicht das Gefühl, durch Mehrforderungen anderen etwas wegzunehmen. Das wird aber zunehmend zur Illusion, vor allem durch die stetige Zunahme von Therapiemöglichkeiten als Folge des medizinischen Fortschritts. „Ein einziges großes Rehabilitationszentrum verschlingt jährlich das Kostenäquivalent von 5000 offenen Herzoperationen. Das entspricht der Hälfte der operativen Leistung aller deutschen Herzzentren zusammen. Unverhältnismäßig große Mittel gehen an Institutionen, die von der Krankenversicherung aus Gründen der finanziellen Entlastung gern gesehen und aus anderen Gründen bei den Patienten sehr beliebt sind, ohne dass dieser Aufwand nachweislich zur Lebensverlängerung der Erkrankten wesentlich beiträgt" (Borst).

Mit anderen Worten: Man fordert mehr Geld für die Herzchirurgie auf Kosten der Rehabilitation. Dabei steht derzeit noch das ethische Schlupfloch offen, Maßnahmen der letzten Art als medizinisch nutzlos abstempeln zu können. Damit vermeidet man das Eingeständnis, durch vermehrte Hilfe für gewisse Patientengruppen andere zu schädigen. Diesen Ausweg wird der medizinische Fortschritt aber zunehmend versperren.

6. Wer soll leben? – Rationierung im Gesundheitswesen aus Statistiker- und Ökonomensicht

■ Vortrag auf der 48. Sitzung der Nordrhein-Westfälischen Akademie der Wissenschaften, Düsseldorf, 19. September 2007.

Die folgenden Ausführungen widmen sich einem Problem, das viele Menschen gern verdrängen, nämlich: In 100 Jahren sind alle, die mir jetzt zuhören, lange tot. Daran ist leider nicht zu rütteln, also: wo ist das Problem?

Das Problem ist, dass in Deutschland, aber nicht nur in Deutschland, ein Konsens zu herrschen scheint, dass dieses unangenehme Ereignis ohne Rücksicht auf die Kosten möglichst lange hinauszuschieben ist. Ich zitiere Norbert Blüm: „Niemand muss Angst haben, dass ihm nicht geholfen wird, jeder bekommt die beste Medizin." Oder Hans Jürgen Ahrens, der Vorstandsvorsitzende des Bundesverbandes der Allgemeinen Ortskrankenkassen: „Geld für die Versorgung aller Patienten ist ausreichend vorhanden." Oder in den letzten Jahren immer wieder Edmund Stoiber: „Bezahlbare und hochwertige medizinische Versorgung für jedermann. Spitzenmedizin für jedermann grundsätzlich" (Interview in der *Süddeutschen Zeitung* vom 23.9.2006; gleichlautend aber auch in vielen Wahlkampfreden und Parteiversammlungen).

Meine These ist nun: Spitzenmedizin für jedermann grundsätzlich gibt es nicht. Oder anders ausgedrückt: In der Medizin wird rationiert.

Um hier gleich zu Anfang Mißverständnisse auszuräumen: Dass nicht jeder alles bekommt, was er oder sie gern hätte, ist normal. In gewisser Weise geht es ja in der ganzen Volkswirtschaftslehre um nichts anderes, als mit begrenzten Mitteln möglichst effizient zurechtzukommen. Rationierung meint hier etwas anderes. Nämlich: Es werden kranken Menschen Dinge vorenthalten, auf die sie nach Mehrheitsmeinung hierzulande wenn nicht einen Rechtsanspruch, so doch zumindest einen moralischen Anspruch zu besitzen scheinen.

Das Thema meines Vortrags ist nun: Was haben Statistiker und Ökonomen zur Bewältigung dieses Dilemmas beizutragen? Dazu gibt es eine inzwischen riesige Literatur, die im Folgenden ausgewertet wird. Dabei will ich möglichst nichttechnisch vorgehen und mich im Wesentlichen darauf beschränken, die Probleme als solche klar herauszustellen.

Die sogenannte Kostenexplosion

Sehen wir uns zunächst die Entwicklung der Gesamtausgaben im deutschen Gesundheitswesen einfach einmal an (die obere Kurve ab 1991 zeigt die Ausgaben für Gesamtdeutschland, alle Ausgaben vor 2002 sind in Euro umgerechnet):

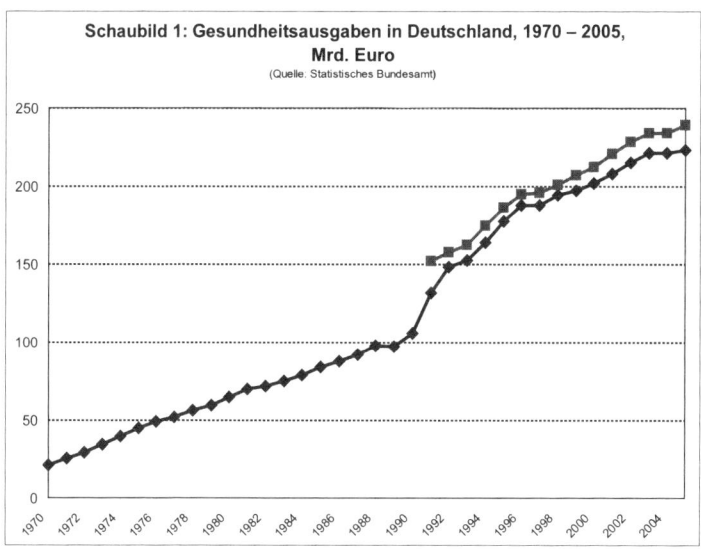

Es sei dabei dahingestellt, wie man diese Ausgaben geeignet definiert abgrenzt und vor allem, wie man sie erfasst, Doppelzählungen vermeidet usw. Das ist aus Sicht der Statistik ein faszinierendes Problem, steht aber nicht im Zentrum der folgenden Debatte. Ebenfalls kein Thema an dieser Stelle ist es, ob diese Ausgabenexplosion als solche etwas schlechtes ist oder nicht. Das nächste Schaubild zeigt eine andere Ausgabenexplosion, die der deutschen Privathaushalte für ihre Telefone und PKWs. Da sind die Wachstumsraten ähnlich, aber niemand findet das bedenklich. Die meisten scheinen sich sogar zu freuen.

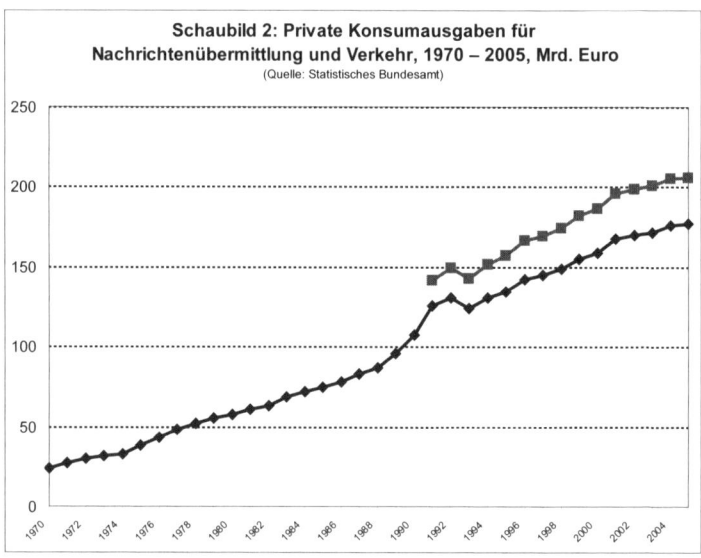

Warum? Einmal sind diese Ausgaben zugleich auch Einnahmen; sie erhöhen das Einkommen der Menschen, die in dieser Branche arbeiten. Das gilt aber auch für das Gesundheitswesen. Hier arbeiten derzeit in Deutschland fast 4 Millionen Menschen, mehr als in der Automobil-, Chemie- und Stahlindustrie zusammen, und irgendwo müssen deren Einkommen ja herkommen. Dann messen diese Ausgaben ja auch die Produktion, sie steigern das Sozialprodukt. Auch das gilt für das Gesundheitswesen gleichermaßen; es wird oft geklagt, der Anteil der Gesundheitsausgaben am Sozialprodukt wäre zu hoch. Umgekehrt wird ein Schuh draus: Wenn wir den Output des Gesundheitswesens reduzieren, fällt auch das Sozialprodukt.

Dennoch heben sich die Ausgaben für Gesundheit von den Ausgaben für Autos ab. Denn nur einen kleinen Teil zahlen die Konsumenten alias Patienten direkt aus der eigenen Tasche, der weitaus größte Teil kommt von Versicherungen und vom Staat. Das ist bei Automobilen anders. Bei Gesundheitsgütern dagegen gibt es für den Letztverwender keine Budgetrestriktion; das, was für Gesundheit ausgegeben werden soll oder kann, hat für den Einzelnen keine feste Obergrenze. Und damit sind auch die Gesamtausgaben für Gesundheit nicht das zusammengefasste Ergebnis rationaler Nutzenmaximierungsentscheidungen einzelner Individuen und in diesem Sinn so wie bei Kraftfahrzeugen unbedenklich. Hier ist vielmehr nach anderen Kriterien eine Schranke zu finden, und genau darum geht es hier: Wie macht man das?

Ist Rationierung wirklich unausweichlich?

Wenn ich vor Ärzten über dieses Thema referiere, kommt so sicher wie das Amen in der Kirche hier das Argument: Lieber Herr Krämer, was wollen Sie denn, wenn sich nur alle Akteure in unserem Gesundheitswesen auf das medizinisch Nötige beschränkten und Verschwendung so gut es geht vermieden, dann bräuchten wir Ihre ökonomischen Ratschläge nicht, dann wäre keine Rationierung im Gesundheitswesen nötig. Mehr Vorsorge statt Therapie, etwas Zurückhaltung bei den Preisen, dann ist Rationierung kein Problem.

Diese Reden erinnern mich immer an das Pfeifen im Walde: Man macht sich Mut, man verdrängt die Gefahr, man macht sich etwas vor. Denn alle diese vermeintlichen Auswege sind eher Sackgassen, sie führen aus dem Dilemma nicht heraus. Weder eine Beschränkung auf das medizinisch Nötige, noch ein Anhalten der Preise, noch eine Schwerpunktverschiebung in Richtung Prävention machen die folgenden Gedanken überflüssig.

Rationierungsmechanismen

Damit sind wir bei den Konsequenzen. Und eine davon heißt: An einer Rationierung im Gesundheitswesen führt kein Weg vorbei. Die Frage ist nur, wie. Ein großer Schritt in die richtige Richtung wäre ganz sicher ein größeres Vertrauen in die Marktwirtschaft. Z. B. kann ich es überhaupt nicht nachvollziehen, warum Menschen, die mehrere Zehntausend Euro für ein neues Auto oder Tausende von Euro für teure Urlaubsreisen ausgeben, nicht auch ein paar Tausend Euro für neue Zähne ausgeben sollten. Auch Gesundheitsgüter wie Kuren oder sonstige Befindlichkeitsverbesserungen, die zusätzlich einen hohen Konsumgutanteil haben, könnte man getrost und ohne inhuman zu werden dem freien Spiel von Angebot und Nachfrage überlassen.

Leider ist aber das Wundermittel Marktwirtschaft nicht flächendeckend einzusetzen. Steht insbesondere der Sensenmann schon vor der Tür, d. h. geht es um Leben oder Tod, ist Rationierung durch den Markt, wie elegant und effizient auch immer, auch mit dem Weltbild eines extremen Wirtschaftsliberalen nicht mehr unter einen Hut zu bringen.

Die Frage ist daher, wenn nicht Rationierung durch den Markt, wie dann? Dabei wären u. a. die folgenden Prinzipien denkbar. Erstens: Wir verteilen wie auf der Titanic die Rettungsboote nur noch an die erste Klasse. In den USA z. B. hat man ohne dickes Bankkonto kaum eine Chance auf ein neues Herz. Außerdem sind überproportional viele Herzpatienten männlich oder weiß, oder aus Saudi-Arabien. Mit anderen Worten, die großen Geldverdiener haben erstes Zugriffsrecht.

Oder der „soziale Wert" bestimmt, wer leben darf und wer sterben muss. Das ist die Situation aus den Kindertagen der künstlichen Blutwäsche, als es noch nicht genug Dialysegeräte für alle Nierenkranken gab. Ein arbeitsloser Junggeselle zieht dann gegen einen seriösen Familienvater mit acht Kindern eventuell den Kürzeren. Oder: keine Herzverpflanzungen oder andere teure Therapien für Patienten ab einem bestimmten Lebensalter, wie heute schon in durchaus zivilisierten Ländern wie Großbritannien oder Schweden standardmäßig praktiziert. Wer etwa in England als über 65-Jähriger ein Nierenleiden entwickelt, macht besser gleich sein Testament. Oder die Nutznießer werden ausgelost. In einer Sturmnacht des 19. Jahrhunderts stieß der amerikanische Frachtensegler „William Brown" auf der Fahrt von Liverpool nach Philadelphia nahe Neufundland auf einen Eisberg und versank. Die Mannschaft und die Hälfte der Passagiere konnten in zwei Rettungsbooten entkommen; jedoch geriet eines davon wegen Überladung in Gefahr zu kentern, und so warf die Mannschaft, um das Boot vor dem Untergang zu retten, in letzter Verzweiflung 14 Passagiere über Bord.

Nach der Rettung der Übrigen wurde ein Mitglied der Mannschaft, der Matrose Holmes, der als Einziger der Besatzung greifbar war und im Übrigen nur die Anweisungen seines Maates befolgt hatte, wegen Totschlags angeklagt. Zwar räumte das Gericht durchaus ein, dass – hätte man nicht 14 Passagiere umgebracht – außer diesen 14 auch alle anderen hätten sterben müssen. Trotzdem lautete das Urteil auf schuldig, vor allem wegen der Auswahlprozedur. Die Auswahl der Opfer sei willkürlich gewesen (die Mannschaft war nur bestrebt, keine Ehepaare zu trennen und keine Frauen über Bord zu werfen, hatte aber ansonsten die 14 Opfer willkürlich ausgesucht), man hätte losen müssen.

Als in England Mitte der fünfziger Jahre des letzten Jahrhunderts die Schutzimpfung gegen Kinderlähmung aufkam, der Impfstoff aber zu knapp war, um an alle Gefährdeten verteilt zu werden, veranstaltete man daher eine Lotterie. Zwar wurden die Verlierer nicht unmittelbar wie im Fall „U.S. vs. Holmes" zum Tode verurteilt (nur ihre Wahrscheinlichkeit zu sterben nahm zu; wie wir weiter unten sehen werden, ist das ein großer Unterschied), aber die Gewinner wurden offen vom Zufall bestimmt.

Oder soll man, wie in der Katastrophen- und Kriegsmedizin, vor allem die Starken und Tüchtigen retten und die Schwachen sterben lassen? So verfügte etwa das amerikanische Oberkommando während des Feldzugs gegen Rommel in Nordafrika, dass nur solche Kranken und Verwundeten das damals knappe Penicillin erhalten sollten, mit deren baldiger Einsatzbereitschaft zu rechnen sei, mit der Konsequenz, dass nicht die kämpfenden Truppen, sondern vorzugsweise Soldaten mit Geschlechtskrankheiten, die ihre „Verwundung" in einem Bordell erlitten hatten, in den Genuss dieser teuren und knappen Behandlung kamen.

Oder ist der medizinische Nutzen ausschlaggebend? Die Menschen, die am meisten von einer medizinischen Maßnahme profitieren könnten, bekommen sie zuerst? Nach diesem Prinzip funktioniert etwa die Rationierung in der Transplantationschirurgie schon seit Jahren ausgezeichnet: Die Blutgruppen von Spender und Empfänger sowie – je nach Organ unterschiedlich gewichtet – die sogenannten HLA-Merkmale müssen zusammenpassen, auch die Wartezeit und die Bereitschaft, an den vor und nach der Behandlung nötigen Untersuchungen mitzuwirken, spielen eine Rolle. Diese in ein ausgeklügeltes Punktesystem übertragenen Kriterien legen die Verteilung knapper Spenderorgane fest; sie werden von den meisten Beteiligten als gerecht und fair empfunden.

Oder nur solche Patienten erhalten neue Organe, die selbst zur Organspende bereit gewesen sind? Oder man erlaubt den Menschen, eine ihrer zwei Nieren zu verkaufen? Einen solchen Markt gibt es vielerorts bereits, derzeit noch illegal. Aber es gibt Kollegen, die meinen, das könnte man auf eine ganz legale Basis stellen. Oder man schneidet einfach die von der Gemeinschaft vorgehaltenen Maßnahmen an einer gewissen Stelle ab. In den neunziger Jahren des letzten Jahrhunderts hat der US-amerikanische Bundesstaat Oregon auf einer Liste festgehalten, welche von mehreren Hundert medizinischer Maßnahmen im Rahmen der staatlichen Gesundheitsversorgung für die Armen (Medicaid) vorgehalten werden sollten und welche nicht. Die insgesamt 736 Einträge umfassende Liste des Jahres 2002 z. B. schneidet bei Nr. 566 – „Dysfunction of nasolacrinal system" – die auf Kosten von Medicaid behandelbaren Gesundheitsbeschwerden ab; Patienten mit Beschwerde Nr. 567 – „Chronic anal fissure" – haben keinen Behandlungsanspruch mehr.

In Europa hat man etwa in Schweden diesen Rationierungsvorschlag aufgegriffen. Im Auftrag des Reichstags hat eine Arbeitsgruppe von Ärzten und Gesundheitsökonomen alle bekannten medikamentösen und sonstigen Therapien in der Kardiologie auf einer Skala von 1 bis 10 bewertet. Maßnahmen mit den Prioritäten 1 bis 3 sind durchzuführen, Maßnahmen mit den Prioritäten 4 bis 6 können durchgeführt werden, müssen aber nicht, und Maßnahmen mit den Prioritäten 7 bis 10 sind zu unterlassen. Zur letzten Gruppe gehören etwa Angiographie und Bypassoperationen bei Patienten mit stabiler Angina pectoris, also Maßnahmen, die anderswo, etwa in Deutschland, durchaus noch zur Alltagspraxis zählen.

Das Für und Wider dieser Mechanismen sei im Weiteren dahingestellt. Je nach Entscheidungslage haben alle etwas für, aber auch etwas gegen sich. So wird etwa aus den USA berichtet, dass die Gesamtausgaben von Medicaid seit Einführung der Oregon-Liste nicht gesunken, sondern überdurchschnittlich angestiegen sind. Und viele Ärzte halten sich einfach nicht daran oder lassen Patienten privat für nicht erstattungsfähige Leistungen bezahlen. In der Fachliteratur nennt man das auch „weiche Rationierung": Patienten können Angebotsbeschränkungen umgehen.

Soziale Zahlungsbereitschaft oder: Statistische versus individuelle Menschenleben

Eine letzte Möglichkeit, dem unausweichlichen Rationierungszwang im modernen Medizinbetrieb zu begegnen, ist eine Ausrichtung nicht an der individuellen, sondern an der sozialen Zahlungsbereitschaft.

Dieser Gegensatz ist etwas konstruiert. Denn auch diese hier so benannte „soziale" Zahlungsbereitschaft geht auf individuelle Präferenzen zurück. Aber diese individuellen Präferenzen betreffen nicht Entscheidungen auf Leben oder Tod. Vor der Wahl: Geld oder Leben? wählt fast jedes Individuum das Leben, unabhängig vom Preis. Insofern ist individuelle Zahlungsbereitschaft im Angesicht des Todes kein praktikables Auswahlkriterium.

Etwas anderes ist dagegen eine Abwägung von Risiken: Was muss man mir bezahlen, damit ich eine um soundso viel Prozent erhöhte Unfallgefahr am Arbeitsplatz akzeptiere? Hier lassen die meisten Menschen durchaus mit sich handeln, dazu gibt es in den Wirtschaftswissenschaften eine ausgefeilte Theorie der kompensierenden Lohndifferentiale.

Gleiches gilt auch im Privatleben: Wer, um 200 Euro für ein ABS-System an seinem Auto einzusparen, eine Wahrscheinlichkeit von 1:1000 in Kauf nimmt, binnen eines Jahres durch einen Verkehrsunfall ums Leben zu kommen, setzt eine Todeswahrscheinlichkeit von 1:1000 mit 200 Euro gleich. Wenn tausend Personen diese Ansicht teilen, liefe das darauf hinaus, dass diese Gruppe als Ganzes bereit wäre, für 200 000 Euro einen statistischen Todesfall zu akzeptieren – jeder Einzelne ist zwar nur mit einer gewissen Wahrscheinlichkeit betroffen, aber diese Wahrscheinlichkeiten addieren sich zu einer (statistischen, langfristigen) Sicherheit.

Mit „sozialer Zahlungsbereitschaft" ist also genau das gemeint: Nicht der Preis für ein konkretes Menschenleben (den gibt es nicht, denn ein konkretes Menschenleben ist kein ökonomisches Gut und hat daher auch keinen Preis), sondern allein der Preis, für den eine Gemeinschaft bereit ist, ein erhöhtes Risiko für den Tod oder eine Krankheit ihrer Mitglieder zu akzeptieren.

Wie setzt man das im Gesundheitswesen um? Und lässt sich das überhaupt im Gesundheitswesen umsetzen?

Antwort: Nicht immer. Am konkreten Patienten z. B. nicht. Aber immer dann, wenn es um Bereitstellung von Ressourcen, d. h. um strategische Planung im Gesundheitswesen geht, sind dergleichen Überlegungen auch im Gesundheitswesen angezeigt. Wird eine neue Herzklinik gebaut? Leisten wir uns ein nationales Bluthochdruckprogramm? Gibt es Krebsprävention für alle auf Krankenschein? usw. Die einschlägigen Entscheidungen betreffen keine im Augenblick der Entscheidung bekannten Menschen, sie berühren allein unsere Überlebenswahrscheinlichkeiten, und das ist ein ganz großer und zentraler Unterschied.

Zuweilen nennt man diese Art der Kostenbegrenzung auch „primäre Rationierung". Anders als bei der „sekundären" Rationierung, wo vorhandene Kapazitäten auf die Hilfsbedürftigen zu verteilen sind, geht es hier um den Umfang dieser Kapazitäten selbst. Und eine rationale, an den Wertvorstellungen der Bürger ausgerichtete Gesundheitspolitik hätte also zunächst einmal die soziale Zahlungsbereitschaft für ausgewählte Infrastrukturprojekte zu ermitteln; ist diese größer als die Kosten, wird das Projekt durchgeführt. Ist sie kleiner als die Kosten, nicht.

Dergleichen Überlegungen wurden bisher zumindest im deutschen Gesundheitswesen aber noch nicht angestellt.

Diskussion

Die hier präsentierte Sichtweise ist nur eine Partialanalyse, keine allgemeine Gleichgewichtsbetrachtung: Auch wenn man mit einem gewissen Aufwand die Überlebenswahrscheinlichkeit für gewisse endliche Zeitspannen erhöhen kann, auf lange Sicht sind trotzdem alle tot. Damit komme ich sozusagen zum Anfang dieser Ausführungen zurück. Ein erster Schritt in Richtung allgemeines Gleichgewicht wäre also ein Umrechnen von Überlebenswahrscheinlichkeiten in zusätzliche Lebensjahre. Aber auch dann wäre immer noch nicht berücksichtigt, dass der Mehrkonsum der nichtproduktiven Gemeinschaftsmitglieder in einem längeren Leben auf Kosten des Konsums der Produzenten geht, oder anders ausgedrückt: Könnten sich alle Gemeinschaftsmitglieder, bevor sie geboren werden, an einem runden Tisch zusammensetzen und in Unwissenheit über ihr späteres Lebensschicksal rational, also den Erwartungsnutzen maximierend, über Gesundheitsausgaben beschließen, käme wieder etwas anderes heraus. Das wäre aber ein Thema für einen eigenen Vortrag; deswegen bedanke ich mich jetzt für Ihre Aufmerksamkeit und mache an dieser Stelle erst mal einen großen Punkt.

7. Die Illusion der Prävention

▪ Vortrag auf der 58. Jahrestagung der Arbeitsgemeinschaft für Kieferchirurgie, Wiesbaden, 1. Mai 2008.

Sehr geehrte Damen und Herren,

haben Sie vielen Dank für die Einladung zu diesem Referat auf Ihrer Jahrestagung, die ich sehr zu schätzen weiß. Das ist ja durchaus nicht selbstverständlich, dass ein Statistiker und Ökonom, also von Ihrer Warte her gesehen klar ein Außenseiter, zu Heilberufen über Themen wie Gesundheit, Krankheit, Leben, Sterben und die Zukunft des Gesundheitswesens spricht. Aber genau deshalb stehe ich jetzt vermutlich hier. Denn Außenseiter haben auch ihr Gutes, z. B. sind sie eher vor Betriebsblindheit geschützt und können gerade *aus* ihrer Außenseiterposition für Insider ganz nützlich sein.

Ich möchte also diese Außenseiterposition in den nächsten 20 Minuten dazu nutzen, um einmal kurz über den Tellerrand der aktuellen Tagespolitik, um über intramedizinische, in gewissem Sinne also *taktische* Spezialprobleme, um darüber einmal hinauszusehen und stattdessen auf einige langfristige, strategische Dilemmas des modernen Medizinbetriebes hinzuweisen, die völlig unabhängig davon sind, ob unser Gesundheitsminister Ulla Schmidt oder Phillip Rösler heißt, und die auch dann vorhanden blieben, wenn alle Ärzte und Patienten Engel wären und die Pharmaindustrie ein Zweigbetrieb der Heilsarmee.

Eines dieser langfristigen, strategischen Dilemmas betrifft den Stellenwert der Prävention. Das ist ja auch eines der beiden Schwerpunktthemen dieser Konferenz. Und eines der Themen, über die bei den Heilberufen die größten Illusionen existieren. Wie Sie wissen, geben wir in Deutschland mehr als zehnmal so viel für die Behandlung wie für die Verhinderung von Krankheit aus. Das erscheint vielen als ein Missverhältnis. Ich zitiere einen bekannten deutschen Sozialmediziner: „Richtige Lebensweise, verantwortungsbewusste Lebensführung und Einhaltung natürlicher Ordnungen würden mit einem Schlag die Situation im Gesundheitswesen grundlegend ändern und die Kosten auf ein erträgliches Maß absenken."

Denn vorbeugen ist doch besser als heilen. Gibt es eine Wahrheit, die offensichtlicher zutage läge? Zumindest in diesem Punkt scheinen die meisten Betrachter unseres Gesundheitswesens allen sonstigen Differenzen zum Trotz doch übereinzustimmen: Einen Schaden gar nicht erst entstehen zu lassen ist doch offensichtlich besser und auch billiger als jede Reparatur.

Das mag in einigen Teilbereichen, speziell in dem, der Sie wohl am meisten interessiert, der oralen Medizin, auch durchaus zutreffen. Aber im Allgemeinen ist diese Sicht der Dinge falsch. Nicht grundsätzlich falsch, das möchte ich ganz ausdrücklich betonen, aber doch in ihrer Allgemeinheit falsch. Bitte sehen Sie daher die folgenden Ausführungen nicht als einen Angriff auf den Präventionsgedanken an sich. Das liegt mir völlig fern. Prävention im Gesundheitswesen ist außerdem ein viel zu weites Feld, als dass man in 20 Minuten darüber erschöpfend reden könnte. Ich sage nur: Nicht alle Hoffnungen, die man in eine stärkere Betonung des Präventionsgedankens setzt, werden in Erfüllung gehen.

Wieso? Beziehungsweise wieso nicht? Der Grund für meine Skepsis ist ebenso trivial wie unangenehm. In einem englischen Andenkenladen habe ich dazu einmal einen Aufkleber mit folgendem Spruch gesehen: „If you give up drinking, smoking and sex, you don't live longer. It just seems like it."

Das ist natürlich falsch – denn Nichtraucher leben nicht nur subjektiv, sondern auch objektiv länger als andere – enthält aber trotzdem einen wahren Kern. Denn auch Nichtraucher müssen sterben, genau wie Müsli-Freunde oder Anti-Alkoholiker, und eine per Prävention verhinderte Krankheit macht uns leider nicht unsterblich, wie viele Präventionsverliebte offenbar zu glauben scheinen, sondern in erster Linie doch nur Platz für eine andere.

Indirekte Kosten der Prävention

Die letztendliche Sterblichkeitsrate bleibt immer 100 Prozent, da kann die Medizin machen, was sie will. Vielleicht erinnert sich noch der eine oder andere hier im Saal an eine groß angelegte Präventionskampagne in den nordbadischen Städten Wiesloch und Eberbach, die anfangs der achtziger Jahre in der deutschen Presse für einige Furore sorgte. Ich zitiere aus der *Frankfurter Allgemeine Zeitung*: „Von der fünften Klasse an erlernen Schüler die selbständige Blutdruckkontrolle, Arbeitsgruppen befassen sich mit Diät, gesundem Frühstück und Pausenbrot, Ärzte unterrichten sogenannte Risikopatienten im Wartezimmer." Fast wörtlich genauso die Hamburger Zeit:

„Die heute in Wiesloch und Eberstadt verkaufte Wurst enthält z. B. 25 Prozent weniger Salz als früher. Der Fettgehalt der Wurst wurde auf 6 bis 8 Prozent verringert. Selbst Mayonnaise enthält nicht mehr 80 Prozent Fett, wie üblich, sondern lediglich 25 Prozent [...] Metzgermeister (!) klären Hausfrauen in Arztpraxen über ernährungsphysiologisch richtige Speisenzubereitung auf, Hoteliers setzen Gerichte mit Kalorienangabe auf die Speisekarte, Bäcker bieten salzreduzierte und ballaststoffreiche Brotsorten an" usw. – eine ganze Stadt beugt vor.

Nun, ich war 10 Jahre später in Wiesloch zu Besuch und habe die folgende Seite aus der dortigen Lokalzeitung für Sie mitgebracht (siehe Abb. Seite 64).

Wie Sie sehen, die Leute in Wiesloch sterben immer noch, und sterben sie nicht an Krebs, dann an Alzheimer und Herzinfarkt, und damit bin ich auch schon bei den Kosten angelangt. Ob nämlich die erfolgreiche Prävention einer be-

Die Trauerfeier fand im engsten Familienkreis statt.
Anstelle zugedachter Blumen bitten wir um Spenden zugunsten des Deutschen Komitees für UNICEF, Bank für Sozialwirtschaft Köln, Konto-Nr. 3 035 244 286, BLZ 370 205 00.

Wir trauern um unseren lieben Vater und Opa

Hans Klaiber
* 1. 4. 1909 † 14. 10. 1990

Er hat nach kurzer, schwerer Krankheit in seiner Heimat Friedenweiler/Schwarzwald die letzte Ruhe gefunden.

**Roswitha Ullmer
und Familie
Karin Herdes
und Familie**

6900 Heidelberg, Mittlerer Gaisbergweg 5
7701 Welschingen, Sonnenrain 4e

Mein lieber Mann, unser Bruder, Schwager und Onkel

Raimund Tiedmann
ist im Alter von 56 Jahren von uns gegangen.

In stiller Trauer:
Eleonore Tiedmann geb. Haaß
und Angehörige

Heidelberg, den 16. Oktober 1990
Kirchstraße 22

Die Trauerfeier findet am Montag, dem 22. Oktober 1990, um 13.30 Uhr in der Kapelle auf dem Bergfriedhof in Heidelberg statt.

Wie schmerzlich war's vor Dir zu stehen,
dem Leiden hilflos zuzusehen.
Du hast gesorgt, Du hast geschafft,
bis Dir die Krankheit nahm die Kraft.
Schlicht und einfach war Dein Leben,
treu und fleißig Deine Hand,
immer helfen war Dein Streben,
ruhe sanft und habe Dank.

Wir nehmen Abschied von unserer lieben Mutter, Schwiegermutter, Oma, Schwester, Schwägerin und Tante

Margarete Zimmer
geb. Hettinger
* 9. 12. 1911 † 17. 10. 1990

In stiller Trauer:

Vorstand, Betriebsrat und Mitarbeiter
**KRAFTANLAGEN AKTIENGESELLSCHAFT
Heidelberg**

Heidelberg, den 18. Oktober 1990

Nach kurzer, schwerer Krankheit verstarb in St. Georgen im Schwarzwald mein Mann, unser Vater, Schwiegervater und Opa

Franz Hack
* 18. 6. 1930 † 17. 10. 1990

In stiller Trauer:

**Leoni Hack
Michael Hack und Familie
Gisela Schäfer** geb. Hack und Familie
und alle Angehörigen

6913 Mühlhausen-Rettigheim, den 19. Oktober 1990

Beerdigung: Montag, 22. Oktober 1990, 14 Uhr, Seelenamt in Schonach im Schwarzwald, anschließend Beerdigung.

Unsere liebe Mutter, Oma, Schwester und Tante

Emilie Fabis
geb. Herrmann

ist im Alter von 85 Jahren von uns gegangen.

Im Namen aller Angehörigen
Familie Klaus Fabis

Nußloch, den 18. Oktober 1990
Heidelberger Straße 16

Die Beerdigung findet am Dienstag, dem 23. Oktober 1990, um 14 Uhr auf dem Bergfriedhof in Heidelberg statt. Kondolenzliste liegt auf.

Wir trauern um unsere liebe, gute

Friedl Bell
geb. Schön
30. 5. 1919 – 14. 10. 1990

In Liebe und Dankbarkeit
Martha und Herbert Rübner

stimmten Krankheit das Gesundheitsbudget als Ganzes entlastet oder nicht, hängt offenbar entscheidend davon ab, was billiger ist: die verhinderte Krankheit oder die, die man stattdessen kriegt. Das kann man nicht am grünen Tisch entscheiden, aber ich kenne hier einige sehr seriöse Modellrechnungen, die bezüglich des rein ökonomischen Nutzens von noch mehr Prävention zu eher skeptischen Ergebnissen gelangen.

Vielleicht kennen einige hier im Saal die berühmte Untersuchung von Leu und Schaub von der Universität Basel zu Rauchen und Gesundheitskosten in der Schweiz. Darin kamen die Autoren u. a. zu dem Resultat, dass die Schweiz langfristig eher mehr statt weniger für die Gesundheit ausgeben müsste, wenn es dort seit 100 Jahren keine Raucher gäbe. So paradox das auf den ersten Blick auch klingt, aber das Gesundheitswesen würde durch ein totales Rauchverbot nicht billiger, sondern langfristig nur noch teurer (weil nämlich die Kosten, die in den Extra-Lebensjahren des Nichtrauchers entstehen, die vorher gesparten Ausgaben mehr als aufwiegen). Wenn man also ernst nimmt, was man immer wieder zu Bonus-Malus beim Krankenkassenbeitrag liest, müssten Raucher keinen Malus, sondern einen Bonus auf ihren Beitrag eingeräumt erhalten (was, nebenbei bemerkt, auch die beste Methode wäre, sie von diesem Laster einfüralle Mal zu heilen).

Nutzen vs. Grenznutzen

Das war also das erste Argument, warum eine Schwerpunktverschiebung der Gesundheitspolitik in Richtung Prävention uns weit weniger aus der modernen Gesundheitskrise hilft, als viele glauben. Ein weiteres ist, dass man wie bei vielen Dingen im Leben den Gesamteffekt und den Extraeffekt auseinanderhalten muss. Man kann nämlich durchaus die These vertreten, dass Prävention an sich auch unter Kostenaspekten eine gute Sache sei, aber dennoch Zweifel anmelden, ob noch *mehr* Prävention den Nutzen weiter steigert.

Die Betonung liegt dabei auf „mehr". Das ist keine sprachliche Haarspalterei, sondern ein ganz zentraler Punkt. Man kann den Nutzen von mehr Prävention durchaus bezweifeln, ohne den Gesamtnutzen aller Prävention insgesamt in Frage zu stellen. Ein ersatzloser Wegfall etwa von Schutzimpfungen und öffentlicher Hygiene wäre medizinisch wie auch ökonomisch ein Desaster. Binnen weniger Jahre würden wir wieder wie unsere Vorfahren von Tbc und Typhus, Kinderlähmung, Pocken oder Cholera hinweggerafft, und die Bekämpfung dieser Seuchen wäre im Vergleich zum eingesparten Vorsorgeaufwand vermutlich auch noch sehr viel teurer. Ohne Zweifel sind daher die Mittel gegen diese Seuchen auch ökonomisch, oder, wenn Sie so wollen: veterinärmedizinisch bestens angelegt, von den gewonnenen Lebensjahren ganz zu schweigen – wir können auch sagen, dass dem Aufwand ein hoher Nutzen gegenübersteht.

Das bedeutet aber nicht, dass eine Verdoppelung des Aufwands auch den Nutzen verdoppelt. Der zusätzliche Ertrag (der „Grenzertrag" im Fachjargon der Ökonomen) nimmt vielmehr mit steigendem Aufwand ab. Jede Extramark für Prävention spart immer weniger Behandlungskosten und trotzt dem Tod zusehends weniger Lebensjahre ab. Nach den leichten Siegen über die akuten Killerkrankheiten der Vergangenheit steht die Medizin heute weit hartnäckigeren Feinden wie den viel schwerer oder überhaupt nicht aufzuhaltenden chronisch-degenerativen Krankheiten gegenüber, sind die heutigen Feldzüge nur mit weit höherem Aufwand an Geld und Material zu gewinnen, werden Siege, falls überhaupt, immer mühsamer erkämpft und macht der Triumph über die eine Menschheitsgeißel in der Regel nur noch Platz für eine andere.

Obwohl also die segensreiche Wirkung von Präventionsmaßnahmen insgesamt nicht zur Debatte steht, die mitgeholfen haben, unsere Lebensspanne seit Anfang des Jahrhunderts von knapp 40 auf heute über 70 Jahre fast zu verdoppeln: die Wirkung zusätzlicher Präventionsmaßnahmen ist nicht so klar – eine weitere Verdoppelung unserer Lebenserwartung, von 70 bis 80 auf 140 bis 160 Jahre, ist wegen unserer biologischen und wohl auch in Zukunft gültigen Altersgrenze von rund 120 Jahren völlig ausgeschlossen.

Sonstige Kosten der Prävention

Also: der rein medizinische Nutzen jeden weiteren Euros für noch mehr Prävention nimmt ab. Und das führt dazu, dass viele Heilerfolge inzwischen sogar preiswerter durch Therapie als durch Prävention erzielbar sind. In den USA z. B. hat man einmal die Kosten pro Extra-Lebensjahr bei verschiedenen Maßnahmen gegen Herzinfarkt berechnet, mit folgendem Ergebnis: kardiologische Intensivstation 5.000 Dollar, Notarztwagen 7.000 Dollar, Angiographie mit eventueller Bypassoperation 14.000 Dollar, vorbeugende Bluthochdruck-Behandlung 20.000 Dollar, Belastungstests asymptomatischer Patienten mit anschließendem Szintigramm 39.000 Dollar – Vorbeugen ist hier nicht billiger, sondern erheblich teurer als heilen. Ungezählte Menschen werden nämlich geimpft, mit blutdrucksenkenden Medikamenten behandelt oder durch Vorsorgeprogramme aller Art geschleust, die ohnehin die Krankheit nie bekommen hätten. Für diese ist das Geld für die Prävention also gewissermaßen zum Fenster hinausgeworfen. Bei akuten Fällen dagegen wird der Aufwand wirklich nur dort getrieben, wo er wirklich nötig ist. Wenn auch die Behandlung akuter Fälle pro Patient in der Regel teurer ist als Vorbeugung, so ist doch die Fallzahl und oft allein schon deshalb auch der Gesamtaufwand der Therapie, wie beispielhaft bei der Bekämpfung von Masern, erheblich kleiner.

Und dann ist Prävention an sich ja auch nicht ungefährlich. Nicht umsonst ist man etwa vielerorts von Schutzimpfungen gegen Keuchhusten wieder abgekommen, und neuerdings raten Ärzte bei Reisen in gewisse Tropenländer sogar von der Vorbeugung gegen Malaria ab. Andere Vorsorgemaßnahmen sind, wenn nicht gefährlich, so doch zumindest unbequem (Diät), mindern die Lebensfreude (Verzicht auf Alkohol und Nikotin), sind mit lästigen Nebenwirkungen behaftet, wie viele Medikamente zur Senkung des Bluthochdrucks, oder vergällen nur das weitere Leben, ohne den Verlauf der Krankheit wesentlich zu bremsen, wie oft die Früherkennung gegen Krebs. Oder um den französischen Literaten François de La Rochefoucault zu zitieren: „Wer allzuviel an seine Gesundheit denkt, vertauscht diese nur gegen eine äußerst langweilige Krankheit."

Gefahren von falsch positiv

Das Stichwort Früherkennung leitet über zu einer weiteren, oft dramatisch unterschätzten Nebenwirkung bestimmter Präventionsmaßnahmen, vor allem solcher der Sekundärprävention, nämlich der Diagnose falsch positiv bzw. der Beurteilung solcher Tests ganz allgemein. Hier wissen nämlich die meisten Mediziner überhaupt nicht, was sie tun.

Mein Berliner Kollege Gerd Gigerenzer hat einmal eine Stichprobe von 24 praktizierenden Frauenärzten gefragt: Mit welcher Wahrscheinlichkeit hat eine Frau mit positivem Mammographiebescheid tatsächlich Krebs?

Die korrekte Antwort wäre zunächst einmal: Es kommt drauf an. Und zwar darauf, wie viele Frauen insgesamt an Brustkrebs leiden, wie sicher der Test eine solche Erkrankung erkennt und wie oft der Test zu Unrecht anschlägt. Angenommen also, 1 Prozent aller untersuchten Frauen haben tatsächlich Brustkrebs, der Test entdeckt davon 80 Prozent (d. h. auch „Spezifizität"), und bei 10 Prozent aller gesunden Frauen gibt es Fehlalarm. Wie hoch ist dann die Wahrscheinlichkeit, dass eine Frau mit positiver Mammographie tatsächlich Brustkrebs hat?

Antwort: rund 8 Prozent.

Die meisten Ärzte schätzen die Wahrscheinlichkeit viel höher, sie sehen Brustkrebs, wo gar keiner ist, und auch das hat Folgen für die Gesundheit, die man nicht unterschätzen sollte. Der Kollege Gigerenzer hält die gesundheitsschädlichen Folgen falsch positiver Diagnosen sogar für gefährlicher als die Konsequenzen übersehener Erkankungen und tritt dafür ein, die Massenuntersuchungen auf Brustkrebs bei Frauen republikweit einzustellen.

Prävention als Zwang

Es gibt einen letzten Anlass zur Skepsis, der steht nicht auf meiner Liste, den habe ich mir bis zum Schluss aufgehoben. Auch wenn Prävention keine Kosten spart, kann sie ja trotzdem medizinisch sinnvoll sein. Und sehr oft ist sie das ja auch. Meine bisherigen Ausführungen sollen auf keinen Fall als Rundumschlag gegen Prävention verstanden werden, ich habe nur auf einige gern übersehene Nachteile solcher Strategien hingewiesen. Bedenken habe ich daher in vielen Fällen auch weniger zum Ob, sondern mehr zum Wie der Prävention. Prävention verlangt nämlich nach Zwang. Freiwillig hat sie auf dieser schönen Erde noch niemals lange funktioniert, sodass hinter dem Zuckerbrot, mit dem man uns gesundes Leben schmackhaft machen will, meist eine große Peitsche droht. Darüber kann auch die bekannte Kundenfänger-Kampagne der deutschen Ortskrankenkassen mit dem Motto „Prävention macht Spaß" nicht hinwegtäuschen. Prävention macht nämlich durchaus keinen Spaß. Mir jedenfalls nicht. Ich muss mich zum Zähneputzen genauso zwingen wie zur Frühgymnastik oder zum Verzicht auf ein weiteres Glas Wein, wenn es mir gerade besonders gut schmeckt. Trotz aller Aufklärungskampagnen essen und trinken wir weiterhin zu viel, ruinieren unsere Ohren in der Diskothek, gehen viel zu spät ins Bett, liegen trotz Ozonloch und Hautkrebs im Urlaub stundenlang am Strand, kaufen unser Mittagessen bei McDonalds statt im Bioladen, fahren mit dem Auto und nicht mit der Bundesbahn und tun auch sonst von morgens bis abends Dinge, die wir eigentlich nicht tun dürften, wenn die Verhinderung von Tod und Krankheit wirklich unser höchstes Streben wäre.

Natürlich sieht auch ein Liberaler, als den Sie mich inzwischen vielleicht identifiziert haben, bestimmte Zwangsmaßnahmen durchaus ein. Das ist z. B. immer dann der Fall, wenn Prävention sogenannte „externe Effekte" hat, wie das im Fachjargon der Ökonomen heißt. Ein Paradebeispiel sind Schutzimpfungen, denn hier schützt man durch Prävention nicht nur sich selbst, sondern auch andere. Hier ist die Frage „Prävention ja oder nein" eben nicht jedermanns eigenes Bier, hier ist auch nach dem liberalen Credo Zwang durchaus erlaubt. Aber ich habe auch schon Schlagzeilen gelesen wie „Krebsärzte fordern: Vorsorge als Pflicht", und das geht mir eindeutig zu weit. An Krebs hat sich schließlich meines Wissens noch niemals jemand angesteckt.

Hierher gehört auch der von manchen Ärzten propagierte Zwangs-„Gesundheits-Check-up" alle zwei Jahre für alle Versicherten, ob sie wollen oder nicht. Auch hier ist das Motiv zu loben, die Methoden aber weniger. Dann fehlte nämlich nur noch der TÜV-Stempel auf dem Hinterteil, und ehe wir bis drei zählen könnten, hätten wir den totalen medizinischen Überwachungsstaat.

Aus einem Recht auf könnte nämlich sehr schnell eine Pflicht zur Gesundheit werden, wie in vielen totalitären Gesellschaften links wie rechts bereits gehabt. Die russische Wochenzeitung *Literaturnaja Gazeta* etwa klagte vor einigen Jahren darüber, dass 30 Prozent der russischen Kinder übergewichtig seien und dass ihre körperliche Verfassung nicht den Ansprüchen einer modernen Industrie und Armee genüge. Alles in allem müsse die Einstellung zur Gesundheit geändert werden, da diese kein Privateigentum sei, sondern dem Staat gehöre.

Gesundheit als Eigentum des Staates! Damit will ich den Präventionsverfechtern hierzulande durchaus keine totalitären Tendenzen unterstellen. Insbesondere glaube ich nicht, dass Ulla Schmidt wieder die Leibeigenschaft in Deutschland einführen will. Aber die Gefahr ist nicht von der Hand zu weisen. Hier kämpfen offensichtlich linke Zwangsbeglücker und rechte Paternalisten Hand in Hand und steht der Liberale einsam in der Mitte.

Karl der Große soll zu seinen Ärzten gesagt haben, als diese ihm gebratenes Fleisch verboten, an dessen Stelle er gekochtes essen könne, sie sollten sich zum Teufel scheren. Das soll auch mein eigenes letztes Wort für heute Morgen sein. Denn was Karl dem Großen recht war, sollte uns billig sein. Eine wirklich freie Gesellschaft sollte sich im Zweifelsfall dazu durchringen, ihre Bürger nach eigener Fasson leben, aber auch nach eigener Fasson krank werden und sterben zu lassen.

8. Demographie als Schicksal oder freier Wille?

■ Mut, Heft Juli 2009

Die Deutschen sterben aus. Warum sterben die Deutschen aus? Wegen der „demographischen Entwicklung".

Das ist der große Buhmann (bzw. die große Buhfrau) der Jahre Null und immer wieder für Überraschungen gut. Etwa, dass Bundesbürger, die im Jahr 2010 Steuern zahlen sollen, spätestens 1990 hätten geboren werden müssen. Leider hat das niemand den Politikern gesagt. Die verschanzen sich vorläufig noch hinter der demographischen Entwicklung, die aber genauso wenig eine Entwicklung ist wie die kulturelle, historische oder gesamtwirtschaftliche Entwicklung im eigentlichen Sinn des Wortes Entwicklungen sind. Denn eine Entwicklung ent-wickelt sich, man denkt an Blumenknospen, die sich öffnen, oder an Kinder, die zu Jugendlichen, dann zu ausgereiften Menschen werden, deren Persönlichkeit sich aus den Genen – und natürlich als Produkt von Umweltreizen – mehr oder weniger „ent-wickelt".

Die demographische Entwicklung hierzulande verläuft aber nur an einem, dem rechten Ende, bei den Todesfällen, quasi nach Naturgesetzen. Die Wahrscheinlichkeit z. B., dass ein 50-jähriger deutscher Mann in den nächsten fünf Jahren stirbt, beträgt in guter Annäherung 4 Prozent: von 1.000 Männern, die in diesem Jahr ihren 50. Geburtstag feiern, sind erfahrungsgemäß 40 vor ihrem 55. Geburtstag tot. Vor 100 Jahren waren das weitaus mehr, in 100 Jahren sind es vielleicht weniger, aber über mittlere Zeiträume sind diese Sterberaten bemerkenswert konstant; von den Begründern der modernen Bevölkerungslehre, dem Engländer John Graunt und dem preußischen Pfarrer Johann Peter Süßmilch, wurden sie sogar als „göttliche Gesetze" angesehen: „Der Tod, dessen Begriff vielleicht manchen keiner Ordnung fähig zu seyn scheinen möchte, ist gleichwol ein recht bewundernswürdiger Schauplatz der schönsten Ordnung, und es ist desselben Gewalt fast an die allerstrengsten Regeln gebunden", schreibt Süßmilch in seinem klassischen Werk über die göttliche Ordnung im Leben und Sterben von uns Menschenkindern; er zeigt darin, „dass in der Geburt, Vermehrung, Fortpflanzung, im Leben, Tode und in den Ursachen des Todes eine beständige, allgemeine, große, vollkommene und schöne Ordnung herrsche".

Von dieser „allgemeinen, großen, vollkommenen und schönen Ordnung" kann aber, anders als Süßmilch glaubte, auf der anderen, der linken Seite der demographischen Entwicklung, bei den Geburten, keine Rede sein. Obwohl es auch hier eine Reihe bemerkenswerter Regelmäßigkeiten gibt. Etwa, dass in aller Regel mehr Jungen als Mädchen geboren werden (in Deutschland 2003 etwa 363.000 Jungen und 344.000 Mädchen). Und dass dieser Jungenüberschuss – aus Gründen, die wir hier nicht diskutieren müssen – mit dem Einkommen und der Bildung der Eltern steigt. Aber da hören die Regelmäßigkeiten und die gesicherten Erkenntnisse auch schon auf. Insbesondere hat der Geburtenrückgang, den wir heute überall auf der Welt, wenn auch nirgendwo so stark wie in Deutschland, beobachten, viel weniger mit der Anti-Baby-Pille und anderen Verhütungsmitteln zu tun, als viele glauben. Er hat in den entwickelten Industrienationen des Westens schon lange vor der Anti-Baby-Pille angefangen, und er wird mit oder ohne Anti-Baby-Pille bald auch die Dritte Welt erreichen.

Schon heute fallen die Geburtenraten weltweit ohne Rücksicht auf Verhütungsmittel: in Thailand von durchschnittlich 4,6 Kindern pro Frau 1975 auf 1,9 Kinder 2005, in Kolumbien von 4,7 Kindern 1976 auf 2,6 Kinder 2005, und ähnlich auch anderswo in Südamerika, Afrika und Asien. Zwar kann man dabei durchaus einen positiven Zusammenhang zwischen der Verbreitung von Verhütungsmitteln und den Geburtenraten messen (d. h. in Ländern mit leichtem Zugang zu Verhütungsmitteln sind die Geburtenraten in der Regel kleiner), aber das muss genauso wenig auf eine Kausalbeziehung hindeuten wie der positive Zusammenhang zwischen Geburten und Klapperstörchen, den man in manchen deutschen Bundesländern nachgewiesen hat; vielmehr hängen beide Variablen gemeinsam von einer dritten Variablen ab.

Diese gemeinsame dritte Variable ist die Vorstellung der Eltern, wie viele Kinder sie denn wollen. Diese geplante Familiengröße war schon immer und ist noch heute der mit Abstand wichtigste Bestimmungsfaktor für die Zahl der Kinder einer Ehe. Zwar hat es immer auch ungewollte Kinder gegeben (und in gewisser Weise kann man den Rückgang dieser ungewollten Kinder als den eigentlichen Erfolg der Anti-Baby-Pille und anderer Verhütungsmittel sehen), aber im Großen und Ganzen haben die Menschen zu allen Zeiten, wenn auch mit verschiedenen Methoden, ihre Kinderwünsche in der Praxis durchgesetzt. So hatten etwa europäische Bauernfamilien zu Anfang des 19. Jahrhunderts im Mittel vier Kinder, amerikanische dagegen sechs; aber nicht, weil die Bauern und Bäuerinnen diesseits des Atlantiks nicht so fruchtbar waren, sondern weil sie nicht so viele Kinder haben wollten: das Ackerland war aufgeteilt, für mehr Kinder gab es weder Brot noch Platz. In Amerika dagegen konnte der Farmer seine Kinder einfach nur nach Westen schicken.

Und damit sind wir mitten in unserem aktuellen Dilemma: Deutsche Paare wollen keine Kinder. Die einen, weil sie für diese Kinder keine Zukunft sehen, die anderen, weil sie die Kinder für ihr eigenes Alter nicht mehr brauchen. Und wieder andere, weil die Kinder dem aktuellen Lebensgenuss im Wege stehen. Das dumme Schlagwort von der „Überalterung" unserer Gesellschaft lenkt von den eigentlichen Problemen ab. Wir haben keine Überalterung, sondern eine Unterjüngung, und die ist kein Naturgesetz, die wird aktiv von der Sozial-, Familien- und auch Bildungspolitik gemacht. Solange in unseren Schulen der Weltuntergang gepredigt wird, kann niemand, sofern er oder sie denn diesem Kassandra-Geschwader folgt, guten Gewissens unschuldige Erdenbürger einer in allen deutschen Klassenzimmern vorhergesagten Katastrophenzukunft aussetzen, solange soziale Trittbrettfahrer ungestraft ihre kindererziehenden Mitbürger ausbeuten dürfen und solange das Kinderhaben so wie bisher den sozialen und beruflichen Aufstieg in der Regel zumindest für die Mütter bremst, anstatt ihn zu befördern, so lange wird sich an dieser Lage auch nicht allzu viel verändern.

Wenn wir ehrlich wären, müssten wir statt von einer „demographischen Entwicklung" also von einem demographischen Selbstmord reden. Aber das wäre wahltaktisch unklug – der eine oder andere könnte ja anfangen, darüber nachzudenken, wer dafür zur Rechenschaft gezogen werden sollte.

9. Gesundheit für alle – wie lange noch?
Zieht die ältere Generation den Kürzeren?

■ Vortrag auf dem 2. Ökumenischen Kirchentag, München, 14. Mai 2010

Meine Damen und Herren,

wir reden hier heute über das Thema „Gesundheit für alle – wie lange noch?" Schon die Frage impliziert daher: Gesundheit ist oder wird ein knappes Gut, es ist nicht mehr genug für alle da. Und eine weitere implizite Unterstellung ist: Gesundheit lässt sich kaufen, wer mehr Geld hat, kriegt auch mehr.

Wir alle wissen, das stimmt so nicht ganz. Gesundheit hat so wie Glück durchaus mit Geld zu tun, aber ein großer Teil davon liegt abseits aller monetären Grenzen in uns selbst. Diesen ganz wichtigen Teil lasse ich im Weiteren außen vor und konzentriere mich auf den Teil der Gesundheit, den man tatsächlich kaufen kann, also auf die Dienste der modernen Medizin. Und hier gibt es in der Tat ein großes, früher unbekanntes Problem, und das soll auch das Thema meines kurzen Einleitungsreferats sein. Dazu habe ich drei Thesen aufgestellt; ich stelle sie zunächst mal einfach und mit Absicht etwas plakativ zur Diskussionsanregung in den Raum:

These 1: Das Hauptproblem der modernen Medizin ist nicht die immer wieder aufgewärmte Korruption und Mißwirtschaft, trotz aller Verschwendung und Irrationalität, die es hier an allen Ecken und Enden nur zu offensichtlich gibt.

Das Hauptproblem der modernen Medizin sind nicht ihre *Mängel*, sondern ihre *Möglichkeiten*, das – in gewissem Sinne – Übermaß der guten Dinge, die sie uns heute anbietet. Und gegen das, was aus dieser Ecke noch an sozialen Spannungen und Verteilungskämpfen auf uns zukommt, sind die aktuellen

Querelen um Pauschalen und Budgets und Zuzahlungen und was alles im Rahmen der aktuellen Gesundheitspolitik noch so verhandelt wird, sind diese Probleme das reinste Kinderspiel.

These 2: Als Konsequenz dieses Übermaßes der guten Dinge ist die moderne Medizin schon heute unbezahlbar, und wird in Zukunft immer unbezahlbarer. Allen Wahlkampfreden unserer Politiker zum Trotz ist es schon heute nicht mehr möglich, allen Kranken und Patienten unseres Landes eine optimale Versorgung nach dem letzten Stand der Medizin zu garantieren, und diese Lücke wird von Tag zu Tag nicht kleiner, sondern größer. Mit anderen Worten, wir steuern unausweichlich nicht nur auf eine *Rationalisierung*, sondern ganz dezidiert auf eine *Rationierung* von Gesundheitsgütern zu.

Dazu eine ganz wichtige Klarstellung vorweg: nämlich die, dass ich hier keine Werturteile fälle, sondern zunächst einmal nur Fakten konstatiere. Ich sage nicht: die Medizin *soll* rationiert werden, sondern: die Medizin *wird* rationiert werden, und das ist ein großer Unterschied. Das eine ist ein Wunsch oder ein Werturteil, das andere eine völlig wertneutrale Feststellung einer Tatsache, für die ich als Statistiker genauso wenig etwas kann, wie etwa ein Klimaforscher für das Ozonloch etwas kann. Und genauso wenig wie Sie einen Klimaforscher beschimpfen, der sagt: über der Antarktis gibt es ein Ozonloch, genauso wenig dürfen sie einen Statistiker beschimpfen, der sagt: in der modernen Medizin gibt es ein Bedarfsloch, einen Überhang des theoretisch Machbaren über das praktisch finanzierbare, denn in beiden Fällen wird völlig wertneutral allein ein Faktum konstatiert.

Also: was wahr ist, muss wahr bleiben, auch auf einem Kirchentag. Ich weiß, viele halten es für ein Indiz der Frömmigkeit, unangenehme Wahrheiten nicht auszusprechen, aber ich finde, gerade auf einem Kirchentag, wo es um Grundsatzfragen unseres Lebens geht, sollte man um ebendiese Grundsatzfragen keinen Bogen machen.

These 3: Dieser Verteilungskampf, diese Rationierung im Gesundheitswesen ist nicht nur unabwendbar, und ich betone nochmals: unabwendbar, sondern kann je nach Ausgestaltung auch human sowie sozial verträglich sein. Wenn wir die Sache nur vernünftig angehen, muss die Menschlichkeit dabei durchaus nicht auf der Strecke bleiben.

Die Explosion des sinnvoll Machbaren

Zu den Thesen im einzelnen. These 1: Die moderne Medizin als das Opfer ihres eigenen Erfolges. Denn genau das ist die Situation. Wäre die Medizin auf der Stufe des letzten Jahrhunderts, bei Koch und Röntgen, Sauerbruch oder Semmelweiß stehen geblieben, hätte sie heute eine Menge Probleme weniger.

Das erste dieser sozusagen selbstgebastelten Probleme ist die sogenannte „Kostenexplosion". Denn diese „Kostenexplosion" ist in Wahrheit keine Kosten-, sondern aller Korruption und Misswirtschaft zum Trotz vor allem eine Effizienz- und Leistungsexplosion. Ausgaben sind nämlich immer das Produkt von *zwei* Faktoren, von Preisen und von Mengen, und wenn Sie die unbestreitbare Ausgabenexplosion der letzten 50 Jahre einmal auf diese beiden Komponenten, auf den Preis und auf die Mengen aufteilen, dann stellen Sie fest, dass nicht die Preise, sondern ganz klar die *Mengen* der Hauptmotor gewesen sind.

Das fängt bei Antibiotika an und hört bei Kernspintomographen und Zellseparatoren auf, und das unterscheidet die Medizin z. B. von der EDV, die ja auch in den letzten Jahrzehnten einen rasanten Fortschritt zu verzeichnen hatte. Aber anders als in der Medizin hat dieser Fortschritt das Angebot nicht verteuert, sondern ganz enorm verbilligt. Der Grund ist, dass der Fortschritt in der EDV vor allem sogenannte „Ersatztechnologien" produziert, also Verfahren, mit denen eine gegebene Leistung wie etwa die Addition von 1 und 1 effizienter und damit auch billiger herzustellen ist.

Solche Ersatztechnologien gibt es in der Medizin zwar auch, aber nur am Rand. In der modernen Medizin dominieren ganz eindeutig die sogenannten „Zusatztechnologien", also Verfahren, die etwas bis dato prinzipiell Unmögliches auf einmal möglich machen. Zusatztechnologien wie Organverpflanzungen oder Operationen am offenen Herz *erzeugen* aber erst einen Bedarf, der vorher allenfalls latent vorhanden war, und die meisten medizinischen Fortschritte sind genau von diesem Typ.

Ich lese Ihnen einmal einige einschlägige Schlagzeilen aus der deutschen Tagespresse vor:
- Neues Medikament fördert die Gedächtnisleistung
- Medikamente reinigen auch Herzschlagadern
- Fortschritte bei Hörschnecken-Implantaten
- Hörtest schon bei Ungeborenen möglich
- Bald künstliches Lebersystem
- Auch Teilstücke der Leber jetzt erfolgreich übertragen
- Per Computersimulation zur Hüftgelenkprothese
- Gelähmte können laufen lernen
- Fötus im Mutterleib am Herzen operiert
- Herzschrittmacher für Babys
- Herzschrittmacher mit 86
- Herzschrittmacher mit 96
- Herzschrittmacher mit 102
- Neue Klinik für Handchirurgie
- Fuß nach Monaten wieder angenäht
- Blutwäsche auch bei Herzversagen
- Der perfekte Kunstknochen
- Herztransplantationen zunehmend auch bei kleinen Kindern
- Vierjährige erhält fünf neue Organe
- Transplantation von Gehirnzellen

- Dünndarmtransplantat bei Zungenkrebs
- Laser gegen Karies
- Pille gegen Zahnausfall
- Der schmerzlose Zahnbohrer

und so weiter und so fort. Vergleichen Sie das einmal mit der Medizin der ersten Nachkriegsjahre, und Sie sehen, wie der Horizont des Machbaren, des medizinisch sinnvoll Machbaren, um das ganz klarzustellen, wie dieser Horizont sich ausgeweitet hat.

Medizin macht krank

Jetzt zu einem weiteren Grund, der eine Rationierung in der Medizin noch unausweichlicher macht, als sie ohnehin schon ist. Denn diese Ausweitung des Angebots, diese Explosion des medizinisch sinnvoll Machbaren auf der einen Seite wird noch verstärkt und angetrieben durch eine weit überproportionale Ausweitung der Nachfrage auf der anderen Seite. „Überproportional" soll dabei heißen: Durch dieses Angebot wird die Nachfrage noch größer, als sie vorher war. Denn gerade *durch* ihre Erfolge macht die moderne Medizin die Menschen im Durchschnitt nicht gesünder, sondern eher kränker, und auch das meine ich vollkommen im Ernst, wenn auch in einem ganz anderen Sinn, als unsere progressive Presse gerne glaubt.

Ich meine damit vielmehr Folgendes, das am besten durch ein Zitat eines alten Klinikers deutlich wird, den ich auf einer Tagung einmal habe sagen hören: „Früher hatten wir es einfach. Da war der Patient nach einer Woche entweder gesund oder tot."

Das ist heute anders. Heute ist der typische Patient nach einer Woche weder gesund noch tot. Heute hält die Medizin im Gegensatz zu früher ein großes Arsenal von Abwehrwaffen vor, aber dies sind zu einem großen Teil, wie die Amerikaner sagen, nur „halfway-technologies": Sie halten uns zwar am Leben, aber machen uns nicht komplett gesund. Das ist zwar kein hundertprozentiger, aber trotzdem ein Erfolg, um das ganz klarzustellen, aber trotzdem haben wir damit das nächste Paradox. Denn ohne die moderne Medizin wären viele hier im Saal schon lange tot, aber die Überlebenden dafür im Durchschnitt – ich betone: im Durchschnitt – eher gesünder, als sie es heute sind.

Lassen Sie mich diesen zentralen Punkt an einem Beispiel verdeutlichen: Angenommen, jeder hier im Publikum, der weniger als einen bestimmten Geldbetrag mit sich führt, sagen wir einmal weniger als 1000 Euro, muss diesen schönen Saal verlassen. Wie viel Geld haben dann die anderen, die hier drinnen bleiben, im Durchschnitt in der Tasche?

Nun, in jedem Fall doch mehr als 1000 Euro! Das muss per Konstruktion so sein, denn alle, die weniger haben, sind ja nicht mehr hier.

Jetzt senken wir diese kritische Grenze von 1000 auf 100 Euro. Das hat zwei Konsequenzen: Erstens bleiben mehr Menschen hier im Saal, und zweitens haben diese im Durchschnitt weniger Geld dabei. Das Vermögen der Stammbesatzung bleibt zwar gleich, aber der Durchschnitt sinkt, weil jetzt viele Personen neu dazukommen, die vorher nicht dabei gewesen sind.

Dieses Spiel können Sie beliebig weitertreiben: Bei einer Grenze von 10 Euro bleiben noch mehr Menschen hier im Saal, die aber im Durchschnitt nochmals ärmer sind, und genau diesen Effekt hat grob gesprochen, wenn Sie Geld mit Gesundheit vertauschen, auch die moderne Medizin: Sie gibt vielen, die ohne sie den Saal hätten verlassen müssen, quasi eine Aufenthaltsverlängerung.

Diese massenhaften Aufenthaltsverlängerungen, die ich übrigens durchaus nicht negativ bewerte, allein schon deshalb, weil ich selbst einmal davon zu profitieren hoffe, diese massenhaften Aufenthaltsverlängerungen haben aber den Effekt, dass wir immer mehr zu einem Volk von Kranken werden.

Nehmen Sie Nierenversagen. Wie Sie wissen, haben wir in Deutschland mit die höchsten Raten an Nierenkranken in der ganzen Welt, aber doch nicht, weil unsere Medizin so schlecht ist, sondern weil sie so *gut* ist. Hätten wir nicht die weltweit vorbildlichen Möglichkeiten der künstlichen Blutwäsche für alle, die sie brauchen, gäbe es heute bei uns sehr viele Nierenkranke weniger. In England z. B. gibt es kaum 600 Nierenkranke pro eine Million Einwohner, verglichen mit mehr als 1000 in der Bundesrepublik, aber nicht, weil in England diese Krankheit seltener auftritt, sondern weil dort viel seltener als hierzulande ein Nierenkranker seinen 65. Geburtstag überlebt.

Oder nehmen Sie den Diabetes. Heute gibt es rund 5–10 Millionen Zuckerkranke in der Bundesrepublik, je nachdem, wie man sie zählt, das 50-fache wie zu Kaiser Wilhelms Zeiten. Aber auch das liegt doch nicht an der Unfähigkeit der Medizin, sondern daran, dass vor 70 Jahren das Insulin erfunden wurde. Auch hier das gleiche Resultat – und ich bitte Sie inständig, dies genauso zu interpretieren, wie es gemeint ist, nämlich als reine und völlig wertneutrale Feststellung einer Tatsache: Ohne medizinischen Fortschritt wäre der Durchschnitt der Überlebenden heute gesünder.

Der Punkt ist einfach der, und dabei zitiere ich fast wörtlich den Ex-Präsidenten unserer Bundesärztekammer, dass es, je besser die Medizin ist, umso mehr Kranke geben wird.

Der moderne Arzt ist also weniger ein weißer Engel, der uns die Tür zum ewigen Leben aufschließt, als vielmehr ein neuer Sisyphus, dessen Mühen und Sorgen mit jedem Erfolg nur immer größer werden. Es ist daher auch eine absolute Illusion zu glauben, dass ein medizinisch effizienteres Gesundheitswesen uns als Kollektiv gesünder macht. Der einzelne Patient ja, aber der Durchschnitt der Überlebenden nein. Die große Gleichung „mehr Geld = mehr Gesundheit" ist ganz eindeutig falsch. Genauso könnten Sie versuchen, einen Brand zu löschen, indem Sie Benzin hineinschütten. Je mehr die

Medizin sich anstrengt, desto kränker werden wir, die moderne Medizin sitzt ein für alle Mal in einer großen Fortschrittsfalle fest.

Fazit und Konsequenzen

Fazit: Rationierung ist unausweichlich. Und der ebenso triviale wie so gern verdrängte Grund: weil der Rahmen des medizinisch sinnvoll Machbaren unsere Ressourcen inzwischen bei weitem übersteigt.

Am augenfälligsten ist das in der Transplantationsmedizin. Nicht umsonst gibt es hier das Schlagwort vom „Tod auf der Warteliste". Hier ist natürlich der Mangel an Spendern und weniger das Geld der limitierende Faktor. Aber davon sollten wir uns nicht täuschen lassen: Auch bei einer Verdoppelung oder Verdreifachung unseres Gesundheitsbudgets wäre das Problem der Rationierung nicht vom Tisch.

Damit ans Eingemachte: Wenn die Mittel nicht für alle reichen, wer bekommt sie, und wer nicht? Insbesondere: Zieht die ältere Generation den Kürzeren?

Meine Antwort: Kann sein, aber muss nicht sein.

Das Stichwort heißt dabei „Statistische versus individuelle Menschenleben". Lassen Sie mich an einem Beispiel verdeutlichen, was ich damit meine. Angenommen, ein Schiff ist in Seenot. Keine Frage, dass zur Rettung der bedrohten Besatzung alles Menschenmögliche zu unternehmen ist. Meinetwegen mag dafür die gesamte deutsche Seenotrettungsflotte auslaufen. Bei einem individuellen, konkreten Menschenleben haben Kosten-Nutzen-Analysen keinen Platz. Ein konkretes Menschenleben ist kein ökonomisches Gut und hat daher auch keinen Preis. Punkt. Hier gibt es überhaupt nichts rumzudeuteln.

Heißt das aber, frage ich Sie jetzt, dass wir in jedem Nordseehafen zehn Seenotrettungskreuzer stationieren müssen?

Ich glaube, nein, und dieses Prinzip gilt auch im Gesundheitswesen. Auch hier sind zur Rettung konkreter Menschen keine Kosten und Mühen zu scheuen, unabhängig vom Alter des Patienten, Kostendämpfung hin oder her. Das heißt aber nicht, dass wir nicht vor Eintreten des Eventualfalls – ich betone: *vor* Eintreten des Eventualfalls – die Kapazitäten beschränken dürften, denn das trifft keine konkreten Patienten, sondern nur die *Wahrscheinlichkeit* eines frühzeitigen Todesfalls nähme für alle Bundesbürger zu, und das ist ein ganz großer und zentraler Unterschied.

Im amerikanischen New York z. B. hat man in den achtziger Jahren eine geplante Spezialklinik für Brandverletzungen mit der Begründung abgelehnt, für die dadurch pro Jahr geretteten 12 Menschenleben wäre das Projekt zu teuer. Jetzt frage ich Sie: Ist der damalige Oberbürgermeister Edmund Koch ein Massenmörder?

Ich glaube nein, denn durch die eingesparte Brandklinik in New York wurden doch nicht 12 Bürger jährlich zum Tode durch Verbrennen verurteilt, auch wenn die Heilberufe das gerne so darstellen, sondern allein die *Wahrscheinlichkeit*, durch Brandverletzungen zu sterben, hat für jeden New Yorker um einen zehntausendstel Prozentpunkt zugenommen, und das ist ein großer Unterschied.

So also könnte eine humane Rationierung im Gesundheitswesen idealerweise aussehen: weg von der Mikroebene, weg von der Front, wenn Sie so wollen, hin auf eine möglichst hohe, abstrakte Planungsebene, wo es nur um Wahrscheinlichkeiten und nicht um individuelle Menschenleben geht.

Der Punkt ist aber, und damit komme ich zum Schluss: Wie auch immer wir die knappen Gesundheitsgüter verteilen, ob per Versteigerung an den Meistbietenden, ob über Warteschlangen, ob über staatliche Zuteilung oder, wie ich hier vorgeschlagen habe, durch Sparen auf der Planungsebene, *dass* rationiert werden muss, steht fest. Wir haben überhaupt nicht mehr die Wahl. Durch die enormen Erfolge der Vergangenheit hat die moderne Medizin sich selbst und die Gesellschaft als Ganzes in eine regelrecht tragische Situation geführt, in der es wie in einer griechischen Tragödie nur sehr schwer einen ehrenvollen Ausweg gibt.

Diese Diagnose ist nicht neu, sie ist etwas über 200 Jahre alt. Lassen Sie mich schließen mit einem Satz von Goethe, den dieser schon 1798 aus Italien an Frau von Stein geschrieben hat:

„Ich halte es für wahr, dass die Humanität endlich siegen wird, nur fürchte ich, dass die Welt ein großes Hospital und einer des anderen humaner Krankenwärter werden wird."

Das ist die Situation, wie ich sie sehe: Die Welt wird immer mehr zu einem großen Hospital, einer wird des anderen humaner Krankenwärter werden, machen wir das Beste draus.

10. Die Tragödie der Struldbrugs

■ Die Welt, 3. April 2000

In der Steinzeit wurde ein Mensch im Durchschnitt keine 20 Jahre alt; noch zu Zeiten Bismarcks betrug die Lebenserwartung eines deutschen Mannes gerade einmal 36 Jahre.

Seitdem hat sich die Lebenserwartung deutscher Männer mehr als verdoppelt, auf inzwischen über 72 Jahre; in anderen Ländern leben Männer nochmals länger (und Frauen ohnehin): 74 Jahre in der Schweiz, über 75 Jahre in Japan, und ohne Zweifel werden die nächsten, demnächst zu berechnenden sogenannten „Sterbetafeln", aus denen diese Lebenserwartungen hervorgehen, weitere Verlängerungen unserer Lebensspanne zeigen.

Diese durchaus erfreulichen Zahlen verbergen aber zwei nicht ganz so freundliche Aspekte. Erstens, dass die Zuwächse an Lebensspanne immer kleiner werden. Unabhängig davon, ob die maximale menschliche Lebensspanne nun wirklich 120 Jahre beträgt, wie viele Mediziner glauben: Das Tempo, mit dem wir uns dieser oder irgendeiner anderen Grenze nähern, wird zusehends geringer. Haben die moderne Medizin und Hygiene unsere Lebenserwartung in der ersten Hälfte des letzten Jahrhunderts um 25 Jahre steigern können, so waren es in der zweiten Hälfte nur noch 10 und werden es im ganzen 21. Jahrhundert vermutlich weniger als ein halbes Dutzend sein.

Nach den leichten Siegen über die akuten Killerkrankheiten der Vergangenheit steht die Medizin heute weit hartnäckigeren Feinden, wie den viel schwerer oder überhaupt nicht aufzuhaltenden chronisch-degenerativen Krankheiten gegenüber, sind die heutigen Feldzüge nur mit weit höherem Aufwand an Geld und Material zu gewinnen, werden Siege, falls überhaupt, immer mühsamer erkämpft und macht der Triumph über die eine Menschheitsgeißel in der Regel nur noch Platz für eine andere.

Wie man mit der Theorie der konkurrierenden Risiken leicht ausrechnet, würde eine völlige Ausrottung der aktuellen Menschheitsgeißel Krebs z. B. die Lebenserwartung um kaum 3 Jahre verlängern (verglichen mit 7 Monaten bei der Elimination aller Krankheiten der Verdauungsorgane, 5 Monate bei Wegfall aller Verkehrsunfälle und 3 Monate bei einem vollständigen Verschwinden des Diabetes). Nur die Elimination der Herz-Kreislauf-Krankheiten hätte mit rund 7 Jahren Zuwachs an Lebenserwartung einen wirklich nennenswerten Effekt. Aber sterben und leiden müssten wir auch weiterhin, vor allem an Degenerationskrankheiten wie Parkinson und Alzheimer, die von vielen Demographen schon als die großen Menschheitsgeißeln des 21. Jahrhunderts angesehen werden.

Der zweite nicht ganz so erfreuliche Aspekt unseres Strebens nach Unsterblichkeit verbirgt sich hinter der Frage, ob dieses Ziel sich wirklich lohnt. Auf seiner dritten Reise kommt Gulliver in das Land der Luggnaggier, ein „höfliches und gutmütiges Volk"; dort leben die Struldbrugs. „Eines Tages fragte mich in einer großen, angenehmen Gesellschaft ein Mann von Stand, ob ich schon einen ihrer ‚Struldbrugs' oder ‚Unsterblichen' gesehen hätte. Ich sagte nein und bat, er möchte mir erklären, was er mit einer solchen Bezeichnung meine."

Und Gulliver erfährt, dass zuweilen, wenn auch selten, in einer luggnaggischen Familie ein Kind mit einem runden roten Fleck auf der Stirn geboren wird: Diese Kinder werden niemals sterben.

Gulliver ist begeistert. „Wie in Verzückung rief ich aus: ‚Oh glückliche Nation, wo jedes Kind wenigstens das Los erhoffen kann, unsterblich zu sein! Oh glückliches Volk, das sich so vieler Beispiele der alten Tugend erfreut und Lehrer besitzt, die es in der Weisheit aller früheren Zeiten unterrichten können!"

Aber die Luggnaggier wollen Gullivers Begeisterung nicht teilen; sie sehen seinem Entzücken freundlich zu, dann erzählt man Gulliver, wie die Struldbrugs leben. „Er sagte, sie benähmen sich wie gewöhnliche Sterbliche, bis sie etwa

30 Jahre alt wären; dann würden sie allmählich melancholisch und niedergeschlagen, und beides steigere sich, bis sie das achtzigste Jahr erreichten. [Dann] zeigten sie nicht allein alle Torheiten und Schwächen anderer alter Leute, sondern noch viel mehr, die eine Folge der furchtbaren Aussicht, niemals zu sterben, seien. Sie wären nicht allein verdrießlich, habgierig, geschwätzig, sondern auch der Freundschaft unfähig und unempfänglich für jede natürliche Zuneigung, die sich nie über ihre Enkel hinaus erstrecke. Neid und ohnmächtige Begierden sind ihre vorherrschenden Eigenschaften. Sie erinnern sich nur an das, was sie in ihrer Jugend und in ihrem mittleren Alter gelernt und beobachtet haben, und selbst daran nur sehr unvollkommen. Die am wenigsten unglücklichen unter ihnen scheinen noch diejenigen zu sein, die kindisch werden und ihr Gedächtnis völlig verlieren; diesen wird mehr Mitleid und Hilfe zuteil, da ihnen viele schlechte Eigenschaften fehlen, die bei anderen im Übermaß vorhanden sind."

Mit achtzig werden die Struldbrugs als rechtlich tot betrachtet; ihre Erben übernehmen das Vermögen bis auf eine kleine Summe für den Unterhalt, die Ärmeren werden durch den Staat ernährt. Struldbrugs dürfen keine öffentlichen Ämter bekleiden, weder Grundbesitz erwerben noch als Zeuge auftreten. „Mit neunzig verlieren sie die Zähne und Haare; in diesem Alter nehmen sie keinen Geschmacksunterschied mehr wahr, sondern essen ohne Vergnügen und Appetit, was sie bekommen können. Die Krankheiten, denen sie ausgesetzt waren, dauern immer fort, ohne sich zu verschlimmern oder zu verbessern. Beim Sprechen vergessen sie die gewöhnlichen Bezeichnungen von Sachen und die Namen von Personen, sogar derjenigen, die ihren nächsten Freunde und Verwandten sind."

Später lernt Gulliver dann ein paar Struldbrugs kennen, und er ist nicht erfreut. „Es war das Grässlichste, was ich je auf dieser Welt gesehen habe."

Teil II: Zählen, Messen und Vergleichen

– Verwirrspiele mit Zahlen, Daten und Statistik –

11. Sinn und Unsinn von Wahlprognosen

▪ *Deutschlandradio Kultur,* 12. September 2009

Umfragen aller Art im Allgemeinen und Wahlumfragen im Besonderen haben nicht nur Freunde, und das mit gutem Grund. Das fängt damit an, dass Meinungsumfragen, zu welchem Thema auch immer, durch suggestive Fragen leicht in jede Richtung zu lenken sind, die dem Auftraggeber passt. Wenn der ADAC oder die Partei der Grünen eine Umfrage zum Tempolimit veranstalten, weiß ich schon vorher, was herauskommt.

Bei Wahlumfragen kommen solche Manipulationen eher selten vor. Hier ist man ja an der Wahrheit interessiert. Aber trotzdem lauern auch da an allen Ecken und Enden üble Fallen vielfältiger Art. Das fängt bei der Stichprobe an: Wenn die nicht sachgemäß gezogen ist, kommen sehr leicht Fehlprognosen zustande. So muss man nicht lange raten, welche Partei in Führung liegt, wenn man die Aktionäre auf der Jahreshauptversammlung der Deutschen Bank nach ihrer Meinung fragt. Oder, mit anderem Vorzeichen, die Leute in der Warteschlange vor dem Arbeitsamt.

Solche groben Fehler machen die Profiinstitute natürlich nicht. Aber die meisten Umfragen geschehen heute per Telefon, und Wähler ohne Festnetzanschluss haben dabei schlechte Karten. Oder sie verweigern die Auskunft. Auch das kommt häufig vor. Eine Stichprobe der Größe 1.000 bedeutet dann: Man hat bei 3.000 Wählern angerufen. Und was die Antwortverweigerer wählen wollen, weiß man nicht.

Dann wieder lügen viele Gefragte wie gedruckt. So kommen etwa bei Wahlumfragen radikale Parteien in der Regel sehr viel schlechter weg als später bei den Wahlen selbst, eben weil viele Befragte ihre wahre Meinung verschweigen. Oder die Befragten reden dem Befrager nach dem Mund. Dieses Phänomen ist etwa für eines der größten Prognosedesaster aller Zeiten verantwortlich, das bei der ersten und letzten freien DDR-Volkskammerwahl von 1990. Vor der Wahl hatte die SPD in allen Umfragen eine große Mehrheit, hinterher aber nur halb so viele Stimmen wie die CDU. Das lag daran, dass die damalige Vorliebe der Medien für die SPD für keinen DDR-Bürger zu übersehen war. Und dann sagt man eben, nach der Wahlabsicht gefragt, um des lieben Friedens willen das, was der Befrager vermutlich gerne hört.

Der größte Unsicherheitsfaktor bei Wahlprognosen sind aber die Unentschlossenen, die zwar wählen, aber noch nicht wissen, wen. Diese Gruppe ist aktuell besonders groß und kann leicht alle Prognosen über den Haufen werfen. Denn bei diesen Prognosen werden die Unentschlossenen nach diversen Geheimrezepten, die die Institute niemandem verraten, auf die Parteien aufgeteilt. Im Wesentlichen schreibt man dabei Ergebnisse aus vergangenen Wahlen fort. Wenn also die Unentschlossenen letztes Mal lieber A als B gewählt haben, dann unterstellt man das Gleiche auch für dieses Mal. Das kann mal funktionieren, ein andermal aber auch nicht. Vermutlich ist der allergrößte Teil aller Fehlprognosen bei Bundes- und Landtagswahlen auf dieses Phänomen zurückzuführen: Denn die Unentschlossenen entscheiden oft anders als diejenigen, die schon drei Wochen vor der Wahl genau wissen, wen sie wählen werden: viel öfter aus dem Bauch heraus und nicht nach Tradition.

Und dann gibt es natürlich auch noch genug Wähler, die heute zwar wissen, wen sie wählen würden, wenn die Wahl am nächsten Sonntag wäre, die aber kurz vor der Wahl ihre Meinung ändern. Davon lebt ja jede Demokratie, dass die Wähler aufgrund von Argumenten oder Ereignissen einmal so und einmal so entscheiden. Auch das kommt immer wieder vor und hat schon für manche Überraschung gesorgt. Ein Terrorattentat am Samstag vor der Wahl, und alles sieht auf einmal anders aus. Oder, wie vor sieben Jahren, eine große Flut.

Aber selbst wenn man alles richtig macht und kein Befragter seine Meinung ändert, kann der Zufall, der bei Stichproben immer eine Rolle spielt, alle Mühe zunichte machen. Denn selbst die beste Stichprobe schützt nicht davor, dass man zufällig vor allem an Wähler einer bestimmten Partei gerät, die in der Grundgesamtheit aller Wähler nicht so stark vertreten ist. Deshalb geben seriöse Wahlforscher immer auch eine Irrtumsmarge für ihre Prognosen an.

Und als ob man mit der Produktion der Wahlprognosen noch nicht genug Probleme hätte, kommen dann noch weitere Probleme mit deren Konsequenzen obendrauf. Denn kein Mensch kann so naiv sein, abzustreiten, dass Wahlprognosen das Verhalten der Wähler nicht nur abbilden, sondern auch beeinflussen. Die Wahlforscher selbst streiten zwar diese These gerne und heftig ab, aber allein schon der gesunde Menschenverstand sagt, dass z. B. bei knappen Entscheidungen viele Wähler, die ansonsten zu Hause geblieben wären, sich aufgerufen fühlen, dann lieber doch zu wählen. Auch das aus den Sozialwissenschaften bekannte Phänomen, dass viele Menschen gerne auf der Seite der Sieger stehen, spielt hier eine Rolle: Parteien, die hoch in Führung liegen, ziehen gerade deshalb viele weitere, vorher unentschlossene Wähler an. Aber umgekehrt kann auch ein großer Rückstand bei den Anhängern einer anderen Partei ein Jetzt-erst-recht-Gefühl erzeugen und zur Mobilisierung beitragen. Welcher dieser Einflüsse überwiegt, kann man nicht von vornherein bestimmen.

Fest steht nur, dass Wahlprognosen mit großer Wahrscheinlichkeit auf das Verhalten der Wähler Einfluss nehmen. Nicht umsonst waren sie etwa in Frankreich einmal einige Wochen vor der Wahl verboten.

Genutzt hat es wenig – die Wahlforscher publizierten ihre Prognosen dann eben von Belgien aus. Ist die Zahnpasta einmal aus der Tube, kriegt man sie nicht mehr zurück. Wir werden also mit Wahlprognosen so lange leben müssen, wie es Wahlen gibt. Und uns darauf beschränken, den Wahlforschern auf die Finger zu sehen, dass sie wirklich nur das vorhersagen, was die Stichprobe sagt, und nicht mit Absicht mit ihren Prognosen den Wählerwillen lenken.

12. Grundkurs Statistik

■ Neue Zürcher Zeitung Folio 1/2006.

Ein Schweizer isst zwei Dutzend Cervelas im Jahr. Natürlich nur im Durchschnitt über alle Bürger des Landes, und damit sind wir schon mitten in der Statistik: Viele Schweizer essen überhaupt keine Cervelas, andere können nie genug davon bekommen. In der Summe ergibt das 160 Millionen. Diese Summe, geteilt durch die Zahl der Summanden, heißt auch arithmetisches Mittel; das ist für viele der Inbegriff von Durchschnitt überhaupt.

Für die meisten Zwecke reicht diese Art von Durchschnitt völlig aus. Aber zuweilen kann das arithmetische Mittel auch in die Irre führen: Angenommen, wir geben einem Vermögensverwalter 100.000 Franken. Nach einem Jahr werden daraus 160.000 Franken – ein Plus von 60 Prozent. Das Jahr darauf fällt unser Vermögen auf 80.000 Franken – ein Minus von 50 Prozent. Das arithmetische Mittel der beiden Renditen von einmal +60 und einmal −50 Prozent ist (+60 − 50) : 2 = +5 Prozent. Anders gesagt: Wir haben am Ende weniger als am Anfang, aber im Durchschnitt nimmt der Wert unseres Vermögens in jeder Periode zu!

Profis wissen natürlich, dass man Wachstumsraten niemals arithmetisch mitteln darf. Der korrekte Durchschnitt ist hier jene jährliche Rendite, die in zwei Jahren aus 100.000 Franken 80.000 Franken macht, das sind (leicht gerundet) −10,55 Prozent: Nach einem Jahr werden so aus den anfänglichen 100 000 Franken damit 10,55 Prozent weniger, das sind 89 450 Franken, das nächste Jahr werden aus diesen 89 450 Franken nochmals 10,55 Prozent weniger, das sind dann (bis auf Rundungsfehler) 80.000 Franken. Diese Durchschnittsrendite von −10,55 Prozent findet man über das geometrische Mittel der beiden sogenannten Wachstumsfaktoren 1,6 und 0,5. Es wird errechnet, indem man die Wurzel aus 1,6 × 0,5

= 0,8 zieht, das ergibt 0,8945. Von diesem geometrischen Mittel der Wachstumsfaktoren ist dann noch 1 abzuziehen:

$$0,8945 - 1 = -0,1055.$$

Regelmäßige Proteste ruft das arithmetische Mittel bei Meldungen der Art hervor, dass etwa niedergelassene Ärzte in der Schweiz im Jahr im Durchschnitt 205.000 Franken Einkommen erzielen. „Stimmt überhaupt nicht, viel zu hoch!", hört man dann Ärztefunktionäre klagen. „Drei Viertel aller Ärzte verdienen weniger, der Durchschnitt beträgt nur 165.000 Franken!" Das ist auch so, nur haben diese Kritiker nochmals einen anderen Durchschnitt im Sinn, den sogenannten Zentralwert oder Median. Der Median ist der Wert, der in der Mitte steht, wenn man alle Einkommen der Größe nach sortiert. Bei drei Einkommen von 1, 3 und 8 ist der Zentralwert 3, das arithmetische Mittel aber größer, nämlich 4, und das ist typisch für Merkmale wie Einkommen, Vermögen oder Grundbesitz, wo oft einige wenige sehr viel mehr haben als alle anderen. Hier liegt der Median in aller Regel unter dem arithmetischen Mittel; er ist unempfindlich gegen hohe Werte am rechten Rand, die wie ein Magnet das arithmetische Mittel nach oben ziehen. Statistiker sagen dazu auch „robust".

Und oft blenden natürlich Durchschnitte wichtige Informationen einfach aus: Wenn ich im Durchschnitt jeden Tag des Monats einen Viertel Rotwein trinke, aber alle am gleichen Tag, bekomme ich eine Alkoholvergiftung und bin tot. Trinke ich dagegen jeden Tag nur einen, lebe ich sogar länger als Leute, die nie Rotwein trinken. Der Durchschnitt ist in beiden Fällen gleich, aber die Abweichung vom Durchschnitt ist im ersten Fall erheblich größer. Deshalb fügt man Durchschnitten am besten immer auch ein Maß für die Abweichung vom Durchschnitt bei, wie die Schwankungsbreite oder die Standardabweichung.

Die Schwankungsbreite ist einfach der Abstand zwischen dem größten und dem kleinsten Wert; die Standardabweichung ist die „durchschnittliche" Abweichung vom Durchschnitt. Bei sogenannten normalverteilten Daten liegen 95 Prozent der Fälle weniger als zwei Standardabweichungen vom arithmetischen Mittel entfernt. Wenn man Sätze hört wie „Ein erwachsener Mitteleuropäer hat einen IQ von 100 +/–15", so ist in aller Regel das damit gemeint. „Normalverteilt" soll dabei heißen, dass sehr vieles – früher glaubte man sogar: fast alles –, was sich auf dieser Erde messen oder wiegen lässt, auf eine ganz bestimmte Weise um den Durchschnitt streut: Die Masse drängt sich dicht darum herum, aber mit wachsender Entfernung nimmt die Häufigkeit der Werte dann glockenförmig ab.

Korrelation und Kausalität

Oft ist bei den Objekten einer Untersuchung mehr als nur eine einzige Variable von Interesse: bei Immobilien die Lage, die Größe und der Preis; bei Partnerschaftsinseraten in der *Neuen Zürcher Zeitung* das Geschlecht, das Alter, die Körpergröße, der Beruf; bei Patienten in der Klinik der Blutdruck und die Dosis eines blutdrucksenkenden Medikaments. Da wüsste man oft gerne: hängen diese Variablen zusammen – und wenn ja, wie?

Das führt in den Bereich der modernen Statistik, der sich mit Abhängigkeiten – sogenannten Korrelationen – und Kausalbeziehungen befasst.

Die Grafik „Korrelation und Kausalität" (siehe Seite 96) stellt die Lebenserwartung der Männer und das durchschnittliche Pro-Kopf-Einkommen in 25 Schweizer Kantonen einander gegenüber. Zusätzlich sind auch noch die beiden arithmetischen Mittelwerte eingetragen. Basel-Stadt ist nicht dabei, weil die Menschen dort zwar viel verdienen (im Durchschnitt 99.000 Franken jährlich, das ist Landesrekord), aber dennoch früher sterben als in den meisten anderen Kantonen. Solche

Datenpunkte, die sich von allen anderen drastisch unterscheiden, heißen Ausreißer; die behandelt man besser getrennt (wobei wir das Spekulieren über diesen Ausreißer hier den Soziologen und Demographen überlassen wollen).

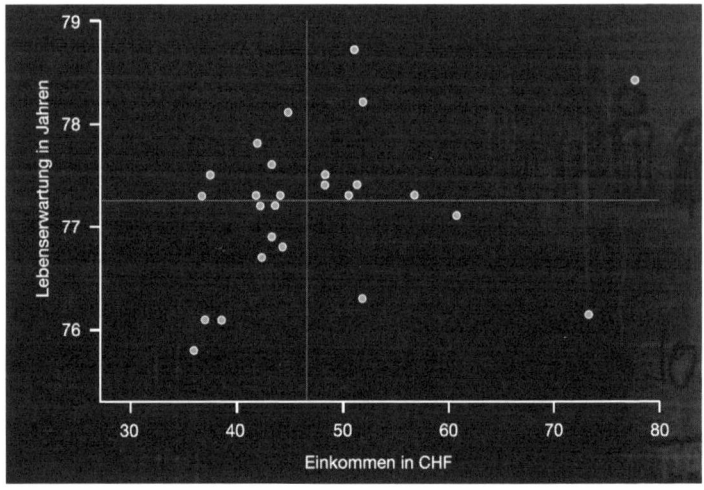

Korrelation und Kausalität

Im Großen und Ganzen leben Männer in Kantonen mit hohem Durchschnittseinkommen länger (Punkte in der Grafik oben rechts); Männer in Kantonen mit niedrigem Durchschnittseinkommen sterben früher (Punkte in der Grafik unten links). Dies ist ein Beispiel für eine positive Korrelation: je mehr vom einen, desto mehr auch vom andern. Eine negative Korrelation dagegen bedeutet: je mehr vom einen, desto weniger vom andern. (Je mehr Regenschirme verkauft werden, desto weniger Sonnencreme wird abgesetzt.) Das Maß der Abhängigkeit von zwei Variablen (Durchschnittseinkommen / Lebenserwartung) ist der sogenannte Korrelationskoeffizient. Er liegt zwischen minus eins (maximale negative Korrelation) und plus eins (maximale positive Korrelation) und drückt aus, wie sicher man z. B. vom Durchschnittseinkommen auf die

Lebenserwartung schließen kann. In unserem Beispiel hat der Korrelationskoeffizient den Wert 0,49.

Oft wird aus einer positiven oder negativen Korrelation auf eine positive oder negative Kausalbeziehung geschlossen. Das ist nicht immer richtig. Es gibt z. B. bei erwachsenen Männern eine bemerkenswerte negative Korrelation zwischen dem Einkommen und der Zahl der Haare auf dem Kopf. Aber weder sind die Haare für das Einkommen noch ist das Einkommen für die Haare verantwortlich zu machen – diese negative Korrelation kommt dadurch zustande, dass beide Variablen von einer dritten Variablen, dem Lebensalter, abhängen: Mit wachsendem Alter nimmt das Einkommen zu, und die Haare fallen aus. Bei der Interpretation von Korrelationen ist also immer darauf zu achten, dass man keine dritte, eigentlich kausale Variable übersieht.

Stichproben und Umfragen

Bevor man Mittelwerte, Standardabweichungen oder Korrelationskoeffizienten ausrechnet, muss man die Daten natürlich erst einmal haben. Dafür behilft man sich oft mit Stichproben; sie reichen für viele Zwecke völlig aus. Wie bei einer Polizeikontrolle, wo man aus einer winzigen Stichprobe unseres Blutes den gesamten Alkoholanteil problemlos abliest, lässt sich auch aus einer Stichprobe von 1.000 oder 2.000 befragten Bürgern recht präzise hochrechnen, wie viele Schweizer insgesamt einen EU-Beitritt ablehnen oder sonntags in die Kirche gehen.

Vorausgesetzt, die Grundgesamtheit, aus der die Stichprobe kommt, wird wie ein Kartenspiel oder der Inhalt einer Urne vorher gut gemischt. Unser Blut besorgt dieses Mischen mit Hilfe physikalisch-chemischer Gesetze von allein. Bei der Bevölkerung der Schweiz wird das Durchmischen nur simuliert. Das Standardverfahren dafür ist eine sogenannte einfache Zufallsstichprobe: Alle Schweizer haben die gleiche Chance, in die Stichprobe zu kommen. Wir verteilen quasi Nummern, für jeden erwachsenen Schweizer Bürger eine, notieren diese Nummer auf einer Lottokugel, legen die Kugeln in eine große Urne, schütteln kräftig und ziehen tausend Kugeln zufällig heraus. Aufgrund dieser Stichprobe wissen wir mit großer Zuverlässigkeit, welcher Anteil der erwachsenen Schweizer nicht in die EU will oder sonntags in die Kirche geht.

In der Praxis kann man natürlich nur versuchen, diesem Ideal des Ziehens aus einer Urne möglichst nahe zu kommen. Die Repräsentativität der Stichprobe lässt sich verbessern, wenn man getrennte Urnen für Männer und Frauen oder für die Bürger verschiedener Kantone vorsieht. Solche „geschichteten" Stichproben garantieren, dass die landesweiten Geschlechter- oder kantonalen Proportionen in der Stichprobe erhalten bleiben. Bei einfachen Zufallsstichproben ist das nicht notwendig der Fall.

Abweichungen von diesem zentralen Zufallsprinzip führen zu verzerrten Stichproben – mit zuweilen desaströsen Folgen. Man stelle sich vor, wir fragten zum Sonntagskirchgang nur die Teilnehmer des Hochamts in der Zürcher Liebfrauenkirche. Dann würden hochgerechnet vielleicht 90 Prozent aller Schweizer regelmäßig sonntags in die Kirche gehen. Die bisher größte derartige Pleite widerfuhr der amerikanischen Wochenzeitschrift *Literary Digest* im Jahr 1936: Sie hatte vor der Präsidentenwahl mehrere Millionen US-Bürger befragt (eine nach heutigen Maßstäben gewaltige Stichprobe), wen sie zu wählen gedächten. Es siegte mit großem Vorsprung der Republikaner Landon. Die Wahl gewann jedoch Roosevelt mit über 60 Prozent der Stimmen. Warum die Fehlprognose? Die Stichprobe war aus Telefonregistern und Fahrzeugzulassungen gezogen worden – die meisten Wähler Roosevelts hatten damals aber weder ein Auto noch ein Telefon.

Zusätzliche Verzerrungen drohen ferner immer dann, wenn man die gewünschten Informationen nicht wie die Körpergröße oder den Stromverbrauch einfach misst oder abliest, sondern erfragt. Aus den USA weiß man, dass mündliche Interviews zu den Themen Abtreibung, Todesstrafe oder Sozialhilfe andere Ergebnisse haben, je nachdem, ob der Interviewer ein Schwarzer oder ein Weißer ist. Auch die Reihenfolge der Fragen und natürlich die konkrete Formulierung sind für das Ergebnis von erheblicher Bedeutung. So fragte etwa die Forscherin Elisabeth Noelle-Neumann einmal eine repräsentative Stichprobe von Arbeitern: „Finden Sie, dass in einem Betrieb alle Arbeiter in der Gewerkschaft sein sollten?" Resultat: dafür 44 Prozent; dagegen 20 Prozent; unentschieden 36 Prozent.

Dann legte sie einer anderen, gleich großen und ebenfalls repräsentativen Stichprobe die gleiche Frage vor, nur mit der Ergänzung „Oder muss man es jedem Einzelnen überlassen, ob er in der Gewerkschaft sein will oder nicht?". Ergebnis: dafür 24 Prozent; selbst überlassen 70 Prozent; unentschieden 6 Prozent. Der scheinbar unschuldige Zusatz halbiert die Anhängerschaft der Gewerkschaften von 44 auf nur noch 24 Prozent; zugleich lässt er die Gegner von 20 auf 70 Prozent anwachsen – eine mehr als dreifach größere Opposition nur wegen eines kleinen Nebensatzes.

Einen großen Unterschied macht es auch, ob man etwas „verbieten" oder „nicht erlauben" soll. 54 Prozent der Befragten in einer amerikanischen Umfrage meinten, dass die USA öffentliche Angriffe auf die Demokratie verbieten sollten. Erheblich mehr, nämlich 75 Prozent, waren der Meinung, die USA sollten öffentliche Angriffe auf die Demokratie nicht erlauben.

Diese Abhängigkeit der Ergebnisse von der Art der Fragestellung lädt natürlich zur bewussten Irreführung ein. Nach einer Umfrage einer deutschen Gewerkschaft lehnen 95 Prozent der bundesdeutschen Arbeitnehmer das Arbeiten am Samstag ab. Nach einer zeitgleichen Umfrage eines eher unternehmernahen Instituts dagegen sind 72 Prozent aller Arbeitnehmer auch zum Arbeiten am Wochenende bereit. Der Widerspruch erklärt sich durch die jeweiligen Fragebogen. „Votum für das freie Wochenende" steht bei der Gewerkschaft in großen Lettern obenan. Es folgt eine lange Erläuterung der Mühen, die das Durchsetzen der 5-Tage-Woche die Gewerkschaften gekostet habe, und eine Aufzählung aller Vorteile, die der freie Samstag für die Familie, die Gesellschaft, den Frieden und die Menschheitszukunft bringe, die dann zu der eigentlichen Frage überleitet: „Was entspricht Deiner/Ihrer Meinung? (I) Nach meiner Ansicht wäre die Abschaffung des freien Wochenendes ein schwerer Schlag für Familie, Freundschaften, Partnerschaften, für Geselligkeit, Vereine, den Sport und das Kulturleben; (II) Ich halte den gemeinsamen Freizeitraum des Wochenendes für nicht so wichtig; (III) Weiß nicht / keine Angabe." Dass hier fast alle wie gewünscht die erste Antwort wählen, sollte niemanden erstaunen.

Genauso suggestiv, wenn auch mit umgekehrter Absicht, fragte das Unternehmerinstitut. Auf die Frage: „Inwieweit wären Sie bereit, samstags zu arbeiten, wenn es für die wirtschaftliche Situation Ihres Unternehmens gut wäre?" bietet es folgende Auswahlmöglichkeiten an: (I) gelegentlich, wenn dafür an einem anderen Tag arbeitsfrei ist; (II) häufiger, wenn dafür ein Zusatzurlaub herauskommt; (III) abwechselnd und (IV) nicht bereit. Auch hier waren die wenigen Kreuze bei „nicht bereit" schon im Fragebogen und in der Art der Fragen angelegt. Solche Umfragen, ob von einem Automobilclub zum Thema Tempolimit, ob von Greenpeace zum Atomausstieg oder von der katholischen Kirche zur Frage der Abtreibung, belügen uns in aller Regel über die wahre Meinung der befragten Menschen.

Was heißt eigentlich „signifikant"?

Zurück zu unserem Ausgangspunkt, dem Cervelas. Im Sommer 2005 ließ *Neue Zürcher Zeitung-Folio* zehn Sorten dieser Wurst von vier Prüfern auf einer Skala von 1 bis 20 benoten; das Ergebnis war im Heft 7/2005 zu lesen. Der beste Cervelas erreichte im Durchschnitt über alle Prüfer 15,5 Punkte, der schlechteste 12,75. Aber ist der am schlechtesten bewertete Cervelas auch wirklich schlechter? Oder können solche Unterschiede auch zufällig zustande kommen? Schließlich schmeckt ja auch ein und derselbe Cervelas nicht jedem Prüfer immer gleich, seine Bewertungen weichen zufällig, aufgrund der Reihenfolge der Verkostung, aufgrund von unterschiedlichem Appetit und Dutzenden weiterer Faktoren, von der für ihn „wahren" Note mehr oder weniger nach oben und nach unten ab.

Nehmen wir also einmal an, alle Cervelas wären von der gleichen Qualität; jeder Prüfer hätte für diese Qualität seine eigene „wahre" Bewertung, der Prüfer A z. B. 13,5; diese Note wäre bei Prüfer A für alle Würste gleich und nur durch eine Zufallskomponente überlagert. Dann lässt sich mit einigen Rechenregeln zu Wahrscheinlichkeiten zeigen, dass in der Tat das in *Neue Zürcher Zeitung-Folio* 7/2005 gemeldete Ergebnis auch durch reinen Zufall erklärt werden könnte. Oder in der Sprache der Statistik: Die beobachteten Unterschiede sind nicht signifikant.

Signifikant dagegen heißt: Ein in den Daten sichtbares Muster ist nur schwer durch Zufall zu erklären. Also, so der Umkehrschluss, steckt ein System dahinter. „Nur schwer durch Zufall zu erklären" meint dabei im Allgemeinen: Wenn wirklich nur der Zufall wirken würde, hätte das beobachtete Muster eine Wahrscheinlichkeit von höchstens 5 Prozent. (Diese Grenze, auch Signifikanzniveau genannt, ist natürlich willkürlich, wenn auch in den meisten Wissenschaften üblich. Mit dem gleichen Recht könnte man auch 1 Prozent oder 10 Prozent verwenden.)

Diese heute in allen Wissenschaften übliche Methode zur Trennung von Zufall und System hat aber einen großen und auch von den Wissenschaftlern gern übersehenen Pferdefuß: Die statistischen Verfahren zur Trennung von Zufall und System zeigen selbst bei Abwesenheit jedes systematischen Einflusses in immerhin 5 Prozent der Fälle dennoch eine Signifikanz an – so sind die Verfahren ja gerade konstruiert. Auch wissenschaftliche Fachzeitschriften und ihre Herausgeber vergessen das nur allzu gerne. Und so können wir dann in den Medien lesen, dass neun Monate nach einem Stromausfall in X dort die Geburten angestiegen sind, dass Katholiken dümmer sind als Protestanten, dass Knoblauchesser länger leben, dass Manager lieber Fluggesellschaft A als B benutzen, dass die Todesstrafe abschreckt, dass die Todesstrafe nicht abschreckt (je nach Weltanschauung), dass Schwarze krimineller sind als Weiße, dass Chemiefabriken (Starkstromleitungen, Mülldeponien) Leukämie erzeugen. Selbstverständlich alles wissenschaftlich abgesichert und hochsignifikant.

Wir lesen jedoch nicht, wie viele andere Studien und Stichproben ohne signifikante Resultate es außerdem gegeben hat. Wir lesen nicht, in wie vielen Studien Katholiken genauso klug sind wie Protestanten oder Manager lieber Fluglinie B als Linie A benutzen oder Industriebetriebe keine Leukämie erzeugen. Und ehe wir das nicht wissen, lässt sich auch die wahre Bedeutung der angeblich so signifikanten Resultate nicht ermessen.

13. Nicht das Gegenteil von Glück: Überlegungen zum „Armuts- und Reichtumsbericht" der Bundesregierung

■ Frankfurter Allgemeine Zeitung, 20. Juni 2001.

Der erste „Armuts- und Reichtumsbericht" der Bundesregierung sagt: In Deutschland sind 5,7 oder 19,6 Prozent aller Menschen arm. Die erste Zahl kommt heraus, wenn man als Armutsgrenze die Hälfte des sogenannten Medianeinkommens wählt. Das ist das Einkommen, das von je der Hälfte aller Haushalte unter- oder überschritten wird; es liegt also gleichsam in der Mitte der Einkommensverteilung. 1998 waren das 2.440 DM je Person und Monat, die Hälfte davon sind 1.220 DM. Die zweite Zahl entsteht, wenn man als Armutsgrenze 60 Prozent des Durchschnittseinkommens wählt, das 1998 bei 2.788 DM lag. 60 Prozent davon sind 1.672 DM. Wer im Monat weniger hat, ist somit „arm". Dieses Schicksal trifft, um ein Beispiel zu nennen, die meisten Studenten in Deutschland. Nach den Maßstäben der Vereinten Nationen hingegen gilt als arm, wer weniger als einen Dollar am Tag zum Leben hat, im Monat also etwa 60 DM. Danach ist in Deutschland niemand arm, weltweit aber jeder fünfte, zusammen mehr als eine Milliarde Menschen.

Wissenschaftlich ist das alles nicht zu halten. Armut ist ein vielschichtiges Phänomen, das Einkommen beschreibt nur eine seiner Dimensionen. Zwar schrieb schon Goethe: „Arm am Beutel, krank am Herzen", doch mit Geld allein ist vielen Armen kaum zu helfen. Überfüllte Wohnungen, hungernde und verwahrloste Kinder, abgestellte Strom- und Telefonanschlüsse in den Slums amerikanischer Großstädte zeugen zweifellos von Armut. Doch ist es nicht in erster Linie der Mangel an Geld, der die Kinder dort zu schlechten Schülern und jungen Kriminellen macht – es sind der Mangel an Aufsicht, ein ungeordnetes Zuhause, oft das Fehlen des Familienvaters. Würde man das Einkommen der Familien dieser Kinder von der aktuellen Armutsgrenze von 15.000 auf 30.000 Dollar im Jahr verdoppeln, gingen Kriminalität und Zahl der Schulabbrecher („"drop-out rates") kaum wesentlich zurück, wie einschlägige Studien übereinstimmend zeigen. Das Geld würde für Geschirrspüler, Zweitautos und Diskothekenbesuche der Eltern ausgegeben. Die Kinder hätten davon nichts und wären genauso arm wie zuvor. Nach dieser „Subkultur-Theorie" ist Armut weniger durch Einkommen als durch Verhalten und Charakter der Armen bedingt; Armut wäre demnach im Wesentlichen gleichbedeutend mit dem Unvermögen, sich selbst aus Zwangslagen herauszuhelfen – also einem Mangel an dem, was man gemeinhin als „Intelligenz" bezeichnet.

Doch selbst wenn man Armut ausschließlich am Einkommen messen könnte: Wo fängt das die Armut definierende „zu wenig" an? Bis ins 20. Jahrhundert wurde Armut als etwas Absolutes gesehen: „Um einen landwirtschaftlichen Tagelöhner oder einen ungelernten städtischen Arbeiter und seine Familie im heutigen England arbeitstüchtig zu erhalten, bedarf es einer luftigen Wohnung mit mehreren Zimmern, warmer Bekleidung, wechselbaren Unterzeugs, guten Wassers, reichlicher Pflanzenkost, der Möglichkeit mäßigen Fleisch- und Milchgenusses, einer kleinen Dosis Tee usw., einiger Bildungsmittel und einiger Vergnügungsmittel", schrieb der einflussreiche englische Ökonom Alfred Marshall. „Wo immer es der ungelernten Arbeit am einen oder anderen hiervon gebricht, leidet ihre Wirksamkeit genauso wie die eines Pferdes durch schlechte Versorgung oder die einer Dampfmaschine durch mangelnde Kohlenzufuhr. Alle Konsumption bis zu dieser Grenze ist streng produktive Konsumption." Mit anderen Worten: Armut beginnt da, wo die „Kohlenzufuhr" nicht mehr reicht, wo die Funktion des Menschen als Arbeitstier gefährdet ist.

Diese Bestimmung der Armutsgrenze als physisches Existenzminimum greift jedoch zu kurz. Schon Adam Smith, der Urvater der modernen Wirtschaftswissenschaften, hat erkannt, dass Armut mehr ist als der nackte Hunger: „Unter lebenswichtigen Gütern verstehe ich nicht nur solche, die unerlässlich zum Erhalt des Lebens sind", schrieb er, „sondern auch Dinge, ohne die achtbaren Leuten, selbst der untersten Schicht, ein Auskommen nach den Gewohnheiten des Landes nicht zugemutet werden sollte. Ein Leinenhemd ist beispielsweise, genaugenommen, nicht unbedingt zum Leben nötig. Griechen und Römer lebten, wie ich glaube, sehr bequem und behaglich, obwohl sie Leinen noch nicht kannten. Doch heutzutage würde sich weithin in Europa jeder achtbare Tagelöhner schämen, wenn er in der Öffentlichkeit ohne Leinenhemd erscheinen müsste."

Diese Sicht wurde von dem Harvard-Ökonomen und Nobelpreisträger Amartya Sen auf moderne Verhältnisse übertragen. Seine Theorie eröffnet einen Mittelweg zwischen den reinen Relativisten, die Armut mit Ungleichheit verwechseln, und ihren Gegenspielern, die Armut veterinärmedizinisch beschreiben. Denn „lebenswichtige Güter" sind einerseits in Raum und Zeit veränderlich, andererseits aber kurz- bis mittelfristig fest und absolut. „Die natürlichen Bedürfnisse wie Nahrung, Kleidung, Heizung, Wohnung usw. sind verschieden je nach den klimatischen und anderen natürlichen Eigentümlichkeiten eines Landes", schrieb Karl Marx. Aber „für ein bestimmtes Land, zu einer bestimmten Periode ist der Durchschnitts-Umkreis der notwendigen Lebensmittel gegeben."

Dieser „Durchschnitts-Umkreis der notwendigen Lebensmittel" setzt sich nicht aus Dingen zusammen, die man gerne hätte (das würde nur wieder das Phänomen der Ungleichheit in die Armutsmessung einführen), sondern aus Dingen, die man als soziales Lebewesen braucht. Zunächst einmal hängt das von der natürlichen Umgebung ab. Bewohner einer Südsee-Insel brauchen keine Heizung, genauso wenig wie dicke Mäntel oder Winterstiefel für die Kinder; auch ohne diese Dinge ist die Familie nicht arm. Eine Familie in Stockholm dagegen ist ohne Heizung, Mäntel und Winterstiefel für die Kinder arm.

Dazu treten Grundbedürfnisse sozialer Natur. In einer mobilen, räumlich verteilten Gesellschaft ohne öffentlichen Personennahverkehr kann ein eigenes Auto durchaus zu den Notwendigkeiten zählen; ein Haushalt ohne Auto wäre dort vom Leben der Gemeinschaft ausgeschlossen und damit in einem durchaus absoluten Sinne arm. In einer Dorfgemeinde dagegen ist ein eigenes Auto zur Teilnahme am sozialen Leben nicht erforderlich, ein Haushalt ohne Auto wäre hier nicht arm.

Auch Güter wie Radio, Fernseher und Telefon sind je nach sozialem und kulturellem Umfeld mal zum Leben nötig und mal nicht. Wo Nachrichten per Ausrufer, Extrablatt oder Schwatz an der Haustür verbreitet werden, ist ein Telefon nicht zum Leben nötig, ein Haushalt ohne Telefon daher auch nicht arm. Wo dagegen fast alle Haushalte einer Gemeinschaft über Telefon verfügen, verändert sich die Kommunikationsstruktur (Telefonkette: Heute fällt die Schule aus), ein Haushalt ohne Telefon ist dort arm – und wohlgemerkt: nicht in einem relativen, sondern in absolutem Sinne.

Auch in die so definierte Armutsgrenze fließt der allgemeine Wohlstand ein. Aber anders als bei der schematischen X-Prozent-vom-Durchschnitt-Grenze wirkt dieser allgemeine Wohlstand indirekt. Nehmen wir einen Kühlschrank, ein ehemaliges „Luxusgut". In einer Gesellschaft, in der an jeder Straßenecke frische Lebensmittel feilgeboten werden, wird er eigentlich kaum noch gebraucht. Wird aber die Gesellschaft insgesamt gesehen reicher, mit Kühltruhen in jedem Supermarkt, welche die einstmaligen Frischkostanbieter vom Markt verdrängen, wird der Kühlschrank zur Notwendigkeit – je nach sozialer Umwelt ist ein und dasselbe Gut mal ein Luxus, den man eigentlich nicht braucht, dann wieder eine für ein menschenwürdiges Dasein zwingend notwendige Sache.

Ein Computer mit Internetanschluss ist nicht zum Leben nötig, ein Haushalt ist ohne ihn nicht arm. Aber es kann sein, dass eines Tages Bankgeschäfte oder Briefkontakte nur noch elektronisch möglich sind; dann wäre ein menschenwürdiges Leben ohne Internetzugang nicht mehr zu führen, Menschen ohne ihn wären arm – nicht nur relativ zu anderen, sondern absolut, weil es ohne Internet-PC nicht mehr möglich wäre, am sozialen Leben teilzunehmen. Der zentrale Punkt: Ob ein Gut für ein menschenwürdiges Dasein nötig ist, hängt nicht unmittelbar davon ab, ob auch der Nachbar es besitzt.

Ohne Einfluss auf die Bestimmung von Armut ist in dieser Sicht der Dinge auch subjektive Zufriedenheit. Ob jemand sich in einer Zweizimmerwohnung beengt vorkommt oder nicht, ob jemand seine Kleider mit Freude oder Widerwillen trägt, beim Essen Genuss oder Überdruss, beim Besuch einer Kunstausstellung Langeweile oder Begeisterung empfindet, die Lektüre seiner Tageszeitung als Pflicht oder als angenehme Abwechslung betrachtet, das Autofahren mag oder als Zeitverschwendung ansieht – alle diese Gefühle spielen für die Bestimmung von Armut keine Rolle. Armut ist nicht das Gegenteil von Glück.

Vielleicht sind obdachlose Straßenkinder in Rio de Janeiro glücklicher als Millionärswitwen auf Golfplätzen in Kalifornien. Trotzdem sind die Straßenkinder arm, die Millionärswitwen dagegen nicht. Für die Frage nach der Armut ist allein entscheidend, ob ein Mensch zu gewissen Dingen in der Lage ist, wie etwa zu ungestörtem Schlafen mit einem Dach über dem Kopf, und nicht, ob er dabei, mit oder ohne Dach, zufrieden oder unzufrieden ist.

In gewisser Weise entspricht das deutsche Sozialrecht dem Armutskonzept von Sen. „Aufgabe der Sozialhilfe ist es", heißt es gleich im ersten Paragraphen des Bundessozialhilfegesetzes vom 30. Juni 1961, „dem Empfänger die Führung eines Lebens zu ermöglichen, das der Würde des Menschen entspricht." Mit anderen Worten: Die Sozialhilfe soll nicht nur die Menschen vor dem Erfrieren und Verhungern schützen, sondern ihnen darüber hinaus ermöglichen, am Leben der Gemeinschaft teilzuhaben.

Was zur vollwertigen Teilnahme am sozialen Leben nötig ist und was nicht, beschäftigt immer wieder die Gerichte. Ob Beihilfen zu Kindergeburtstagen oder Erstkommunionfeiern, ob Urlaubsreisen oder Schultüten für Schulanfänger: Unsere Richter entscheiden – nicht immer richtig –, was zu einem menschenwürdigen Leben dazugehört. Nach einem Urteil des Bundesverwaltungsgerichts, der letzten Instanz der Sozialgerichtsbarkeit, müssen Sozialämter z. B. zusätzlich zu den Regelsätzen auch die Schultüten der Kinder von Sozialhilfeempfängern bezahlen: Schultüten gehörten zum notwendigen Lebensunterhalt von Kindern, ohne Schultüten würden Jungen und Mädchen sozial ausgegrenzt und in ihrem Selbstwertgefühl beeinträchtigt.

Doch reicht das Gefühl der Benachteiligung schon aus, um einen Sozialhilfeanspruch zu begründen? Denn dieses Gefühl kann auch wohlhabende Menschen erfassen, der Porschefahrer kennt es, wenn neben ihm ein Ferrari vorbeizieht, und auch der Millionär, wenn neben seiner Hochseejacht das Boot von Bill Gates festmacht. Zwischen einfachem Neid und echter sozialer Behinderung wird nicht immer unterschieden.

Auf der anderen Seite urteilt das Bundesverwaltungsgericht oft restriktiver. So verneinte es den Anspruch eines Behinderten auf ein eigenes Auto mit der Begründung, die Sozialhilfe sei nicht dazu bestimmt, „dem Hilfesuchenden ein Leben zu gewährleisten, das ihn aus seiner Umgebung heraushebt". In das soziale Leben könne sich der Behinderte auch mittels Krankenfahrzeugen eingliedern. Mit gleicher Begründung wurde einem anderen Kläger der Anspruch auf einen Fernseher verwehrt: „Dass ein Fernsehgerät ... in einer Vielzahl von Haushalten steht ..., besagt nicht, dass ohne Fernsehen ein menschenwürdiges Leben nicht geführt werden könne. Die Befriedigung persönlicher Bedürfnisse in Gestalt der Pflege von Beziehungen zur Umwelt und der Teilnahme am kulturellen Leben kann im Allgemeinen und in der Regel auch heute noch menschenwürdig mit etwa folgenden Mitteln der

Kommunikation ermöglicht werden: Bezug einer Tageszeitung ...; Hören des Tonrundfunks ...; Benützen einer öffentlichen Leihbücherei ...; gelegentliche Besuche eines Filmtheaters und unterhaltender Veranstaltungen ernsteren und leichteren Charakters. Die Beschränkung darauf ... ist nicht unangenehm und verletzt nicht die Würde des Menschen. Sich darüber hinaus der Vermittlung durch das Fernsehen bedienen zu können, wird als Annehmlichkeit empfunden, ist aber nicht von der Menschenwürde her gebotene Notwendigkeit."

Im Großen und Ganzen stimmt das deutsche Sozialrecht also mit Sens Konzept der Armut als absolutem Mangel an sozialen Kompetenzen überein. Davon ist die Bundesregierung in ihrem Armutsbericht aber noch weit entfernt.

14. Der Mythos von der Zwei-Drittel-Gesellschaft

■ WISU, August 2000.

Das Schlagwort von der sogenannten „Zwei-Drittel-Gesellschaft" hat in der bundesdeutschen sozialpolitischen Diskussion der letzten Jahre für einige Aufregung gesorgt. Damit ist gemeint: Zwei Dritteln geht es immer gut, einem Drittel geht es immer schlecht. Nach dieser populären, aber falschen These nehmen nur zwei Drittel aller Deutschen am sozialen und wirtschaftlichen Fortschritt ihres Landes teil – ein Drittel bleibe ausgegrenzt, von den Segnungen des Fortschritts systematisch ausgeschlossen.

Diese Theorie hält einer näheren Überprüfung nicht stand. Richtig ist allein, dass bei geeigneter Wahl der Armutsgrenze immer ein gewisser Prozentsatz Armer existiert; wählt man als Armutsgrenze das sogenannte 33-Prozent-Quantil der Einkommensverteilung (die Grenze zwischen dem untersten und dem mittleren Drittel der Einkommensverteilung), dann ist immer ein Drittel aller Menschen arm. Aber es gibt doch einen großen Unterschied – um nur die beiden Extreme anzuführen – zwischen einer „Tellerwäscher-Millionär"-Gesellschaft, in der die meisten Menschen ihr Leben zunächst arm beginnen, dann der Armut aber mehrheitlich entrinnen, und einer Gesellschaft, in der nur wenige Menschen arm geboren werden, dann aber mehrheitlich in dieser Armut bleiben. Auch wenn die jeweiligen Armutsquoten sich bis auf die letzte Kommastelle gleichen, die Armut ist trotzdem doch sehr unterschiedlich zu bewerten; sowohl für die betroffenen Individuen wie für die Gesellschaft als Ganzes ist es von erheblicher Bedeutung, ob die Menschen unterhalb einer wie auch immer bestimmten Armutsgrenze stets die gleichen bleiben („einmal arm, immer arm") oder ob die Armut sozusagen „rotiert", ein Risiko, das jeden treffen kann.

Hier zeigen verschiedene nationale und internationale Erhebungen eine überraschende und in gewisser Weise erfreuliche Mobilität. In den USA z. B. sind rund ein Viertel aller Haushalte über 10 Jahre gesehen irgendwann einmal statistisch „arm", durchgehend arm sind aber weniger als 1 Prozent, und den gleichen großen „Turnover" der Armutspopulation beobachten wir auch für die Bundesrepublik – die Gleichung „Einmal arm – immer arm" geht auch bei uns nicht auf. Die Verweildauer in der deutschen Sozialhilfe beträgt in der Regel weniger als ein Jahr, Tendenz abnehmend, nur 23 Prozent der Empfänger brauchen sie 5 Jahre oder mehr. Den Typus des resignierten, ausgegrenzten Langzeitbeziehers findet man auf deutschen Sozialämtern eher selten, es überwiegen deutlich die sogenannten „Überbrücker", Menschen, die auf Rentenzahlungen oder Arbeitslosenunterstützung warten, die den Sozialhilfebezug ausdrücklich als vorübergehende, befristete Phase ihres Lebenslaufs verstehen, die weder sich selbst als Ausgegrenzte sehen noch von der Gesellschaft als Ausgegrenzte behandelt werden.

Rund die Hälfte aller Menschen, die in einem gegebenen Jahr Sozialhilfe beziehen, sind ein Jahr später nicht mehr darauf angewiesen, eine personell verfestigte deutsche Unterklasse gibt es nicht. Stattdessen beobachten wir, in den Worten des großen Schumpeter, „einen Armuts-Omnibus, der zwar immer besetzt ist, aber niemals mit den gleichen Leuten"; wir sehen ein „komplexes Gebilde, bestehend aus Armutsphasen, Unterbrechungen, Wiedereinstiegen und zum Teil endgültigen Ausstiegen", mit anderen Worten, eine Gesellschaft, in der das Schlagwort von der „Zwei-Drittel-Gesellschaft" – zwei Drittel reich, ein Drittel arm – ganz einfach zu den Fakten nicht mehr passt.

15. Was sagt uns die Lohnquote?

■ *WISU 5/1999*

Die Lohnquote ist der Anteil der Einkommen aus abhängiger Arbeit am gesamten Volkseinkommen; sie betrug 1996 in der Bundesrepublik Deutschland 71,1 Prozent, verglichen mit 72,3 Prozent im ersten vollen Rechnungsjahr nach der Wiedervereinigung 1991; seither geht die Lohnquote monoton zurück, im Jahr 1997 ist sie nochmals um rund zwei Prozentpunkte gesunken.

Anders als man von Gewerkschaften und Arbeitnehmerseite immer wieder hört, zeigt dieser Rückgang der Lohnquote aber keine Umverteilung in Richtung Arbeitgeber an; er ist sowohl mit einem steigenden wie mit einem fallenden Anteil der Arbeitnehmer am Volkseinkommen kompatibel, die Lohnquote als Monoindikator kann die Verteilungsgerechtigkeit nicht messen.

Zunächst einmal zeigt die Lohnquote nur die Verteilung des Einkommens auf Einkommensarten auf; welches die Personen sind, die diese Einkommen beziehen, bleibt dabei offen. So zählen etwa die Zinseinkünfte eines Rentnerehepaares genauso zum Einkommen aus Unternehmertätigkeit und Vermögen wie die Dividenden der immer zahlreicheren Volksaktionäre oder wie die kalkulatorische Miete eines Eigenheimbesitzers; rund die Hälfte aller deutschen Arbeitnehmerhaushalte besitzen heute Immobilien, und deren Erträge werden grundsätzlich den Unternehmen angerechnet.

Auch die Einkommen von Landwirten und anderen kleinen Selbständigen, die man gemeinhin nicht zu den Kapitalisten unseres Landes rechnet, fließen in den Topf der Unternehmer. Die Lohnquote in der deutschen Landwirtschaft z. B. liegt unter 30 Prozent, von den rund eine Million Menschen, die dort immer noch ihr Brot verdienen, haben nur ein Fünftel Arbeitnehmerstatus; der Rest sind Selbständige oder mithelfende Familienangehörige, ihr Einkommen wird den Unternehmen zugeschlagen.

Die mehreren Millionen DM Gehalt pro Jahr dagegen, die verschiedene Vorstandsmitglieder deutscher Aktiengesellschaften als Kontraktgehalt beziehen, sind Einkommen aus unselbständiger Beschäftigung, sie werden der Lohnquote zugerechnet.

Das Steigen und Fallen der Lohnquote kann also viele Gründe haben. Mit dem Wachstum des Vermögens quer durch alle Bevölkerungsschichten (Stichwort „Erbengeneration") nehmen auch die Einkommen aus Vermögen quer durch alle Schichten zu; noch 1970 stammten weniger als 5 Prozent des deutschen Volkseinkommens aus Vermögen, 1995 bereits mehr als 10 Prozent (Tendenz steigend); damit nimmt die Lohnquote zwangsläufig ab. Auch das Wachstum des Dienstleistungssektors mit seinem traditionell hohen Anteil an Selbständigen muss die Lohnquote drücken: Die Einkommen von Gastwirten, Ärzten, Beratern aller Art und selbständigen Taxifahrern gehen der Lohnquote verloren.

Umgekehrt nimmt die Lohnquote in Zeiten steigender Anteile abhängig Beschäftigter natürlich zu; von 1960 bis 1990 ist die Lohnquote in den alten Bundesländern von 60 Prozent auf 74 Prozent gestiegen. Aber genauso wenig wie man diesen Anstieg als einen Sieg der Arbeitnehmer feiern durfte, darf man den aktuellen Rückgang als Verlust beweinen.

16. Nützt die Globalisierung nur den Reichen?

■ *BIZZ Capital*, Januar 2001

Vom 9. bis 13. November tagt in Doha, Qatar, die 4. Welthandelskonferenz. Grund für Globalisierungsgegner allerorten, zum erneuten Angriff auf den freien Warenaustauch zwischen den Nationen aufzurufen.

Aber keines der Argumente dieser selbsternannten Robin Hoods des 21. Jahrhunderts sticht. Der reiche Norden unseres Planeten ist weder auf den Handel mit dem armen Süden angewiesen, noch beutet er ihn aus, noch kostet internationaler Handel Arbeitsplätze. Von den 1167 Milliarden DM an deutschen Exporten des Jahres 2000 gingen 1087 Milliarden in andere entwickelte bzw. Industrienationen, nur 80 Milliarden in Entwicklungsländer. Von den 1073 Milliarden DM an Importen kamen über 1000 Milliarden aus anderen Industrienationen, nur 70 Milliarden aus Entwicklungsländern.

Die Länder der Dritten Welt sind vor allem deshalb arm, nicht weil sie zu viel, sondern weil sie zu wenig untereinander und mit großen Industrienationen handeln. Die modernen Musterländer unter den ehemaligen Armenhäusern dieser Erde sind Hongkong, Taiwan, Singapur oder Südkorea. Hier setzt man konsequent auf freien Handel, hier stehen internationale Großkonzerne für die Niederlassung Schlange. In Hongkong soll es für besonders chic gehalten werden, englische Oxford-Abgänger als Hausdiener zu halten. Die modernen Armenhäuser unter den ehemaligen Armenhäusern sind Länder wie Kuba oder Nordkorea: Hier setzt man auf Autarkie und Selbstbestimmung.

Freiwilliger Handel nützt immer beiden Partnern. Sonst fände er nicht statt. Die Weltwirtschaft ist kein Nullsummenspiel, mit dem Gewinn des einen gleich dem Verlust des anderen. In einem freien Handel gewinnen beide Partner, und je mehr eine Nation unter sonst gleichen Konditionen handelt, desto besser werden ihre Menschen leben.

Auch die Arbeitslosigkeit und der relative Lohnverfall für ungelernte Arbeitskräfte in den Industrienationen ist keine Konsequenz des internationalen Handels. Diese Menschen sind ein Opfer des Produktivitätsfortschritts von Spezialisten und Experten. Der treibt Löhne und Gehälter in die Höhe. Die Produktivität von Hausmeistern und Fensterputzern dagegen lässt sich kaum durch Technik und Computer steigern. Und in einer Welt, in der Unternehmen ihren Arbeitskräften langfristig nicht mehr bezahlen können, als diese erwirtschaften, haben ungelernte Arbeitskräfte mit oder ohne Außenhandel immer schlechte Karten.

17. Terms of Trade: Beutet der reiche Norden den armen Süden dieser Erde aus?

■ *WISU 1/2001*

Das ist einer der vielen modernen Mythen zu Entwicklungsländern: Sie wären u. a. auch deshalb arm, weil sie für ihre Produkte immer weniger real erlösen.

In Wahrheit ist das Gegenteil der Fall; das Tauschverhältnis von Im- und Exporten („terms of trade") hat sich in den letzten 100 Jahren für die Dritte Welt verbessert, nicht verschlechtert, ihre wichtigsten Exporte – Südfrüchte, Kaffee, Tee, Rohstoffe aller Art – erlösen heute mehr und nicht weniger Industrieprodukte als vor 50 oder 100 Jahren.

Diese für die Entwicklungsländer erfreuliche Verbesserung des Tauschwerts ihrer Güter ist eine Folge der enorm gestiegenen Arbeitsproduktivität in den Industrienationen; dadurch werden Industrieprodukte relativ zu vielen Agrarprodukten wie Tee und Kaffee, die nicht so einfach rationeller herzustellen sind, billiger, und deshalb braucht ein Kaffeepflanzer in Kolumbien heute weniger Kaffee als vor 50 Jahren, um ein Radio, ein Auto oder eine Schreibmaschine einzutauschen.

Nur bei einigen wenigen Agrarprodukten wie Zucker oder Weizen ist das reale Tauschverhältnis für die Produzenten heute schlechter. Bei Zucker, weil das noch bis Ende des letzten Jahrhunderts dominierende Zuckerrohr durch die Zuckerrübe eine billige Konkurrenz erhielt, bei Weizen, weil durch die riesigen neuen Anbauflächen im Westen der USA das Angebot auf Dauer billiger geworden ist.

Falsch ist auch, dass der reiche Norden den armen Süden dieser Erde quasi indirekt enteigne. Zwar reklamieren die reichsten anderthalb Milliarden Menschen im Norden ungefähr drei Viertel, die restlichen viereinhalb Milliarden Menschen im Süden nur ein Viertel der insgesamt pro Jahr auf der

Erde erzeugten Güter und Dienstleistungen, aber das alleine heißt noch nicht, dass der Norden den Süden ausbeuten muss. Denn man kann doch offenbar nur dann von Ausbeutung sprechen, wenn der Ausbeuter mehr fordert, als er gibt, und davon kann im gegenwärtigen Nord-Süd-Konflikt keine Rede sein.

Die Länder der Ersten Welt konsumieren nämlich nicht nur drei Viertel der Weltproduktion, sie produzieren auch drei Viertel, und zwar Industrie- wie Agrarprodukte gleichermaßen. Allein die EU könnte, wenn sie wollte, heute fast die ganze Welt ernähren; sie produziert mehr Autos und Maschinen, als sie braucht, sie fördert auch die nötigen Rohstoffe wie Kohle, Düngemittel, Erdöl, Erz allein, und sie könnte – rein ökonomisch – sehr gut ohne Indien, Bangladesh und Indonesien existieren.

Die Entwicklungsländer mit drei Vierteln der Weltbevölkerung dagegen produzieren nur ein Viertel des Welt-Sozialprodukts: Asien 12 Prozent, Südamerika 7 Prozent, Afrika 4 Prozent. Die besonders armen Länder Südostasiens wie Indien, Pakistan oder Bangladesh erzeugen mit mehr als einer Milliarde Menschen, fast einem Fünftel der Weltbevölkerung, sogar nur ganze 2 Prozent des Weltprodukts. Wenn diese Länder also vom großen Kuchen weniger abbekommen, dann nicht, weil man sie um ihren Beitrag beraubt, sondern weil sie weniger zu diesem Kuchen beitragen als andere.

Würde man heute die Entwicklungsländer des Südens und die Industrienationen des Nordens jeweils mit einem großen Zaun umgeben und jede Gruppe mit ihren Rohstoffen, ihren Menschen, ihrem Kapital, ihrem Wissen und ihrer Kultur alleine lassen – es wäre für den reichen Norden rein wirtschaftlich gesehen keine Katastrophe. Der arme Süden dagegen wäre und würde dann erst richtig arm und wäre wirtschaftlich fast völlig ruiniert.

18. Wer zählt die Arbeitslosen?

■ Kursbuch 152, Juni 2003, S. 93–102.

Wie viele Menschen sind in Deutschland arbeitslos? Die Antwort scheint grundsätzlich einfach, wenn auch das konkrete Ermitteln sicher Schwierigkeiten macht. Wie in der Schule, wenn der Lehrer fragt: Wer ist heute krank?, werden die Arbeitslosen abgezählt, Bezirk für Bezirk aufadddiert und einmal im Monat in Nürnberg einer erschrockenen oder erfreuten Öffentlichkeit bekannt gegeben. Dann heißt es etwa: Im Dezember 2002 waren 4.225.100 Menschen in Deutschland arbeitslos.

Man muss nicht von Beruf Statistiker sein, um die Fallstricke hinter dieser Zählerei zu sehen. Wer ist eigentlich arbeitslos, wer wird in dieser Statistik gezählt? Wir haben hier ein grundsätzliches, in der Wissenschaft vom Datensammeln auch als „Adäquationsproblem" bekanntes Dilemma: Die Dinge, die man messen will, und die dafür bereitgestellten Zahlen stimmen nicht immer überein. Das fängt bei vergleichsweise einfach zu erhebenden Sachverhalten wie etwa der Zahl der jährlich im Straßenverkehr getöteten Personen an (6.962 im Jahr 2001 in der Bundesrepublik). Ein Jugendlicher fährt nachts auf dem Heimweg von der Disko gegen einen Baum und stirbt vier Tage später im Krankenhaus. Ist er ein Verkehrstoter? In der ehemaligen DDR nein. Hier musste man binnen dreier Tage sterben, um in die Statistik der Verkehrstoten einzugehen. In der Bundesrepublik Deutschland ja. Hier hat und hatte man mit dem Sterben bis zu 31 Tagen Zeit.

Oder wer ist arm, krank oder ein Analphabet? Schon drei Sekunden Nachdenken zeigen hier, dass, vom reinen Abzählen und Erfassen völlig abgesehen, die Antwort alles andere als einfach, da grundsätzlich niemals eindeutig festzulegen ist. Bäuerinnen z. B. kommen in der Regel nicht auf den Gedanken, Rückenschmerzen als Krankheit zu bewerten und deshalb zum Arzt zu gehen, während das Stadtfrauen viel öfter tun. Fortgesetztes Husten ist nach einer Untersuchung des Soziologen E. K. Koos für 77 Prozent der Oberschicht ein Grund für einen Arztbesuch, in der Unterschicht dagegen nur für 23 Prozent. Bei chronischer Müdigkeit ist das Verhältnis 80:19, bei Blut im Stuhl 98:60 und bei Schmerzen im Brustkorb 80:31. Wer als „krank" gilt, hängt also auch davon ab, wo man wohnt und wie viel Geld man hat.

Der Prototyp einer Statistik, von der fast jeder glaubt, sie sei gefälscht, ist aber die der Arbeitslosigkeit. Wann immer es das alte Vorurteil zu bestätigen gilt, dass mit Statistik alles zu beweisen sei, muss in der Regel die Statistik der Arbeitslosigkeit als Zeuge her. „Arbeitslos auch durch eine falsche Statistik" (*Die Woche*), „Arbeitslosenquote geschönt" (*Hannoversche Allgemeine Zeitung*), „Nur mit Statistik-Tricks lässt sich die Arbeitslosenzahl verringern" (*Die Welt*) – Schlagzeilen wie diese sind Wasser auf die Mühlen all derer, die schon immer wussten, dass es insgesamt drei Arten von Lügen – Lügen, Notlügen, Statistik – gibt.

Das ist kein Zufall. Bei der Messung der Arbeitslosigkeit kommen fast alle Aspekte des wirtschaftsstatistischen Adäquationsproblems zusammen, auf die man beim Datensammeln stößt. Der Begriff als solcher lässt verschiedene Ausdeutungen zu, selbst Profis streiten, wie das Ganze eigentlich zu messen sei, und die Versuchung, zum eigenen Vorteil an dieser Zahl herumzudoktern, ist wegen der Bedeutung des Themas ganz besonders groß. Kommt dann noch eine hoffnungslose Überlastung einer einzigen Zahl mit allzu vielen, zum Teil unvereinbaren Informationspflichten hinzu, ist die Katastrophe perfekt. Denn die Arbeitsmarktstatistik „ist eine Dienerin vieler Herren und entsprechend manipulierbar", wie das Claudia Bröll einmal sehr schön in der *Frankfurter Allgemeinen Zeitung* formulierte. „So dient sie einmal der Regierung, um ihre Politik zu rechtfertigen, und gleichzeitig der Opposition, um Versäumnisse der Regierung anzukreiden. Sie ist den Verbandsvertretern zu Diensten, die Reformen anmahnen, und den Gewerkschaften, die sich schon im Vorfeld gegen diese Reformen wehren wollen. Wozu sie allerdings zu wenig dient, ist ihrem eigentlichen Zweck, nämlich ein möglichst exaktes Bild der Wirklichkeit widerzuspiegeln."

Während diese Zeilen geschrieben werden, zählt die amtliche Statistik in Deutschland rund 4 Millionen Menschen als arbeitslos. Manche meinen, es wären in Wahrheit weitaus mehr: „Kanzler Schröder hat rund 6 Millionen Arbeitslose zu verantworten: 4 Millionen offiziell gezählte und rund 1,8 Millionen statistisch nicht erfasste Arbeitslose", klagt etwa die CDU. Die amtliche Arbeitslosenzahl sei also viel zu klein. Andere dagegen meinen, die amtliche Arbeitslosenzahl sei viel zu groß: Bis zu 1,2 Millionen Menschen, so SPD-Bundestagsfraktionschef Struck im März 2002, die in der aktuellen Arbeitslosenstatistik enthalten wären, suchten weder einen Job noch wollten sie vermittelt werden. Diese Menschen müssten also von den amtlichen Arbeitslosenzahlen abgezogen werden.

Wer hat hier recht? Kann sich tatsächlich jeder diese Zahlen so zurechtbiegen, dass es ihm oder ihr ins Weltbild passt?

Ausgangspunkt aller dieser Rechnungen sind die „offiziellen" deutschen Arbeitslosenzahlen, so wie sie monatlich von der Nürnberger Bundesanstalt für Arbeit ermittelt und bekannt gegeben werden. Nach dieser Statistik zählt als arbeitslos, wer (i) mindestens 15 Stunden in der Woche gegen Entgelt arbeiten will, (ii) nicht nur vorübergehend Arbeit sucht, (iii) älter als 15 und jünger als 66 Jahre ist, (iv) dem Arbeitsmarkt unmittelbar zur Verfügung steht sowie (v) bei einem Arbeitsamt offiziell als arbeitsuchend gemeldet ist. Jedes dieser fünf Kriterien ist zu erfüllen. Wer etwa die obligatorische Drei-Monats-Meldung versäumt, fällt sofort, obwohl weiterhin ohne Arbeit, aus der Statistik heraus. In aller Regel holen Arbeitslose diese Meldung später nach, aber in der Zwischenzeit wird man nicht mehr gezählt.

Es ist also gar nicht so einfach, hierzulande amtlich arbeitslos zu sein. Wer nur eine Teilzeitarbeit von weniger als 15 Stunden oder eine Ferienstelle sucht, wer wegen Krankheit oder Umschulung dem Arbeitsmarkt vorübergehend nicht zur Verfügung steht oder die Suche per Arbeitsamt ganz einfach aufgegeben hat, der oder die ist damit auch nicht arbeitslos. So gesehen sind die amtlichen Zahlen tatsächlich viel zu klein.

Anderswo ist man sogar noch restriktiver. In Frankreich zählen Teilzeitarbeitslose, die keine Vollzeitstelle suchen, überhaupt nicht mit, auch bei mehr als 15 gewünschten Wochenstunden nicht, und in England zählt man nur die Menschen als arbeitslos, die auch Arbeitslosenunterstützung erhalten. Mit anderen Worten, wenn die Unterstützung ausläuft, ist man nicht mehr arbeitslos.

Aber auch weitergehende Definitionen kommen vor. In den USA ist auch ein 70-jähriger Rentner, der vergeblich nach einer kleinen Hausmeisterstelle für einige Stunden in der Woche sucht, im Sinne der Statistik arbeitslos. Dort ist die Statistik also viel umfassender.

Ein Begriff, der unserer intuitiven Vorstellung von „arbeitslos" vermutlich noch am nächsten kommt, ist die sogenannte „Erwerbslosigkeit". Er liegt z. B. den Zahlen von EUROSTAT (das Statistische Amt der Europäischen Gemeinschaft) oder der Internationalen Arbeitsorganisation ILO zugrunde. Erwerbslos im Sinne dieser Statistik ist jede Person im arbeitsfähigen Alter, die gegen Entgelt arbeiten will, ganz gleich wie lange und unabhängig davon, ob beim Arbeitsamt gemeldet oder nicht, und der oder die bei diesem Bemühen nicht erfolgreich ist.

Auch diese Zahlen werden in Deutschland amtlich erhoben; sie sind im Statistischen Jahrbuch nachzulesen, führen dort aber nur ein Schattenleben. Ihre vergleichsweise bescheidene Rolle in der politischen Debatte erklärt sich vor allem aus der fehlenden Erhebungsdichte – die Erwerbslosen werden nur einmal jährlich vom Statistischen Bundesamt im Rahmen des Mikrozensus stichprobenartig erfasst, die Arbeitslosen von der Bundesanstalt für Arbeit dagegen jeden Monat, und komplett. Vor allem deshalb werden die Zahlen aus Nürnberg und nicht die aus Wiesbaden zitiert. Sie sind auch leichter regional oder nach Personengruppen aufzugliedern: „Im Bezirk des Arbeitsamtes Dortmund betrug der Anteil arbeitsloser Ausländer ohne Hauptschulabschluss im November 17,8 Prozent" usw. Dergleichen regionale Aufgliederungen sind leider für Erwerbslose nicht möglich.

Auf den ersten Blick scheinen die Erwerbslosen die Arbeitslosen zu umfassen. Denn für den Status der Erwerbslosigkeit ist es unerheblich, ob man als arbeitssuchend gemeldet ist; auch die Hausfrau/der Hausmann, der oder die gerne wieder ins Berufsleben zurückkehren möchte, Bummelstudenten, die nur mangels Berufsaussichten noch studieren, oder Langzeitarbeitslose, die aus Hoffnungslosigkeit oder wegen Wegfall ihrer Leistungsansprüche die Meldung beim Arbeitsamt zurückgezogen haben, gehören hier dazu. Die Gesamtheit dieser „heimlichen Arbeitslosen" heißt auch „Stille Reserve". Sie umfasst in Deutschland je nach Zählweise zwischen einer und drei Millionen Menschen und steht hinter der These der CDU, die offiziellen Arbeitslosenzahlen wären viel zu klein.

Auf den zweiten Blick schließen aber die Erwerbslosen auch viele „offizielle" Arbeitslose aus, die heute noch in der Statistik erscheinen. Nämlich alle diejenigen, die in Wahrheit keine Arbeit suchen und nur zum Abschöpfen verschiedener Vergünstigungen beim Arbeitsamt gemeldet sind. Auch davon gibt es mehr als genug. Diese Menschen sind zwar amtlich arbeitslos, aber nicht erwerbslos, da an legal bezahlter Arbeit wenig interessiert.

Traditionell, d. h. bis 1998, bestritt die SPD, besonders der Gewerkschaftsflügel, dass es solche Menschen gibt. Noch vor zwei Jahren empörte sich der stellvertretende IG-Metall-Vorsitzende Jürgen Peters über einschlägige Debatten als eine „Beleidigung von Arbeitslosen"; dass Arbeitslose sich nur zum

Kassieren von Sozialleistungen meldeten, sei eine üble Unterstellung.

Aber die Indizien sprechen gegen ihn. Schon seit jeher mussten Arbeitsämter wegen Ablehnung zumutbarer Arbeitsverhältnisse sogenannte „Sperrzeiten" verhängen, in denen wegen erwiesener Arbeitsunwilligkeit keine Unterstützung stattfindet. Diese Zahlen bewegen sich traditionell zwar nur im unteren fünfstelligen Bereich, zeigen aber, dass es solche Scheinarbeitslosen wirklich gibt.

In Wahrheit ist natürlich deren Zahl beträchtlich größer. Einmal fehlt es in Zeiten knapper Stellen an dergleichen Tests der Arbeitswilligkeit, und zum anderen kennt, wie jeder Arbeitgeber gerne bestätigen wird, die Erfindungsgabe beim Ausdenken von Unzumutbarkeitsgründen keine Grenzen. In einem Artikel in der Hamburger *Welt* mit dem bezeichnenden Titel „ ... sah die Arbeit und flüchtete" schildert der Leiter einer mittelständischen Gebäudereinigungsfirma seine Abenteuer bei der Einstellung eines Fensterputzers: Zwei Bewerber wollten nicht für Tariflohn arbeiten, einer konnte nicht auf Leitern stehen, einer prahlte mit seinem Vorstrafenregister. Von den vier letztendlich doch Eingestellten meldeten sich zwei am ersten Tag der Arbeit krank, zwei kündigten nach kurzer Zeit mit der Begründung, die Arbeit sei zu schwer. Kein einziger von mehr als einem Dutzend „Arbeitslosen" war wirklich an Arbeit interessiert.

Das wahre Ausmaß dieser Arbeitsunwilligkeit ist also weit höher, als die Sperrzeiten vermuten lassen. Nach einer Umfrage des Bonner infas-Instituts vom Frühjahr 2000 suchen nur die Hälfte aller beim Arbeitsamt gemeldeten Personen tatsächlich eine Stelle. Die wichtigsten wahren Gründe für den Gang zum Arbeitsamt waren (Mehrfachnennungen möglich): „Ich möchte sicherstellen, dass die Zeit der Arbeitslosigkeit später bei der Rentenberechnung berücksichtigt wird" (83 Prozent). „Ich bin auf Leistungen des Arbeitsamtes angewiesen" (76 Prozent). „Ich überbrücke die Zeit bis zum Beginn meiner neuen Stelle bzw. Ausbildung" (57 Prozent). „Ich überbrücke die Zeit bis zum Ruhestand" (21 Prozent), „Das Sozialamt verlangt, dass ich mich arbeitslos melde" (16 Prozent), „Ich muss mich arbeitslos melden, um ausreichend Unterhalt von meinem geschiedenen Ehepartner zu bekommen" (4 Prozent) und „Ich überbrücke die Zeit bis zum Zivil- oder Wehrdienst" (2 Prozent). Mit anderen Worten, das Arbeitsamt ist für viele eine Sozialbehörde und keine Arbeitsplatzvermittlungsstelle.

Seit der Übernahme der Regierung, spätestens seit Gerhard Schröders berühmtem Frühjahrs-Interview in Bild 2001, in welchem er „kein Recht auf Faulheit in unserer Gesellschaft" zugestand, sieht das auch die SPD. Das vormalige Abstreiten der Existenz von Scheinarbeitslosen hat sich in eine regelrechte Jagd auf diese umgekehrt. „Wir werden eine international vergleichbare Arbeitsmarktstatistik schaffen, in der nur Personen, die auch tatsächlich dem Arbeitsmarkt zur Verfügung stehen, erfasst werden", heißt es in der Koalitionsvereinbarung 2002. Wir dürfen gespannt sein, was hier noch auf uns wartet. Denn die Möglichkeiten des Kriteriums „steht dem Arbeitsmarkt unmittelbar zur Verfügung" sind noch längst nicht ausgereizt. Durch das Verlängern des Erziehungsurlaubs von 6 auf 10 Monate im Jahr 1986 ließ die damalige CDU/FDP-Regierung auf einen Schlag 100.000 arbeitslose Frauen aus der Statistik verschwinden. Umschulungsmaßnahmen, ABM-Stellen, Frühpensionierung, Beschäftigungsbrücken: Das alles macht vormalige Arbeitslose nicht mehr kurzfristig verfügbar und lässt damit die Arbeitslosenzahlen schrumpfen. Vor allem durch das kreative Auslegen dieser Bestimmung, dass man nur dann als Arbeitsloser zählt, wenn man dem Arbeitsmarkt auch zur Verfügung steht, haben es etwa die Niederländer geschafft, ihre international bewunderte phänomenal niedrige Arbeitslosenquote von weniger als 4 Prozent zu produzieren: Von einer Kündigung bedrohte Arbeitnehmer werden kurz vor der Entlassung erwerbsunfähig geschrieben (kooperationswillige Ärzte sind leicht zu finden), und die Arbeitslosenversicherung wird in „Erwerbsunfähigkeitsversicherung" umgetauft. Damit ist die Arbeitslosigkeit verschwunden. Mittlerweile ist jeder zehnte Holländer im erwerbsfähigen Alter als erwerbsunfähig eingestuft und damit gegen Arbeitslosigkeit geimpft.

Oder man steckt die Arbeitslosen ins Gefängnis. In den USA sitzen derzeit zwei Millionen Menschen hinter Gittern, die Hälfte davon jung und schwarz, die ansonsten die Arbeitslosenzahl vergrößern würden.

In Deutschland treffen dergleichen Versuche, durch Verwaltungstricks die Arbeitslosenzahlen zu senken, stets auf den Widerstand der jeweiligen Opposition. „Amtsärzte fälschen bei den Arbeitslosen", klagte 1992 die SPD-nahe Gewerkschafterzeitung *Metall*. In den vergangenen Jahren seien Tausende von Arbeitslosen durch falsche amtsärztliche Gutachten als arbeitsunfähig eingestuft und so dem Arbeitsmarkt entzogen worden.

Heute hört man dergleichen Töne eher von der CDU, und typische CDU-Forderungen von früher hört man heute eher von der SPD. „Die Verbesserung der Arbeitsmarktstatistik ist eine wesentliche Voraussetzung für die gezielte Bekämpfung der Arbeitslosigkeit", heißt es 1988 in einem Positionspapier der CDU/CSU-Bundestagsfraktion. In die Arbeitslosenstatistik sollten demnach nur noch solche Arbeitslose einfließen, „die dem Arbeitsmarkt wirklich zur Verfügung stehen und eine Arbeitsstelle nachfragen, die für sie die einzige oder eine wesentliche Erwerbsquelle darstellt". Weiterhin solle die Arbeitsmarktstatistik dadurch verbessert werden, dass die tatsächliche Verfügbarkeit eines Arbeitslosen für den Arbeitsmarkt besser kontrolliert und eine getrennte Statistik für Voll- und Teilzeitarbeitsuchende eingeführt werde. Das steht heute fast wörtlich in der Koalitionsvereinbarung von Grünen und der SPD.

Man könnte weinen, wenn es nicht so traurig wäre. Nicht, weil diese Vorschläge sinnlos wären. Sie sind es nicht. Sondern weil Befürworter und Gegner von Sonntag auf Montag so mühelos die Fronten tauschen. Die heute von der CDU beklagte „Stille Reserve", welche die amtlichen Arbeitslosenzahlen beschönige, wurde früher mit den gleichen Worten auch von Gewerkschaften und SPD als Kronzeuge für geschönte Arbeitslosenzahlen angeführt: „Neben den offiziellen Arbeitslosen gibt es 2,1 Millionen Menschen, die eine Stelle suchen, ohne arbeitslos gemeldet zu sein", erklärte die stellvertretende DBG-Vorsitzende Engelen-Kefer 1993. Diese sogenannte stille Reserve habe sich im Vergleich zu 1992 um 500.000 Menschen erhöht. Sie wäre nochmals größer, wenn man Ost-West-Pendler, Vorruheständler und Teilnehmer von Fortbildungsmaßnahmen einbezöge, die bei besseren Arbeitsmarktbedingungen ebenfalls als Arbeitssuchende aufträten.

Heute will Frau Engelen-Kefer von der stillen Reserve eher nichts mehr wissen. Und ihre Gegenspieler bei der CDU, denen bis 1998 kein Argument zu billig war, um es nicht für eine Reduktion der amtlichen Arbeitslosenzahlen zu verwenden, kehren auch den letzten Winkel unserer Volkswirtschaft nach bisher nicht erfassten Arbeitslosen aus.

Damit sind wir wieder zurück beim Kern der ganzen Konfusion: dass die jeden Monat aus Nürnberg vorgeführte Zahl ein armer Lastenesel ist, der unter dem Gewicht der vielen Frachten, die man ihm ohne Rücksicht auf Verluste aufbürdet, zusammenbricht. Mit der Zahl der Arbeitslosen meinen die einen das eine und die anderen das andere, und keiner meint das, was die Nürnberger Bundesanstalt für Arbeit damit meint. Oder um auf das eingangs zitierte Bild von Claudia Bröll zurückzukommen: Eine einzige Arbeitslosenstatistik als Dienerin so vieler verschiedener Herren – das kann nur Ärger geben.

Die Lösung liegt auf der Hand: Wir müssen weg von diesem Monoindikator. Vielmehr braucht jeder dieser Herren seine eigene Statistik. Besser als eine einzige Zahl ist ein ganzes Bündel von Zahlen. Wer wissen will, wie viele Menschen in Deutschland dafür bezahlt werden, dass sie nicht arbeiten, ist auch weiter mit der herkömmlichen Statistik gut bedient. Wer sich dagegen für das unausgeschöpfte Potential an Arbeitswilligen interessiert, sollte auch die stille Reserve einbeziehen. Und wer wissen will, wie viele Menschen tatsächlich in Deutschland gegen Entgelt arbeiten, sollte statt auf die Arbeitslosen mehr auf die Zahl der Beschäftigten und deren Anteil an der Gesamtzahl der Erwerbsfähigen achten. Dann würden wir z. B. sehen, dass in Deutschland nur 65 Prozent aller Erwerbsfähigen einer bezahlten Beschäftigung nachgehen, in den Niederlanden dagegen 70 Prozent und in der Schweiz sogar 80 Prozent. Je nach Erkenntnisziel ist mal die eine und mal die andere Statistik relevant. Kein Mensch käme auf die Idee, wenn er mit der Taschenlampe ins Dunkel leuchtet, er hätte die ganze Wirklichkeit erfasst. Genauso beleuchtet jede dieser Zahlen, wie auch immer berechnet, immer nur einen Teil der Wirklichkeit und ist für andere Zwecke völlig ungeeignet.

Verbleibt der zweite Teil der Arbeitslosenquote, der Nenner. Insbesondere bei internationalen Vergleichen sagt die reine Zahl der Arbeitslosen wenig. In den USA z. B. zählt man gegenwärtig mehr als doppelt so viele Arbeitslose wie in Deutschland. Aber dennoch ist dort die Arbeitslosigkeit ein weitaus kleineres Problem. Denn die wie auch immer gezählten Arbeitslosen sind zu einer geeigneten Globalgröße in Bezug zu setzen.

Als ob wir nicht schon mit dem Zähler genug Probleme hätten, kommt hier noch eine verbreitete Unkenntnis dazu, was bei der Arbeitslosenquote eigentlich im Nenner steht. „Schock! Jeder Zehnte arbeitslos!" verkündete etwa die *Bild-Zeitung* vor einigen Wintern in großen Lettern und dokumentierte damit, dass sie es auch nicht weiß. Jeder Zehnte von 80 Millionen Bundesbürgern ergibt 8 Millionen Arbeitslose, und so viele hatten wir noch nie.

In Wahrheit werden die Arbeitslosen durch die Erwerbspersonen geteilt. Erwerbspersonen sind „alle Personen mit

Wohnsitz im Bundesgebiet, die eine unmittelbar und mittelbar auf Erwerb gerichtete Tätigkeit ausüben oder suchen (Selbständige, mithelfende Familienangehörige, Abhängige), unabhängig von der Bedeutung des Ertrages für ihren Lebensunterhalt und ohne Rücksicht auf die von ihnen tatsächlich geleistete oder vertragsmäßig zu leistende Arbeitszeit" (aus dem Statistischen Jahrbuch für die Bundesrepublik Deutschland).

Sämtliche sogenannte „Nichterwerbspersonen" fallen aus dem Nenner heraus. Aber auch gewisse Erwerbspersonen wie etwa Soldaten fallen aus dem bundesdeutschen Nenner heraus und machen dadurch die Quote größer. Beschäftigte im Erziehungsurlaub dagegen, für die man eine Ersatzkraft einstellt, zählen doppelt – sie selbst plus Ersatzkraft – und machen damit die Arbeitslosenquote kleiner. Ganz allgemein gilt, dass jedes Verkleinern des Nenners die Arbeitslosenquote erhöht und jedes Vergrößern des Nenners die Arbeitslosenquote verkleinert. Mit anderen Worten, durch eine kräftige Erweiterung des Nenners, die weit weniger auffällt als ein Herumdoktern an den Arbeitslosenzahlen selbst, würde die deutsche Arbeitslosenquote schlagartig reduziert.

Einen ersten Schritt hat man Anfang 1998 getan. Damals wurden die bis dato ausgeschlossenen Selbständigen und ihre mithelfenden Familienangehören in den Nenner aufgenommen. Dadurch ging die deutsche Arbeitslosenquote über Nacht um 1,3 Prozentpunkte zurück.

19. Wer gefährdet unsere Kinder?

■ BIZZ *Capital*, November 2001.

Damit keine Missverständnisse entstehen: Bekannte Triebtäter gehören hinter Gitter. Der einschlägige Schmusekurs unserer Justiz ist ein Skandal, ein härteres Eingreifen lange überfällig. Insofern hat Bundeskanzler Schröder mit seiner Forderung nach konsequenterem Wegschließen von Sexualverbrechern völlig recht. Aber es wäre Augenwischerei, sich davon ein Ende des Kindermordens zu erhoffen. Denn von den über 100 Kindern, die jährlich in Deutschland ermordet oder totgeschlagen werden, fallen nur zwei bis drei einem ihnen unbekannten Triebtäter zum Opfer.

Die weitaus meisten getöteten Kinder sterben durch die Hand ihrer Eltern, Geschwister, Onkel oder Nachbarn. Nur etwa jedes zehnte kindliche Opfer einer Gewalttat hatte zum Täter vorher keinerlei Beziehung. Auch in den 2.279 aufgeklärten Fällen aus dem Jahr 1999, in denen die Kinder ihre Misshandlung oder Schändung überlebten, kamen die weitaus meisten Täter aus dem näheren Bekanntenkreis oder der eigenen Familie.

Deshalb täuscht der aktuelle Medienrummel um die in den letzten Monaten ermordeten Mädchen und Jungen über die wahren Bedrohungen für Leib und Leben unserer Kinder hinweg. Über 900 Kinder sind derzeit beim Bundeskriminalamt als vermisst gemeldet. Selbst wenn wir unterstellen, dass auch davon manche solchen Triebtätern zum Opfer gefallen sind – die eigentliche Gefahr für unsere Kinder lauert nicht hinter Büschen oder Bäumen, sondern im Umkreis der elterlichen Wohnung. Der größte Teil der über 10.000 Kinder, nach denen die Eltern in Deutschland jährlich suchen lassen, ist nicht das Opfer von herumstreunenden Gewalttätern geworden, sondern vor der eigenen Familie fortgelaufen.

Diese Kinder kann man nicht durch das Einsperren von Sexualstraftätern schützen. Die Wehrlosen benötigen andere Hilfe. Ein erster Schritt wäre eine Familienpolitik, die ihren Namen verdient und die Eltern nicht für ihre Kinder bestraft. Eine gesellschaftliche Grundeinstellung von gegenseitigem Respekt und Achtung vor dem Leben könnte so manche Tragödie verhindern. Auch das schnellere und konsequentere Eingreifen der Jugendämter wäre in vielen Fällen hilfreich. Aber die Gefahr des Missbrauchs bleibt.

Das ist kein Angriff gegen die Familie – in allen anderen Systemen wäre die Gefahr noch größer. Solange wir nicht wie in Aldous Huxleys „Schöne neue Welt" unsere Kinder maschinell in Flaschen großziehen, bleibt die größte Gefahrenquelle für das Leben unserer Kinder ihre nähere Umgebung.

20. Was ist eigentlich so schlimm an Staatsverschuldung?

■ WISU 6/2001

Eine hohe Staatsverschuldung belaste die Wirtschaft und überwälze unsere Schulden auf künftige Generationen, sagt eine heute viel gehörte These.

Beide Aussagen sind in dieser Allgemeinheit falsch. Natürlich gibt es gute Gründe, den Staat als Schuldner eher skeptisch zu betrachten, etwa die notorische Ineffizienz und Verschwendungssucht der öffentlichen Verwaltung, die wir mit unseren Spargroschen eventuell nur weiter unterstützen. Aber auf der anderen Seite würden viele, die jetzt noch über hohe Staatsverschuldung klagen, sehr dumm gucken, wenn der Staat das Schuldenmachen plötzlich bleiben ließe. Denn wenn niemand Schulden machte, könnte auch niemand Überschüsse erwirtschaften. Des einen Defizit ist notwendigerweise des anderen Überschuss, und wenn niemand in einer Volkswirtschaft mehr Geld ausgibt, als er einnimmt, kann auch niemand mehr Geld einnehmen als er ausgibt.

Genauso wenig belasten wir mit unseren Staatsschulden, wie viele glauben, automatisch unsere Kinder. Denn die gleichen Kinder, die unsere Schulden erben, erben auch unsere Vermögen. Eine hohe Staatsverschuldung heißt doch nichts anderes, als dass die übrigen Teilnehmer des Wirtschaftslebens — Firmen, Ausland und private Haushalte — einen exakt gleich großen Überschuss besitzen. Die Summe aller Schulden ist per definitionem immer genauso groß wie die Summe aller Guthaben, und wenn die Schulden wachsen, wachsen die Guthaben im Gleichschritt mit.

Das mittlerweile beträchtliche Geldvermögen der deutschen Privathaushalte wäre undenkbar ohne einen Partner, der dieses Vermögen schuldet, und deshalb ist es zunächst wenig sinnvoll, die eine Seite der Münze zu bewundern und die andere zu bespucken. Wenn wir in der Presse lesen, die deutsche Staatsverschuldung betrage pro Bürger heute mehr als 5.000 DM, so können wir das auch umdrehen und sagen: Jeder Bürger hat beim deutschen Staat ein Konto von im Mittel mehr als 5.000 DM. Wenn wir das Ausland einmal ignorieren, kann der Staat Schulden machen, wie er will – netto ist die Belastung immer Null. Wenn Frau Meier ihrem Gatten 500 DM für einen neuen Rasenmäher leiht, bleibt das Geld in der Familie; niemand würde deshalb sagen, Familie Meier hätte 500 DM Schulden. Und genauso kann auch ein Staat als Ganzer keine Schulden machen: Was wir aus der einen Tasche herausnehmen, stecken wir in die andere wieder hinein, und netto gleicht sich alles aus.

Allenfalls auf indirekte Weise kann die Staatsverschuldung unseren Kindern schaden. In dem Umfang etwa, wie durch Schulden finanzierte Staatsprojekte das Wachstum eines möglicherweise profitableren Realkapitals in der freien Wirtschaft behindern, ist die künftige industrielle Infrastruktur weniger günstig, als sie es ansonsten wäre. Und da natürlich die heute gemachten Schulden morgen zurückgezahlt werden müssen, schränken die Schulden von heute den staatlichen Handlungsspielraum morgen ein. Aber verglichen mit den Horrorvisionen künftiger Elendsmassen, die ihr Schicksal unserer aktuellen Schuldenpolitik verdanken, sind diese Wirkungen doch sehr gelassen zu ertragen.

21. Sind Kapitalmärkte effizient?

▪ Börsenzeitung, 17. Oktober 1997.

Ein Aktienmarkt ist „effizient", wenn er die gehandelten Papiere rational und schnell bewertet, d. h. wenn deren Preise die im Licht der verfügbaren Informationen „gerechten" Preise sind (im Sinn des erwarteten und geeignet diskontierten Barwerts aller künftigen Erträge) und wenn die Anpassung dieser Preise an neue Daten unverzüglich bei Bekanntgabe erfolgt. In einem derart effizienten Markt sind Änderungen in den Preisen von Nicht-Insidern nicht vorherzusehen – da Preise nur auf neue, vorher unbekannte Daten reagieren, sind auch die Richtung und das Ausmaß der nötigen Anpassungen bis zum Eintreffen der neuen Informationen unbekannt, die Kurse müssen einen „Random Walk" beschreiben.

Wie die traurigen Erfahrungen vieler deutscher und internationaler Börsendienste mit Aktienkursprognosen jedes Jahr von neuem zeigen, scheinen die real existierenden Aktienmärkte dieser Erde diesem Ideal des effizienten Marktes recht gut zu entsprechen: Allenfalls durch Zufall gehen Kursprognosen in Erfüllung, von Insidergeschäften einmal abgesehen scheint es keine Möglichkeit zu geben, Änderungen in den Kursen zuverlässig aus den aktuellen Daten abzuleiten. Weder die aktuellen Kurse selber noch die vergangenen Kurse noch andere zum Zeitpunkt der Prognose schon dem Markt bekannte Wirtschaftsdaten scheinen einen Anhaltspunkt zu liefern, wohin die Reise künftig führt, und alle Versuche, durch neuronale Netze, Regressionsmodelle, Charttechniken oder andere statistische Verfahren diese Ungewissheit zu durchbrechen, sind im Großen und Ganzen als gescheitert zu betrachten.

Trotz dieser nur selten im Wirtschaftsleben erreichten Kongruenz von Theorie und Empirie gibt es aber eine Reihe von Besonderheiten in Aktienkursen, die sich mit effizienten Märkten nicht vertragen. So erscheinen etwa die Kursschwankungen, obwohl einerseits, wie in einem effizienten Markt gefordert, zufällig und nicht vorherzusagen, auf der anderen Seite absolut gesehen viel zu groß: Wenn die aktuellen Kurse wirklich die Barwerte der künftig erwarteten Erträge sind, dann sollten sie im Zeitverlauf nicht stärker schwanken als die Barwerte der tatsächlich realisierten Erträge, und die Kapitalmarktforschung ist sich immer noch nicht einig, ob sich das auf wahren Märkten wirklich so verhält (wegen der Probleme, die theoretisch erlaubten Schwankungen korrekt zu messen, wird diese „Exzess-Volatilitätsdebatte" auch kaum jemals einen Abschluss finden).

Ebenfalls noch Gegenstand heftiger Debatten ist die Frage, ob sukzessive Kursänderungen miteinander korrelieren. Während tägliche, wöchentliche oder monatliche Kursdifferenzen oder Renditen quer durch alle Aktienmärkte dieser Erde, wie die Effizienz gebietet, mit ihren Vorgängern und Nachfolgern kaum korrelieren, scheinen mehrjährige Renditen dieser Regel nicht zu folgen. Zumindest in den USA hat sich bei einem Rückblick auf die letzten 100 Börsenjahre eine spürbar negative Korrelation ergeben („mean reversion"): Auf fünf fette Börsenjahre folgen häufiger als durch Zufall zu erklären fünf Jahre mit unterdurchschnittlicher Kursentwicklung und umgekehrt, nach einer mehrjährigen Baisse ist eine Hausse wahrscheinlicher als eine Fortführung der Baisse. Diese Erkenntnis lässt sich offenbar zu langfristigen nichttrivialen Kursprognosen nutzen und stünde, falls kein Produkt des Zufalls und auch außerhalb der USA bestätigt, im Widerspruch zur Theorie der effizienten Märkte. Weitere Abweichungen vom Idealbild eines effizienten Marktes sind Saisoneffekte oder kurzfristige Überreaktionen, die erfolgreiche Handelsstrategien weg von überdurchschnittlich hin zu unterdurchschnittlich gewachsenen Werten möglich machen. Dergleichen „winner-loser"-Portfolios dürften einen effizienten Markt nicht systematisch schlagen, wo die Historie eines Kurses für die Zukunft unerheblich ist: Ob Gipfel oder Delle, die weitere Entwicklung ist allein durch das bestimmt, was kommt, nicht durch das, was war, ein effizienter Markt schaut nur voraus und nie zurück. Zurzeit versucht die Wissenschaft noch zu ergründen, ob die bisher berichteten Erfolge derartiger Strategien tatsächlich auf systematischen Fehlbewertungen beruhen oder ob hier nachträglich im Kaffeesatz gelesen wurde (sogenanntes „data mining": ex post lassen sich immer Strategien finden, mit denen man den Markt geschlagen hätte).

Konsensus herrscht dagegen, dass systematische Saisoneffekte bzw. Kalenderregelmäßigkeiten in Renditen existieren. So ist schon seit Dutzenden von Jahren eine Sonderrolle der Renditen über Wochenenden nachgewiesen („Montagseffekt"). Diese sind im langfristigen Mittel weder dreimal höher als Renditen von einem Wochentag zum nächsten, so wie es die Kalenderzeit-Version der Effizienzmarkttheorie verlangt, noch sind sie von der gleichen Höhe, wie die Handelszeit-Version verlangt, sie sind für fast alle Märkte in fast allen Ländern sogar negativ: Im Durchschnitt gehen Aktienkurse (auch Gold- und Silberpreise oder die Kurse von Rentenpapieren) über das Wochenende zurück, in den USA um 0,17 Prozent, in der Bundesrepublik um 0,16 Prozent.

Dieser Montagseffekt ist überraschend robust und auch im Zeitverlauf konstant: im DAX etwa ist er in allen Jahrzehnten seit 1960 gleichermaßen nachzuweisen. Weitere bekannte Kalenderregelmäßigkeiten sind überdurchschnittlich hohe Aktienrenditen am Anfang des Monats („turn-of-the-month-effect") oder Anfang Januar („turn-of-the-year effect") oder über Feiertage („holiday effect"). So fand etwa ein Drittel des Gesamtanstiegs des DAX von 1960 bis 1990 über Feiertage statt.

Diese Effekte sind nicht sehr dramatisch und auch nur von Marktteilnehmern, die keine Transaktionskosten zu tragen haben, für abnormale Renditen auszunutzen; aber sie sind dennoch unübersehbare Flecken auf einer ansonsten recht weißen Effizienzmarktweste, die nicht einfach wegzudiskutieren sind. So hat es z. B. nicht an Versuchen gefehlt, den Montagseffekt als Folge von Settlement-Usancen darzustellen (wer freitags kauft, hat in den USA mit dem Bezahlen zwei Extra-Wochentage Zeit; man ist bereit, an Freitagen einen um die eingesparten Zinsen erhöhten Kurs zu zahlen, das muss die Rendite von Freitag auf Montag drücken). Andere versuchen, ihn einer Massierung schlechter Nachrichten am Wochenende oder den Kleinanlegern anzulasten, die ihre Kaufentscheidungen typischerweise auf Anraten ihrer Berater in der Woche treffen, Verkäufe dagegen auf eigene Initiative tätigen, und zwar dann, wenn sie Zeit haben, über ihr Portfolio nachzudenken, d. h. am Wochenende. Für diese Sicht der Dinge spricht, dass zumindest in der Bundesrepublik der Montagseffekt nur nach schwachen Börsenwochen auftritt; bekanntlich neigen Kleinanleger bei einer schwachen Börse zu Verkäufen. Auch wenn diese Mechanismen den Montagseffekt erklären, sie bleiben dennoch mit einem effizienten Markt nicht ganz verträglich, genauso wenig wie die üblichen Erklärungen für die überdurchschnittlichen Renditen am Monats- oder Jahresanfang (liquiditätsinduziert bzw. eine Folge der Portfolioumschichtung Richtung riskante Titel zu Beginn des Jahres).

Eine Reihe weiterer Attacken auf die Effizienzmarktthese hat sich inzwischen als verfehlt erwiesen: Der in einer viel beachteten amerikanischen Studie behauptete Einfluss des New Yorker Wetters auf die Stimmung der Börsianer und damit auf die Wallstreet-Kurse war wohl eine Zufallslaune und andernorts nicht replizierbar. Um um die Versuche, in Börsenkursen chaotisch-deterministische Muster aufzuspüren, ist es nach dem Abebben der allgemeinen Chaos-Welle in den Wissenschaften ebenfalls recht still geworden, und auch andere „Gesetze" wie etwa eine überraschende Übereinstimmung der Mondphasen mit deutschen Börsenkursen sind wohl eher als Produkt des Zufalls anzusehen: Versucht man sie auch außerhalb der Stichproben nachzuweisen, in denen sie gefunden worden sind, verfliegt die ganze Theorie in Luft.

22. Sind Studiengebühren unsozial?

■ Forschung und Lehre 8/1999

In Deutschland ist die Hochschulbildung „frei". Das heißt nicht: Sie kostet nichts. „Frei" bedeutet nur, dass nicht die Nutznießer selber, sondern Dritte dafür zahlen (mit anderen Worten: dass sich gewisse Leute unter dem Deckmantel der freien Bildung auf Kosten anderer bereichern). Das hatte schon Karl Marx sehr klar erkannt: „Wenn in einigen Staaten der letzteren auch ‚höhere' Unterrichtsanstalten unentgeltlich sind", schreibt er in seiner „Kritik des Gothaer Programms" über „kostenlose" öffentliche Bildung in den USA, „so heißt das faktisch nur, den höheren Klassen ihre Erziehungskosten aus dem allgemeinen Steuersäckel [zu] bestreiten."

Und so verhält sich das auch heute: die „höheren Klassen" – leitende Angestellte, Beamte und Selbständige, die über die Hälfte ihrer Kinder auf die Universitäten schicken – bestreiten ihre Erziehungskosten aus dem allgemeinen Steuersäckel. Von den Arbeiterkindern eines Jahrgangs dagegen studiert noch nicht einmal jedes fünfte. Im Jahr 1994 hatte das mal jemand ausgezählt. Damals kamen über 420.000 Studenten und Studentinnen an bundesdeutschen Universitäten aus Haushalten mit einem monatlichen Nettoeinkommen über 6000 DM. Nur 250.000 kamen aus Haushalten mit einem monatlichen Nettoeinkommen unter 3000 DM; in manchen „teuren" Studiengängen wie etwa der Medizin (mit gesamten, aus öffentlichen Mitteln finanzierten Studienkosten von seinerzeit über 120.000 DM) saßen damals und sitzen auch noch heute fast nur Kinder reicher Eltern auf den Hörsaalbänken.

Bezahlen aber müssen alle, insbesondere auch die Familien, die überhaupt keine Kinder auf die Universitäten schicken. Diese sind die mit Abstand größten Opfer unserer sogenannten „freien" Hochschulbildung, die die Allgemeinheit jährlich rund 25 Milliarden Euro kostet (Zahlen von 1999;

ohne BAFöG, Studentenkindergeld und öffentliche Zuschüsse zu Wohnheimen etc.), rund die Hälfte davon aus der Kasse von Haushalten, die nicht den geringsten direkten Nutzen davon hatten, haben oder haben werden.

Verteidigt wird diese Umverteilung meistens mit den sogenannten „externen Effekten" einer für jedermann zugänglichen guten Bildung: Nicht nur die Schüler und Studenten selber profitieren, auch die Gesellschaft als ganzes hat an einer guten Ausbildung ein durchaus monetäres Interesse. Und für „normale" Schulerziehung stimmt das auch. Kinderlose Familien finanzieren ja auch ohne Murren unsere Grund- und Hauptschulen, ohne eine unmittelbare Gegenleistung zu erwarten. Aber die mittelbaren Gegenleistungen in Form einer gebildeten und vielseitig einsetzbaren Erwerbsbevölkerung gleichen diese Kosten wieder aus (im Jargon der Ökonomen: der soziale Ertrag einer Investition in diese Art von Bildung übersteigt bei weitem die privaten, persönlichen Erträge, das rechtfertigt sowohl den Zwangscharakter der elementaren Schulerziehung als auch die in fast allen Ländern dieser Erde üblichen hohen öffentlichen Subventionen). Mit wachsender Bildungsstufe gleichen sich die privaten und sozialen Erträge von Investitionen in die Bildung aber an und nimmt parallel dazu die Notwendigkeit für Zuschüsse aus Steuermitteln ab. Schon auf Realschulen und Gymnasien haben öffentliche Subventionen jenseits des Schulpflichtalters unter reinen Effizienzgedanken weit weniger als in Grund- und Hauptschulen zu suchen, und auf Fachhochschulen und Universitäten sind sie mit einem Appell an den mittelbaren Nutzen auch für die anderen, die nicht in den Genuss der Bildung kommen, überhaupt nicht mehr begründbar.

Genauso wenig sind sie mit sozialen Argumenten zu begründen. Denn die zweitgrößten Opfer unserer „freien" Hochschulbildung sind die Haushalte in der unteren Hälfte der bundesdeutschen Einkommenspyramide. Die aktuelle deutsche Bildungsfinanzierung bewirkt nämlich nicht nur eine Umverteilung von kinderarm zu kinderreich (damit könnten viele sicher leben), sondern auch eine Umverteilung von einkommensarm auf einkommensreich, und das wird häufig übersehen, vermutlich, weil viele es nicht sehen wollen. Im Jahr 1994 z. B. zahlten die Haushalte mit einem monatlichen Nettoeinkommen unter 2.000 DM insgesamt 670 Millionen DM in die allgemeine Bildungskasse, bekamen aber weniger als 600 Millionen DM in Form von „freier" Bildung für ihre Kinder wieder zurück. Die restlichen 70 Millionen DM sind als Subventionen den Besserverdienenden und deren Kindern zugeflossen. Für jedes Kind auf der Universität bezahlten die Haushalte mit einem Monats-Nettoeinkommen unter 2.000 DM über 12.000 DM pro Jahr an Steuern, verglichen mit 9.100 DM pro Kind für die Einkommensklasse 2.000–3.000, 9.300 DM pro Kind für die Einkommensklasse 3.000–4.000 und 11.000 DM pro Kind und Jahr für die Einkommensklasse 4.000–5.000. (Erst die Haushalte in der Klasse 5000 DM und höher zahlen als Ganze mehr für einen Studienplatz als die allerärmsten).

Diese durch die sogenannte „freie" Hochschulbildung bewirkte Umverteilung von unten nach oben ist eine triviale Konsequenz der Tatsache, dass einkommensschwache Familien nur selten ihre Kinder auf die Universitäten schicken. Sie zahlen zwar auch weniger an Steuern, und damit auch weniger in die Bildungsfinanzierung ein (zumindest sollte das in einem progressiven Steuersystem so sein), aber verglichen mit der Gegenleistung sind diese Beiträge immer noch zu hoch: Die im Vergleich mit den Besserverdienenden geringeren Einzahlungen werden durch die im Vergleich mit den Besserverdienenden nochmals geringeren Leistungsinanspruchnahmen mehr als ausgeglichen – pro Kind, das sie auf die Universitäten schicken, zahlen Arme mehr als Reiche.

Richtig ist allein, dass eine gegebene Familie vom unteren Ende der Einkommenspyramide, die ihre Kinder studieren lässt, davon mehr profitiert als eine Familie vom oberen Ende der Einkommenspyramide. Aber alle anderen armen Familien, und das ist die Mehrheit, die ihre Kinder nicht studieren lassen, haben davon nichts – als Kollektiv werden die Armen durch unsere Bildungsfinanzierung ausgebeutet.

Diese zentrale empirische Erkenntnis ist international und durch Dutzende von Studien abgesichert. In England, Irland, Spanien, selbst in den USA mit ihrer weitaus größeren Eigenbeteiligung an den Studienkosten wurde die öffentliche Hochschulfinanzierung als Quelle unerwünschter Umverteilungen entlarvt („In any event the current method of financing public higher education leads to a redistribution of incomes from lower to higher income families"), in Australien wurde 1989 mit dem expliziten Hinweis auf die ungerechte Belastung armer Haushalte die freie Hochschulbildung abgeschafft und durch ein Kreditmodell ersetzt.

Nur in Deutschland scheint die Mär von der sozialen freien Hochschulbildung nicht auszurotten, trotz verschiedener seriöser Studien, die es auch hierzulande zu dieser Problematik gibt.

Verbleiben die Belastungen der Hochschulabsolventen selbst. Bei allen unerwünschten Umverteilungen im Querschnitt zur Zeit wäre es ja weiterhin zumindest theoretisch denkbar, dass die Nutznießer selber, wenn auch nicht sofort, aber doch im Lauf des Lebens die für das Studium verbrauchten öffentlichen Mittel über höhere Steuern wieder zurückzahlen. Aber auch davon kann nicht die geringste Rede sein: „In keiner der untersuchten Varianten zahlen die Nutznießer der öffentlich finanzierten Hochschulbildung die in Anspruch genommenen Leistungen über ihre hochschulbezogenen Abgaben während ihres Erwerbslebens auch nur annähernd zurück" (Grüske). „Die Finanzierungskosten decken Nichtakademiker, die bis zu 90 Prozent der gesamten Ausbildungskosten der Hochschüler übernehmen."

Mit anderen Worten, Ärzte, Ingenieure oder Rechtsanwälte verdienen nicht nur besser als Handwerker und Hilfsarbeiter, sie lassen sich die Basis dieses Mehrverdienstes auch noch von den Handwerkern und Hilfsarbeitern finanzieren! Derzeit liegen die durchschnittlichen monatlichen Nettoeinkünfte von Universitätsabgängern 90 Prozent über denen von Arbeitnehmern mit einer „normalen" Berufsausbildung (und 124 Prozent über denen von Arbeitnehmern ohne Berufsausbildung überhaupt); auch nach Berücksichtigung des späteren Berufseintritts ergibt sich für Akademiker immer noch ein Vorsprung von 50 Prozent gegenüber Arbeitnehmern, die keine Universitätsausbildung haben.

Dieser Vorsprung wird im Kielwasser der Globalisierung und des technischen Fortschritts in Zukunft vermutlich absolut wie relativ noch wachsen. Wenn wir die US-amerikanische Entwicklung auf Deutschland übertragen, wird sich die Einkommensschere zwischen niedrig- und hochqualifizierten Arbeitskräften in den nächsten Jahren weiter öffnen und werden parallel dazu viele bisher von Nichtakademikern besetzte Arbeitsplätze von Akademikern übernommen. (Motto: „Nur die allergrößten Kälber finanzieren ihre Arbeitsplatzverdränger selber"). Wie man den Ruf nach mehr Gerechtigkeit in diesen Dingen als Sozialabbau bezeichnen kann, wird wohl auf ewig ein Geheimnis grün-roter Bildungsillusionäre bleiben.

Studiengebühren sind nicht unsozial. Die Abwesenheit von Studiengebühren ist unsozial.

23. Wider den Akkreditierungswahn

■ Forschung und Lehre 11/2009

Letztens kam einer meiner Kollegen von einem Besuch aus Oxford zurück. Er berichtete von einem Gespräch über neue Studiengänge dort. „Wo lasst ihr euch denn akkreditieren", hatte er gefragt. Der Brite sah den Deutschen an, als käme der vom Mond: „But we are Oxford!" war die einzige Replik.

Damit haben wir Punkt 1: Nur zweitklassige Institutionen lassen sich akkreditieren. Erstklassige haben es nicht nötig, und drittklassige fürchten sich davor. Akkreditierung steht für die Regression zum Mittelwert. Oder wie das der große Literat Gilbert Keith Chesterton in seiner Ansprache zur Hundertjahrfeier des Imperial College London im Jahr 1927 einmal formulierte: Die große Gefahr für die westliche Zivilisation, für die Kultur des Abendlandes, für den erfolgreichen Fortbestand unserer freiheitlichen Lebens- und Gesellschaftsordnung ist weder der Bolschewismus noch der Faschismus, auch nicht die Gier der Banker oder die Reizüberflutung durch moderne Medien (damals nur das Kino und das Radio), es ist die allgegenwärtige Standardisierung auf niedrigem Niveau.

Standards (in der Wissenschaft, nicht bei Schrauben oder Briefumschlägen) sind das Gegenteil von Exzellenz. Exzellenz fällt immer aus dem Rahmen. In der Forschung, aber in der Lehre ebenso. Die berühmte Akademie des Plato im alten Griechenland hätte vor bundesdeutschen Akkreditierungsbürokraten keine Chance. Und wären diese Regelsetzer zu den Gründerzeiten des europäischen Hochschulwesens schon aktiv gewesen, würde heute noch auf Kathedern aus Büchern vorgelesen.

Der berühme Mathematiker Richard Courant berichtet in seinen Lebenserinnerungen, wie er bei dem noch berühmteren Kollegen Hilbert in Göttingen promovierte. Hilbert lud ihn mit einem Freund zum Abendessen ein, die drei plauderten ein wenig, nicht nur über Mathematik, dann schüttelte Hilbert seinem Studenten die Hand und sagte: Ab jetzt können Sie sich Doktor nennen.

Auf einer Etage tiefer hat gerade einer meiner eigenen Doktoranden seine Doktorarbeit abgegeben. Er ist 23 Jahre und hat rund drei Monate dafür gebraucht. Noch ist das erlaubt, aber wenn auch in Deutschland, wie vielfach gefordert, Promotionsstudiengänge zwangsweise für alle eingeführt und auch noch, was Gott verhüten möge, akkreditiert werden sollten, wird es solche Karrieren nicht mehr geben.

„Aber wir garantieren doch nur Qualität!"

Punkt 2: Dieses hier zitierte ewig gleiche Argument für Lizenzen aller Art ist grober Unfug. Darauf hat schon der große Milton Friedman in seinem Klassiker „Capitalism and Freedom" von 1962 hingewiesen (wo er u. a. auch fordert, einem jeden, der sich das zutraut, ohne weitere Überprüfung die Ausübung des Arztberufes zu gestatten; die Zahl der Kunstfehler und sonstigen medizinischen Katastrophen ginge nach Friedman dadurch langfristig zurück).

Auch ohne Friedman bis dahin zu folgen: Fest steht, Akkreditierung garantiert vor allem Gleichbehandlung und Einheitsbrei, aber keine Qualität. Innovation und Fortschritt, also auch zukunftsweisende Studiengänge und bahnbrechende Organisationsformen an Universitäten wie auch anderswo, entstehen durch das ewige Spiel von Versuch und Irrtum, durch das Aussortieren schlechter und das Überleben der besseren Modelle. Autobauer und EDV-Erfinder wissen das schon lange. Und wer sich dem entgegenstellt, zementiert den Status quo und bremst Innovation. Denn die ist nur mit dem Risiko des Scheiterns zu erkaufen. Und wer dieses Risiko ausschaltet, schaltet damit auch den Fortschritt aus.

Vermutlich hätte Bill Gates, der ja sein Studium ohne Abschluss abgebrochen hatte – sozusagen eine verkorkste Existenz –, in Deutschland noch nicht einmal eine Lizenz für das Ausbilden von Lehrlingen bekommen. Wie in vielen anderen Lebensbereichen ist das Akkreditierungs- und Lizenzierungsunwesen vor allem ein Trick der Etablierten, Satten und Faulen, sich die Konkurrenz von jungen, innovativen Konkurrenten vom Leibe zu halten.

„Aber dann ist doch dem Missbrauch Tür und Tor geöffnet."

Nein. Und damit sind wir am Punkt 3. Akkreditierung verhindert nur den Schaden, der bei der Akkreditierung schon abzusehen ist bzw. von den nicht immer qualifizierten Akkreditierern tatsächlich auch erkannt wird. Aber das ist nur ein kleiner Teil. Aller Akkreditierung zum Trotz gibt es in Deutschland unstudierbare Studiengänge, widersprüchliche Studienordnungen, unlösbare Klausuren, didaktisch unfähige Hochschullehrer und riesige Qualitätsunterschiede aller Art zuhauf. Ob die Vorlesung X von Professor Y oder Professor Z gehalten wird, ist für den Erfolg der Lehre meist von weit größerer Bedeutung, als ob dafür drei, sieben oder zehn Wochenstunden vorgesehen sind. Wie kann ein Mensch, der sich bei vollem Verstand befindet, allen Ernstes glauben, der Erfolg und die Qualität einer Lehrveranstaltung sei durch das Modulhandbuch garantiert?

Darüber könnte man noch lachen, wenn es nicht auch noch so teuer wäre. Abgesehen von den unverschämten Gebühren für die diversen Akkreditierungsagenturen fällt für die betroffenen Hochschulen und Hochschullehrer ein enormer, bisher selten quantifizierter Arbeitsaufwand an. Ich habe das für die Akkreditierung der Studiengänge Datenanalyse und Datenwissenschaft an meiner eigenen Fakultät in Dortmund einmal überschlagsmäßig nachgerechnet. Hier waren zehn Hochschullehrer zusammen mit ebenso vielen Mitarbeitern sowie mehreren Verwaltungskräften ein halbes Jahr mit durchschnittlich rund vier bis fünf Stunden die Woche beschäftigt, die diversen Unterlagen zusammenzustellen und die Akkreditierung vorzubereiten. Das sind je acht Mann-Monate Hochschullehrer sowie Mitarbeiter oder in Geld gerechnet rund 90.000 Euro. Bei republikweit über alle Fächer rund 1.000 Akkreditierungen pro Jahr summiert sich das auf jährliche Kosten von 90 Millionen Euro, dem kompletten Jahresetat (ohne Drittmittel) einer kleineren deutschen Universität wie etwa Oldenburg. Vermutlich sind die wahren Kosten aber weitaus höher.

Fazit: Das aktuelle deutsche Akkreditierungswesen ist zielwidrig und teuer; das darin institutionalisierte Schablonendenken steht dermaßen orthogonal zum Wesen einer echten Universität, dass man sich wahrlich fragen darf, wieso die komplette Klasse der Hochschullehrer schon wieder einmal republikweit kollektiv versagt, trotz besseren Wissens passiv mitläuft und sich ohne großen Widerstand von allen möglichen selbsternannten Reformern wie ein Tanzbär am Nasenring durch die Manege ziehen lässt.

Teil III: Sprechen, Denken und Erkennen

– Wege und Umwege zwischen Zunge und Gehirn –

24. Irren ist menschlich

- Vortag auf der 124. Versammlung der Gesellschaft Deutscher Naturforscher und Ärzte, Bremen, 16. September 2006.

Lassen Sie mich mit einem Beispiel anfangen: Ich war vor zwei Jahren im Sommerurlaub in Südfrankreich und kaufte mir eine lokale Tageszeitung, die wie viele andere Zeitungen eine regelmäßige Spalte mit historischen Erinnerungstagen hatte. Man schrieb den 28. August, an diesem Tag z. B. jährte sich die Eröffnung der ersten französischen Eisenbahn, der Geburtstag des Dichters Guillaume Appollinaire oder auch der Tod von Charles Lindbergh, der, ich zitiere, „premier à avoir franchi l'Atlantique Nord en avion".

Nun, wie die meisten von Ihnen wissen, war Charles Lindbergh nicht der erste Atlantiküberquerer, auch nicht der zweite oder dritte, sondern der siebenundsechzigste.

Warum wurde er dann trotzdem so berühmt, und nicht die Engländer John Alcock und Arthur Whitton Brown, die schon im Jahr 1919, acht Jahre vor Lindbergh, den Atlantik von Westen nach Osten nonstop überflogen hatten? Warum verbreitet man noch 80 Jahre später solche Irrtümer?

Ein Grund: Lindbergh ist nicht wie Alcock und Brown auf einer Wiese in Irland angekommen, sondern in Paris; er hatte auch nicht wie Alcock und Brown nur ein paar Schafe als Zeugen, sondern Tausende jubelnder Franzosen und fast alle Wochenschauen dieser Erde. Aber reicht das als Erklärung aus? Warum können sich gewisse Irrtümer, im Alltag wie auch in der Wissenschaft, trotz aller Gegenbeweise so hartnäckig erhalten?

Darüber wird der nächste Referent vermutlich noch ausführlich sprechen. Hier nur als erster Einstieg einige unausgegorene Vermutungen. Einmal z. B. sind viele Irrtümer eine Art Lebenslüge – sie erlauben uns, mit unseren Alltagsproblemen besser umzugehen. Nehmen wir etwa den Mythos, Einstein sei ein schlechter Schüler gewesen. Das ist seit Jahrzehnten ein Trost für gestresste Eltern, wenn der Filius schon wieder mit drei Fünfen im Zeugnis nach Hause kommt. Soll man deshalb in Panik verfallen? Nein, warum? Wenn selbst Einstein ...

Hier ist Einsteins Abiturzeugnis (datiert Aarau, 5. September 1896):

Deutsch	*gut*
Französisch	*ausreichend*
Italienisch	*gut*
Geschichte	*sehr gut*
Geographie	*befriedigend*
Algebra	*sehr gut*
Geometrie	*sehr gut*
Darst. Geometrie	*sehr gut*
Physik	*sehr gut*
Chemie	*gut*
Naturgeschichte	*gut*
Kunstzeichnen	*befriedigend*
Tech. Zeichnen	*befriedigend*

Zwar ist das keines dieser Dokumente, mit denen heute auch mittelmäßig begabte 18-Jährige eine Gesamtschule verlassen, aber immerhin ...

Auch viele andere Irrtümer, besonders solche zu historischen Ereignissen, fallen in diese Kategorie der wohltätigen Lebenslügen. Ich gehe an geeigneter Stelle darauf nochmals ein.

Dann nutzen natürlich viele Irrtümer dem Überleben unserer Spezies. Ich denke dabei vor allem an Fehler bei der Risikobewertung. So ist etwa durch umfangreiche Experimente bekannt, dass wir Menschen künstliche Risiken im Vergleich zu natürlichen um einen Faktor bis zu 1.000 überbewerten (in dem Sinne, dass wir deren Eintrittswahrscheinlichkeiten als viel zu hoch einschätzen). Das ist insofern für unsere Spezies nützlich, da man an natürlichen Risiken in der Regel nichts verändern kann, aber menschengemachte durchaus unserem Einfluss unterliegen und abgeschaltet werden können. Aus dem gleichen Grund schätzen wir auch selbst erlebte Gefahren als viel bedrohlicher ein im Vergleich zu anderen, die wir nur vom Hörensagen kennen. Das geht sogar so weit, dass beim Herannahen eines bedrohlichen Hundes bei verschiedenen Menschen verschiedene Gehirnregionen aktiv werden, je nachdem, ob sie schon einmal von einem Hund gebissen worden sind oder nicht. Auch das dient dem Überleben der Spezies, denn am eigenen Leib erlebte Gefahren sind ganz offensichtlich real. Andere, von denen man nur gehört hat, könnten auch erfunden sein.

Und in der Wissenschaft schließlich gehören Irrtümer geradezu zum Handwerkszeug. Ich bin ein großer Anhänger des Philosophen Karl Popper; ich glaube, alle naturwissenschaftlichen Hypothesen sind mehr oder weniger falsch, und zwar nicht, weil wir zu dumm wären, die endgültige Wahrheit zu erkennen, sondern weil es in vielen Wissenschaften keine endgültige Wahrheit gibt. Auch dazu wird sicher der zweite Redner dieses Mittagssymposiums aus Philosophensicht noch etwas sagen. Hier zur Illustration einige große Geister mitsamt den Irrtümern, an die sie einst geglaubt oder die sie einst vertreten haben:

Aristoteles: Schwere Gegenstände fallen schneller als leichte, Insekten entstehen spontan aus Schlamm, Wein in einem Fass mit Wasser wird selbst zu Wasser

Christopher Columbus: Von Spanien nach Indien kommt man schneller „rechts herum" als „links herum"

Martin Luther: An der Existenz von Hexen gibt es keinen Zweifel

Immanuel Kant: Wanzen entstehen durch Sonnenlicht

Jean d'Alembert: Die Wahrscheinlichkeit für „Zweimal Kopf" bei zwei Münzwürfen ist 1/3

Edmund Halley: Die Erde ist hohl

Ernest Rutherford (Nobelpreis Chemie 1908): Atome lassen sich nicht spalten

Albert Einstein (Nobelpreis Physik 1921): Das Universum kann nicht expandieren

Um also gleich den möglichen Vorwurf zu den Akten zu legen, ich wollte mich mit meiner im weiteren folgenden Irrtumssammlung über meine Kollegen und Mitmenschen erheben: Ich hätte überhaupt nichts dagegen, auch selbst in dieser illustren Liste aufzutreten.

A propos Kolumbus: Heutzutage ist vielen nicht bewusst, dass es Kolumbus war und nicht die tumben Könige von Spanien und Portugal, der sich beim Thema Seeweg nach Indien auf dem Holzweg befand. Letztere wussten sehr wohl, dass die Erde eine Kugel ist. Alle Seefahrer und Geographen, aber auch die Könige von Spanien und Portugal hatten schon damals daran keinen Zweifel. Die Debatte ging nicht um die Existenz, sie ging nur noch um die *Größe* dieser Kugel; je größer, desto länger muss man bis nach Indien westwärts segeln. Und hier waren nicht die Gegner des Kolumbus, hier war dieser selbst von Irrtümern befangen. Denn Kolumbus schätzte den Umfang der Erdkugel, gestützt auf den antiken

Astronomen Ptolemäus, auf rund 28.000 Kilometer, und damit 12.000 Kilometer zu kurz (und glaubte bis an sein Lebensende, er hätte Indien erreicht, während er in Wahrheit nur die Hälfte der Strecke bis nach Indien überwunden hatte). Die Experten an den Königshöfen dagegen schätzten, gestützt auf ein Gutachten des Florentiner Mathematikers Paolo Toscanelli, den Erdumfang weitaus exakter, nämlich auf 39.000 Kilometer, also bis auf 1.000 Kilometer so, wie er tatsächlich ist. Damit war aber die konventionelle Reise nach Indien „links herum" kürzer als die von Kolumbus geplante Route „rechts herum" und das Projekt völlig zu Recht als überflüssig abzulehnen. Denn dass zwischen Europa und Indien noch ein ganzer Kontinent im Wege lag, konnte damals niemand ahnen.

Damit haben wir hier gleich zwei Irrtümer auf einmal: Nicht nur Kolumbus war im Irrtum, sondern auch die Nachwelt mit ihrem Urteil zu Kolumbus:

Irrtümer zu Fakten

Damit genug der langen Vorrede und zu den Beispielen. Ich habe mich entschlossen, diese in drei Gruppen aufzuteilen, nämlich: 1. Irrtümer zu Fakten, 2. Irreführende Definitionen, und 3. Falsche Theorien. Die Irrtümer des ersten Typs sind mir in gewisser Weise am liebsten, da am leichtesten zu entlarven: Man schlägt den Brockhaus oder das statistische Jahrbuch auf und weiß, was richtig ist. Etwa dass der Morseapparat nicht von Herrn Morse, die Dampfmaschine nicht von James Watt und die Motorflugzeuge nicht von den Gebrüdern Wright erfunden worden sind, oder dass es das Fax schon lange vor der Verbreitung des Telefons gegeben hat. Es wurde nämlich schon im Jahre 1840 von dem schottischen Uhrmacher Alexander Bain erfunden; von 1865 bis 1870 gab es eine stehende Fax-Verbindung von Paris nach Lyon.

Genauso zahlreich und leicht zu entlarven sind auch Irrtümer zu den Eigenschaften oder zur Herkunft von Nahrungsmitteln. Anders als viele immer noch glauben, kommen Nudeln nicht aus Italien, sondern aus China, dito Ketchup, das die meisten für eine typisch amerikanische Erfindung halten, während dagegen das chinesische Gericht Chop Suey in China völlig unbekannt ist und in den USA entstand. Anders als man mir als Kind beibringen wollte, erzeugt auch das übermäßige Essen von Schokolade keine Pickel (es gab diesbezügliche Großversuche mit Hunderten von Teenagern, die systematisch mit Schokolade vollgestopft wurden, ohne zusätzliche Pickel zu entwickeln) und ist auch der berühmte hohe Eisengehalt von Spinat nur eine Illusion. Die folgende Tabelle zeigt eine Reihe von Lebensmitteln, die alle eisenhaltiger sind als dieses angeblich so eisenhaltige Gemüse.

Eisengehalt pro 100 Gramm ausgewählter Nahrungsmittel (in Milligramm)

Spinat (gekocht und entwässert)	2,2 mg
Eier	2,2 mg
Weißbrot	2,3 mg
Spinat (frisch)	2,6 mg
Bohnen (gekocht)	2,7 mg
Sojabohnen	2,7 mg
Ölsardinen	3,1 mg
Rindfleisch (gekocht)	3,3 mg
Mandeln	4,6 mg
Leberwurst	5,9 mg
Schokolade	6,7 mg
Pistazien	7,3 mg

Leicht zu entlarven – etwa durch einen Blick in einen Atlas – sind auch verschiedene Irrtümer zur Geographie. So ist etwa das Kap der guten Hoffnung nicht der südlichste Punkt von Afrika, liegt Kalkutta nicht am Ganges und fährt man vom

Atlantik in den Pazifik auf dem Panama-Kanal nicht von Ost nach West, sondern von West nach Ost.

Vergleichsweise überraschend, jedenfalls für mich, war dagegen die Nachricht, dass in der Wüste weit mehr Menschen ertrinken als verdursten: In der Sahara etwa kommen fast jedes Jahr mehrere Hundert Menschen durch seltene, dafür aber umso ertragreichere Platzregen ums Leben, die ein Wüstental binnen Minuten in einen meterhohen See verwandeln. Darin kommen dann regelmäßig viele durch den Regen überraschte Menschen um.

Etwas schwerer kommt man dagegen historischen Irrtümern auf die Schliche, weil diese von interessierten Kreisen gerne heute noch als Wahrheiten ausgegeben werden. Diese Irrtümer überleben, weil man ein mühsam geschaffenes nationales Selbstbetrugsbild oder auch andere Teile des modernen Weltbildes nicht zerstören will, wie etwa, dass Religion und Kirche während des Mittelalters und der frühen Neuzeit den Wissenschaften im Weg gestanden hätten. So waren etwa die größten Feinde des großen Galilei nicht die Mönche in den Klöstern, sondern seine weltlichen Kollegen an den weltlichen Universitäten. Anders als der unglückliche, nur wenige Jahrzehnte vorher auf dem Scheiterhaufen verbrannte Giordano Bruno befand sich Galilei zeit seines Lebens mit den Mächtigen von Staat und Kirche in durchaus gutem Einvernehmen. Vor allem aus Angst vor dem Spott der anderen Physikprofessoren, nicht aus Angst vor der Kirche, wagte Galilei erst als über 50-Jähriger, öffentlich für die Lehren des Kopernikus zu werben; als er die Monde des Jupiters entdeckte, lehnten es die Physikerkollegen ab, zum Beweis durch Galileis Teleskop zu sehen – nach dem Motto, dass nicht sein kann, was nicht sein darf, erschienen Experimente und Naturbeobachtungen den meisten Gelehrten des frühen 17. Jahrhunderts reichlich überflüssig.

Die Kirche dagegen behandelte den unkonventionellen Physikprofessor aus der Toskana mit bemerkenswerter Toleranz; er wurde vom Papst zur Audienz empfangen, von den Jesuiten sogar für seine wissenschaftlichen Verdienste ausgezeichnet, und anders als die weltlichen Gelehrten ließen sich die Jesuiten auch durch Fakten (nämlich durch die Monde des Jupiters) überzeugen, dass das ptolemäische Weltbild wissenschaftlich nicht zu halten war.

Erst als Galilei nicht nur das ptolemäische Weltbild als falsch, sondern darüber hinaus sein eigenes als das einzige richtige bezeichnete(was nicht stimmt, wie wir spätestens seit Einstein wissen), wurde diese Toleranz der Kirche ernsthaft auf die Probe gestellt. Denn als Arbeitshypothese hätte man Galileis Thesen durchaus gelten lassen, aber als endgültige Wahrheit nicht. Hier sah die Kirche ihre Monopolansprüche verletzt, und als Galilei trotz Abmahnung immer dezidierter von dem System des Kopernikus als einer „bewiesenen Wahrheit" sprach, den Beweis aber nicht beibringen konnte (was auch gar nicht geht, denn wissenschaftliche Theorien lassen sich nur widerlegen, aber nicht beweisen), reagierte die Kirche auch ihrerseits recht überzogen mit einem Dekret, das die Lehre von der Bewegung der Erde für „falsch und in allen Punkten der Heiligen Lehre widersprechend" erklärte.

Persönlich wurde Galilei jedoch nicht belangt. Weder wurden seine Bücher verboten noch seine guten Beziehungen zu den Mächtigen ernsthaft angegriffen. Hätte er hinfort von seinen Thesen als Theorien und nicht letzten Wahrheiten gesprochen, wäre es wohl nie zu der berühmten Vorladung vor die Inquisition nach Rom gekommen.

Diese Vorladung erging aufgrund eines neuen Buches, in dem Galilei weiter und allen Abmahnungen zum Trotz von absoluter Wahrheit sprach. Sie wurde im Oktober 1632 zugestellt, wegen Krankheit Galileis aber aufgeschoben, erst im Februar 1633 reiste Galilei nach Rom. Dort wohnte er zunächst als Gast des florentinischen Botschafters in der Villa Medici, dann während des eigentlichen Inquisitionsverfahrens vom 12. April bis 22. Juni 1633 in einem Drei-Zimmer-Apartment im Vatikan, mit Diener und Blick auf den Garten. Er wurde weder eingekerkert noch gefoltert.

Wie vielen genialen Menschen ist es auch Galilei immer schwer gefallen, seine weniger begabten Zeitgenossen ernst zu nehmen. Auch in seinem Inquisitionsverfahren ging er wohl davon aus, nach Klarstellung einiger strittiger Passagen, welche die dummen Kardinäle nicht verstanden hatten, nach Hause geschickt zu werden. Erst als die gar nicht so dummen Inquisitoren durch keine wissenschaftlichen Argumente davon abzubringen waren, dass Galilei verbotenerweise und falsch von absoluten Wahrheiten geschrieben habe, geriet Galilei in Panik; vielleicht dachte er dabei an Giordano Bruno, vielleicht wollte er nur seine Ruhe haben – wie auch immer: Unaufgefordert und ohne Druck von außen stritt er seine Lehren en bloc einfach ab.

Das Urteil lautete auf Ungehorsam. Die Strafe waren sieben Bußpsalmen jede Woche für drei Jahre, plus eine Kerkerstrafe, die Galilei aber niemals anzutreten brauchte. Nach dem Verfahren lebte er als Gast beim Großherzog der Toskana, dann beim Erzbischof von Siena, dann als Staatsrentner in dem kleinen Dorf Arcetri bei Florenz, wo er unbelästigt seine Forschungen weiterführte und 1642 starb.

Irrtümer zu Definitionen

Das ist das große Kreuz der Wirtschafts- und Sozialstatistik: Wie grenzen wir Dinge, Personen, Tatbestände sinnvoll voneinander ab? Nicht nur Armut oder Arbeitslosigkeit, auch vieles andere, was wir zählen, messen und vergleichen, sieht je nach Brille, durch die wir es betrachten, einmal so und einmal anders aus.

Laut Statistischem Bundesamt ist fast jeder zehnte Deutsche heute schwerbehindert – nicht weil wir wirklich immer kränker würden, sondern weil die Meinung, was „schwerbehindert" eigentlich bedeutet, heute sehr viel weiter gefasst ist als noch vor 50 Jahren, vom Rest des Krankheitsspektrums ganz zu schweigen. Würden wir die deutsche Messlatte für Krankheit auf andere Länder übertragen, so wären mehr als eine Milliarde Chinesen, die kein „r" aussprechen können, nach unserer Sicht der Dinge krank, und sie hätten Anspruch auf eine Sprachtherapie.

Oder wie viele Menschen sterben jedes Jahr durch Unfälle auf der Straße? Das Statistische Jahrbuch sagt: Im Jahr 2005 waren es in Deutschland 5.362 Menschen. Aber wenn jemand erst eine Woche nach dem Unfall stirbt? Oder erst nach drei Monaten? In der Bundesrepublik wird die Grenze bei 31 Tagen angelegt, in der alten DDR lag sie bei 72 Stunden ...

Oder nehmen wir die Säuglingssterblichkeit. In einer internationalen Statistik war vor einigen Jahrzehnten einmal zu lesen, dass in Deutschland (West) von 1.000 Babys 19 die Geburt nicht überleben, mehr als z. B. in Hongkong (15) oder Singapur (14), also in Ländern, von denen wir anzunehmen geneigt sind, dass sie der Bundesrepublik Deutschland hinsichtlich Hygiene und Gesundheitswesen eher unterlegen sind. Der Grund: die Definition von „Säuglingssterblichkeit". In Deutschland meint man damit alle lebend Geborenen, die im ersten Lebensjahr versterben, ohne die Totgeborenen, und das ist der Trick: Würden wir wie vielfach anderswo die noch am ersten Tag oder bis zur Taufe verstorbenen Babys als „totgeboren" zählen, hätten wir mit einem Federstrich die Säuglingssterblichkeit halbiert.

Unter anderem auf diese Weise kam auch der vermeintliche Vorsprung des Ostens vor dem Westen Deutschlands bei der Säuglingssterblichkeit zustande: Im Westen zählt ein Kind als lebend geboren, wenn es atmet *oder* wenn sein Herz schlägt (ist beides nicht der Fall und wiegt es außerdem noch mehr als 1.000 Gramm, gilt es als totgeboren; wiegt es weniger als 1.000 Gramm, gilt es als Fehlgeburt und geht überhaupt nicht in die Statistik der Todesfälle ein). In der DDR dagegen galt ein

Kind als lebend geboren, wenn es atmete *und* wenn sein Herz schlug. War eines von beiden nicht der Fall, galt es von Anfang an als totgeboren; wenn das Kind dann wirklich starb, ging das die Säuglingssterblichkeit nichts an. Denn es hatte ja nie offiziell gelebt …

Diese Schwammigkeit der Begriffe ist eine große Versuchung. In Kinderfilme dürfen Fernsehsender nur sehr wenig Werbung packen. Kein Problem – die Filme heißen dann „Familienfilme". Pro Spielfilm darf man nur soundso viele Minuten werben? Auch nicht schlimm, wir kaufen drei oder vier Filme zu dem gleichen Thema und machen daraus eine „Serie". Denn in Serien darf man öfter werben …

Oder was ist eine Wohnung? Die amtliche Statistik der alten DDR feierte Jahr für Jahr neue Wohnungsbaurekorde, aber viele dieser neuen „Wohnungen" waren nur Plätze im Altenheim oder modernisierte Altbauwohnungen; insgesamt war die amtliche DDR-Wohnungsbaustatistik um mehr als eine Million Einheiten zu hoch.

Dass selbst Privatpersonen bestimmte Begriffe einmal so und einmal so betrachten, zeigt die letzte Volkszählung in Kanada: Die „Ureinwohner" werden immer zahlreicher; sie haben sich seit der letzten Zählung nur fünf Jahre vorher fast verdoppelt. Aber nicht, weil sie wirklich mehr geworden wären, sondern weil immer mehr Kanadier sich als Ureinwohner sehen. Ein gestiegenes Selbstbewusstsein plus verschiedene soziale Vergünstigungen machen diesen Status immer attraktiver, „mehr und mehr Leute finden es akzeptabel zuzugeben, wer sie sind", und so stuft sich ein Kanadier, dessen Ur-Ur-Urgroßvater Indianer oder Eskimo gewesen ist, heute gerne als Ureinwohner ein.

Falsche Theorien

Die letzte Irrtumsklasse enthält falsche Theorien. Etwa aus dem Wirtschaftsleben: Ein konsequenter Mieterschutz schützt den Mieter. Eher ist das Gegenteil der Fall. Der beste Schutz des Mieters, so die Mehrheitsmeinung aller Ökonomen, ist ein großes Wohnungsangebot, und dieses große Wohnungsangebot wird durch Mietkontrollen und Kündigungsschutzgesetze gleich zweifach ausgehebelt: Potentielle Wohnungen bleiben aus Mangel an Erträgen ungebaut, und bereits fertige Wohnungen und Häuser werden aus Furcht vor Mietern, die man nicht mehr loswird, nicht vermietet; sie stehen stattdessen leer. Ich habe schon in manchen Ländern zur Miete gewohnt – in Deutschland, in Österreich, in England, in Frankreich, in Italien, in den USA, in Australien und in Kanada. Am schwersten zu finden und mit Abstand am teuersten sind bzw. waren die Wohnungen da, wo man die Mieter am konsequentesten „beschützt", in Deutschland, Österreich, Italien und Frankreich. Am leichtesten zu finden und am preiswertesten waren die Wohnungen da, wo man das Wort „Mieterschutz" nicht kennt, in den USA, Australien und Kanada. Dort wurden wir etwa auf die Annonce „ Familie mit Kind sucht preiswertes Haus in Uni-Nähe" mit Angeboten nur so zugeschüttet. Die gleiche Annonce ein Jahr später in Wien erzeugte nicht die geringste Resonanz.

In die gleiche Kategorie fällt der Irrtum, Mindestlöhne sicherten den Verdienst von ungelernten Arbeitskräften. Mindestlöhne sind Jobkiller. Sie sichern nur die Löhne derjenigen, die ihren Job behalten; die anderen Löhne drücken sie auf null. Denn in einer Marktwirtschaft kann ein Unternehmen nur dann überleben, wenn seine Beschäftigten mehr erwirtschaften, als sie kosten, und das hat für Arbeitsverhältnisse an der Grenze zur ökonomischen Rentabilität gewisse Konsequenzen. Hier heißen die Alternativen nicht: „Mindestlohn oder weniger als Mindestlohn", sondern „weniger als Mindestlohn oder gar kein Lohn". Solange Unternehmen nicht gezwungen werden können, Arbeitskräfte einzustellen, können und werden sie auf lange Sicht nur solche Arbeitskräfte halten, die mehr produzieren, als sie kosten. Und wenn die Kosten künstlich hochgehalten werden, heißt das eben, auf Kräfte an der Rentabilitätsgrenze zu verzichten.

25. Statistik als Motor und Bremser des Fortschritts in den Wirtschafts- und Sozialwissenschaften

■ *Allgemeines Statistisches Archiv* 85, 2001, S. 187–199

Anders als vor 50 Jahren ist die Statistik heute auch in den Wirtschafts- und Sozialwissenschaften als unentbehrliches Werkzeug sowohl nötig wie anerkannt, eine Volks- oder Betriebswirtschaftslehre, eine Soziologie oder Psychologie ist ohne Statistik heute nicht mehr vorzustellen, und selbst in viele vormals eher datenferne Wissenszweige wie die Politik- oder Rechtswissenschaften ziehen zusehends auch statistische Modelle und Methoden ein. Hatten etwa empirisch arbeitende Soziologen oder Ökonomen an den deutschen Universitäten der Vor- und unmittelbaren Nachkriegszeit noch hart um die Anerkennung ihrer statistisch-empirisch angelegten Dissertationen oder Habilschriften zu kämpfen, so ist es heute beinahe umgekehrt schon so, dass sozial- und wirtschaftswissenschaftliche Arbeiten nur dann noch etwas gelten, wenn nicht zumindest in der einen oder anderen Tabelle ein t-Test oder eine Regressionsschätzung erscheint.

Der Hamburger Sozialpsychologe Peter Hofstätter berichtet, wie er Zeuge eines zunächst misslungenen Habilversuchs wurde, „weil der hohen Fakultät, die über den Antrag zu enscheiden hatte, einiges an dem Kandidaten mißfiel, vor allem, daß er – so wörtlich – ‚die dem deutschen Geiste völlig fremden statistischen Methoden' in seinen Arbeiten verwendete." Heute erhält kein Psychologe und kein Soziologe in Deutschland mehr das Vordiplom, der nicht schon als Student eine gewisse, durch die gefürchteten Statistik-Scheine ausgewiesene Vertrautheit mit ebendiesen „dem deutschen Geiste völlig fremden statistischen Methoden" nachzuweisen in der Lage ist (ob er oder sie die Materie auch wirklich verstanden hat, und ob wir mit deutscher Gründlichkeit das Nachäffen ausländischer Studiengänge etwas übertreiben, steht dabei auf einem anderen Blatt).

Noch weiter fortgeschritten ist diese Mathematisierung und Statistisierung in den Wirtschaftswissenschaften. Von den bislang 46 einschlägigen Nobelpreisträgern haben 23 auch in statistischen Journalen publiziert; einige, wie Trygve Haavelmo, der den Preis für die statistische Fundierung Simultaner Gleichungen erhielt, oder Richard Stone, der für seine Grundlagenforschung zur Volkswirtschaftlichen Gesamtrechnung ausgezeichnet wurde, kann man sogar als hauptberufliche Statistiker, viele andere, vor allem die Ökonometriker, zumindest als nebenberufliche Statistiker bezeichnen (Jan Tinbergen, Ragnar Frisch, Simon Kuznets, Herbert Simon, Lawrence Klein, Jim Heckman, Dan McFadden), und selbst diejenigen Preisträger, die ihre Forschungsschwerpunkte auf statistikfernen Gebieten hatten, angefangen bei unserem deutschen Nobelpreisträger Reinhard Selten über den Wirtschaftshistoriker Robert Vogel bis zu Milton Friedman, der den Wirtschafts-Nobelpreis 1974 für seine Arbeiten zur Geldtheorie und Konsumfunktion erhielt, haben in ebendiesen Arbeiten statistische Methoden angewendet oder wie der Armutsforscher A. K. Sen gar selbst entwickelt (von Milton Friedman ist sogar bekannt, dass er zu Anfang seiner wissenschaftlichen Laufbahn schwankte, ob er diese eher in der mathematischen Statistik oder in den Wirtschaftswissenschaften suchen sollte; seine nichtparametrische zweifache Varianzanalyse ordinaler Merkmale wird heute noch benutzt, siehe Friedman 1937), und wie bei diesen Vorzeige-Ökonomen ist auch beim wirtschaftsakademischen Fußvolk ein tiefes Verständnis moderner mathematisch-statistischer Methoden mittlerweile selbstverständlich – zumindest an amerikanischen Wirtschaftsfakultäten kann heute niemand mehr Doktor oder gar Professor werden, der nicht weiß, was Logit-Modelle, Einheitswurzeln oder Dickey-Fuller-Tests bedeuten.

Dieses Erreichen eines Höhepunktes hat aber auch einen Nachteil: Im weiteren geht es dann bergab. Und wie auf den folgenden Seiten argumentiert werden soll, ist dieser Abstieg der Statistik von einem bis dato unbekannten Gipfel von Ansehen und Bedeutung zumindest in den Wirtschaftswissenschaften schon in vollem Gange.

Um diese These einzuordnen, ist es wichtig, einmal zwischen der Wirtschaft und der Wirtschaftswissenschaft und zum anderen zwischen den zwei durch linguistisch-historische Zufälligkeiten unter dem Dach „Statistik" vereinten, aber dennoch grundverschiedenen Wissenschaften, der klassischen Wirtschafts- und Sozialstatistik im Sinne der quantitativen Abbildung gesellschaftlicher Phänomene auf der einen und der modernen, induktiven, mathematischen Statistik auf der anderen Seite, zu unterscheiden. Denn der hier behauptete Abstieg hat vor allem in den Wirtschafts*wissenschaften*, in der Ökonometrie und in der „klassischen" Mathematischen Statistik stattgefunden; die Statistik als Lieferant quantitativer Informationen ist dagegen als zentraler Produktionsfaktor des wirtschaftswissenschaftlichen Fortschritts auch weiter unbestritten, ja nimmt an Wichtigkeit noch zu.

Wiederum eine andere Sache ist die Bedeutung der Statistik in der Wirtschaft selbst. Hier kann man an allen Fronten nur Erfolge melden. Ob in der Markt- und Meinungsforschung, in der Warenwirtschaft oder in der Qualitätskontrolle, und ganz besonders auch im Bank- und Börsenwesen: Hier liefert die Statistik, meist im Tandem mit der Informatik, früher undenkbare Bewertungs- und Prognoseinstrumente, hier scheint der Bedarf an Statistik-Kompetenz, auch an praxisnaher Forschung, bei weitem noch nicht abgedeckt.

Wir haben also eine merkwürdige Situation: Einerseits geht der Stellenwert der Statistik an den deutschen Wirtschaftsfakultäten eindeutig zurück (an vielen, mit zwei statistisch-ökonometrischen Lehrstühlen ausgestatteten Fakultäten wird mittlerweile schon routinemäßig einer von beiden bei

Ausscheiden des aktuellen Inhabers gestrichen), andererseits fragt die Wirtschaft selber immer drängender Statistik nach. Auf diese Schieflage gehe ich in meinem Fazit weiter unten nochmals ein. Vorerst sei allein betont, dass der vorliegende Aufsatz vor allem die Rolle und den Stellenwert der Statistik in der Sozial- und Wirtschafts*wissenschaft* beleuchten will; die mindestens genauso wichtige Rolle der Statistik im wirtschaftlichen und sozialen Leben selber spare ich hier aus.

Die Statistik als Datenlieferant und Datenkomprimierer

Die Statistik als Lieferant von Daten ist für die Wirtschaft und die Wirtschaftswissenschaften nicht nur wichtig, sie ist überhaupt erst aus wirtschaftlichen Erwägungen heraus entstanden. Von den Gold- und Immobilienzählungen im alten Ägypten über die bekannten Volkszählungen der Römer bis zum „Doomsday Book" von Wilhelm dem Eroberer: Die Herrscher wollten Geld und Güter ihrer Untertanen kennen. Diese klassische Statistik im Sinn einer „Staatskunde" („worunter die systematische Darstellung der Verfassung, der Organisation, der Bevölkerungsverhältnisse, der militärischen und wirtschaftlichen Hilfsquellen und der sonstigen bemerkenswerten Einrichtungen und Verhältnisse eines oder mehrerer Staaten zu verstehen ist" – Brockhaus 1895) ist heute für Wissenschaft und Praxis wichtiger denn je. Wer das nicht glaubt, ist herzlich an einem Freitagmittag, wenn der Handel die aktuellen Arbeitsmarkt- und Preisstatistiken erwartet, in die Börse eingeladen; dann steigt oder fällt der Wert des Marktes bisweilen um mehrere Dutzend Milliarden DM in wenigen Minuten, nur weil ein Bureau of the Census meldet, dass die Zahl der Arbeitslosen in den USA um weniger als erwartet zu- oder abgenommen hat.

Wie die mathematische hatte aber auch diese Datensammler-Statistik durchaus um ihr öffentliches und wissenschaftliches Ansehen zu kämpfen; selbst in England, einer der Statistik gegenüber seit jeher aufgeschlossenen Nation, hatte sie längst nicht immer den heutigen unbestrittenen Stellenwert gehabt. So schildert etwa Daniel Defoe in seinem Bericht über die Pest in London, „wie sich vor der eigentlichen Ausbreitung des schwarzen Todes neben den berühmten Pestdoktoren ein Heer von Quacksalbern, Propheten, Sektierern und Statistikern als Vortruppe des infernalischen Aufstandes in die Stadt ergießt." (so zitiert gefunden in Ernst Jünger: Über den Schmerz).

Dieses Gleichsetzen der Statistiker mit Quacksalbern, Propheten und Sektierern sowie weiteren „Vortruppen eines infernalischen Aufstands" wurde mit Statistikern wie John Graunt (1620–1674) und William Petty (1623–1687) zusehends unglaubwürdig, die aus Geburts- und Todeslisten, Zollpapieren und Getreidepreisen durchaus nützliche Erkenntnisse herauszulesen wussten; spätestens seit dem Wirken der vor allem als Krankenschwester bekannten, im späteren Leben aber als Sozialstatistikerin tätigen Florence Nightingale ist es einer Haltung zwischen Respekt und Anerkennung, ja sogar Bewunderung gewichen. „The true foundation of theology is to ascertain the character of God", schreibt Mrs. Nightingale 200 Jahre nach Defoe. „It is by the aid of Statistics that law in the social sphere can be ascertained and codified, and certain aspects of the character of God thereby revealed. The study of statistics is thus a religious service."

Diese Statistik als Mittel „to ascertain law in the social sphere", oft auch „Politische Arithmetik" genannt, arbeitet gelegentlich mit Wahrscheinlichkeiten und Erwartungswerten (Demographie und Sterbetafeln), auch mit Normalverteilungskurven wie in den berühmten Erhebungen des Belgiers Adolphe Jacob Quetelet (1796–1874), hat aber, von vereinzelten Appellen an die Stichprobentheorie in der Konsum- und Marktforschung oder bei der Wahlhochrechnung einmal abgesehen, mit der mathematischen Statistik ansonsten nichts zu tun. Es werden soziale und wirtschaftliche Phänomene in Zahlen festgehalten, es werden Gesetzmäßigkeiten in Massenerscheinungen aufgespürt, es werden bislang verborgene Zusammenhänge offenbart (manche sagen dazu auch: es werden „stilisierte Fakten" dargelegt), und die so verstandene Statistik ist heute für Politik und Praxis wie auch für die Forschung in Soziologie und Wirtschaftswissenschaften unentbehrlich; gewisse Subdisziplinen wie die Verlaufsdatenanalyse in der Soziologie oder die ganze moderne empirische Kapitalmarktforschung haben sich überhaupt erst durch diese Vorleistungen, durch diese Datenzubringerdienste der Statistik entwickeln können.

Diese allgemeine Verfügbarkeit von immer umfangreicheren Datenbanken, auch Stichprobenerhebungen wie dem Mikrozensus oder der Einkommens- und Verbrauchsstichprobe, verbunden mit einer Explosion der Rechnerkapazitäten und einer allgemeinen Verfügbarkeit einschlägiger Softwarepakete, ist der Hauptbeitrag der Statistik zum Fortschritt in den Wirtschafts- und Sozialwissenschaften. Wenn wir zehn Soziologen fragen: Was hat diese Wissenschaft in Deutschland nach dem Krieg am weitesten vorangebracht, so werden vermutlich acht von zehn das soziökonomische Panel nennen (und die anderen beiden ein Statistik-Programm wie LISREL oder SPSS). Die Deutsche Finanzdatenbank in Karlsruhe hat zusammen mit statistischen Softwarepaketen wie Rats oder Gauss für die deutsche empirische Kapitalmarktforschung mehr getan als alle Bände der Annals of Statistics, und die moderne Konjunkturforschung wäre ohne eine ausgebaute und gut funktionierende volkswirtschaftliche Gesamtrechnung überhaupt nicht vorzustellen.

Neben der amtlichen Statistik als dem traditionellen ersten Ansprechpartner für den datensuchenden Wirtschafts- und Sozialwissenschaftler sind dabei zunehmend auch Markt- und Meinungsforschungsinstitute, Börsendienste oder Firmendatenbanken als Auskunftgeber wichtig. Und ohne diese

Auskunft wäre Wissenschaft vielfach nicht möglich. Das moderne Marketing lebt und stirbt mit seinen Konsumentenpanels, die moderne Soziologie hängt an der Nabelschnur von Emnid oder Infratest, und wenn es die Firma Compustat nicht gäbe, wären die meisten Jahresbände des „Journal of Finance", der weltweit angesehensten Fachzeitschrift für Finanzwirtschaft, nur halb so dick (ich habe die Ausgaben der Jahre 1990 bis 1995 einmal durchgesehen: von den insgesamt 398 Artikeln waren 278 mehr oder weniger empirischer Natur, und 188 davon haben auf amtliche oder kommerzielle Datenbanken (Compustat und andere) zurückgegriffen).

Aus der großen Methodenkiste der Statistik sind dabei vor allem die deskriptiven Werkzeuge von Interesse: Indexzahlen, Durchschnitte, Quantile, Maße für Konzentration und Ungleichheit, Armutsindikatoren, Äquivalenzskalen, Mobilitätsmaße, Saisonbereinigungsverfahren, und die Erkenntnisse, die mit diesen Werkzeugen gewonnen werden, haben zum Teil enorme wissenschaftliche, aber auch sachliche und politische Konsequenzen. So weisen etwa Semrau und Stubig nach, dass die Armutsquote in der Bundesrepublik je nach Armutsgrenze und der gewählten Äquivalenzskala zwischen 0,56 Prozent bis zu 20,4 Prozent aller Haushalte variiert. Und es ist nicht auszuschließen, dass die viel beklagte Kinderarmut in der Bundesrepublik ein reines Artefakt überhöhter Äquivalenzziffern für zusätzliche Haushaltsmitglieder darstellt, die fast unausweichlich jede kinderreiche Familie in eine statistisch erzeugte Armut stürzen. Gegen diese Auswirkungen elementarer Mess- und Definitionsprobleme treten die Konsequenzen unterschiedlicher mathematisch-statistischer Schätzverfahren offensichtlich klar zurück.

Ein weiteres intrastatistisches Detailproblem mit enormen wirtschaftlichen, wissenschaftlichen und politischen Konsequenzen ist die Einrechnung von Qualitätsverbesserungen in Maße für die Preisveränderung. Dergleichen findet durchaus statt, aber, wenn man amerikanischen Ökonomen wie Boskin oder Hausman glauben darf, längst nicht in dem Ausmaß, das von der Sache her geboten scheint. Folgt man etwa den Überlegungen des viel zitierten Boskin-Komitees, so ist die US-amerikanische Inflationsrate seit mehreren Jahrzehnten rund einen Prozentpunkt pro Jahr zu hoch – in einem Jahr vielleicht nicht viel, aber über Jahrzehnte betrachtet eine Überschätzung mit gewaltigen Konsequenzen: Hätten Boskin und seine Kollegen recht, so würde der seit dem Krieg beobachtete Anstieg des Lebensstandards in den USA um mehr als 50 Prozent unterschätzt.

Auch die Konsequenzen solcher Indexverzerrungen für indexgebundene Sozialleistungen, Renten, Mieten oder Löhne und Gehälter liegen auf der Hand, hier haben die von Statistikern in ihren Gelehrtenstuben ausgedachten Modelle und Methoden enorme politische und soziale Konsequenzen.

Weitere Fragen, welche die Substanzwissenschaften heute an die Wirtschafts- und Sozialstatistik stellen, betreffen die internationale Vergleichbarkeit von Arbeitslosenquoten, die Umverteilungswirkungen der Bildungspolitik (bewirkt der „freie" Hochschulzugang eine regressive Umverteilung?), die Aussagekraft der Volkswirtschaftlichen Gesamtrechnung (wie können Haushaltsproduktion und Schwarzarbeit in die wirtschaftliche Leistung eines Landes einbezogen werden? wie sind Lebensqualität und Umwelt in die VGR zu integrieren?), die Konsequenzen alternativer Lebensgewohnheiten für Morbidität und Lebenserwartung (belasten Raucher das Sozialsystem?), den Sinn und Unsinn von Mietspiegeln, den Effizienzvergleich von Schulen, Hochschulen und Krankenhäusern und viele andere Aspekte unseres Lebens, die sich in Zahlen messen lassen. Sind die Deutschen heute gesünder oder kränker als vor 50 Jahren? Sind die Menschen in den neuen Bundesländern fremdenfeindlicher als die im Westen? Und wenn ja, wovon hängt die Einstellung zu Fremden ab? Hat die Ungleichheit der Einkommen in Deutschland in den letzten 20 Jahren zugenommen? Reduziert die Sozialhilfe die Lust zur

Arbeit? Sind Ausländer krimineller als Deutsche? Macht Fernsehen dumm? Lernen Schüler in Bayern besser als in Niedersachsen? usw. Hier erwarten Wissenschaft und Öffentlichkeit die Hilfe der Statistik, und diese Hilfe kommt vor allem in der Form von Daten, von Umfragen und von verbesserten Methoden der Erhebung dieser Daten. Wie lassen sich die bekannten Kontext-Effekte in Umfragen vermeiden? Kann man Phänomene wie „Intelligenz" überhaupt in Zahlen fassen, wie ist „Einkommen" korrekt zu messen usw.

Hier genügt es, auf die weltweite, durch „The bell curve" von Herrnstein und Murray losgetretene, teilweise erbitterte Diskussion zur Intelligenz und Klassenzugehörigkeit hinzuweisen, um zu erkennen, welcher Sprengstoff sich hinter vielen dieser Fragen verbirgt. Umso wichtiger ist hier die neutrale Mittlerrolle der Statistik, und deshalb werden die Zubringerdienste der Statistik, wird die Rolle der Statistik als Lieferant von Daten in Zukunft noch zentraler werden, als sie es aktuell schon ist.

Die Statistik als Dateninterpretierer

Anders als die Statistik als Datenlieferant nimmt die Statistik als Dateninterpretierer, d. h. die induktive, mathematische Statistik, in den Wirtschafts- und Sozialwissenschaften heute an Bedeutung ab. Dafür gibt es mehrere Gründe. Ein erster ist, dass, wie jeder Ökonom im ersten Semester lernt, der Grenznutzen wie Grenzertrag eines jeden Gutes mit wachsender Menge dieses Gutes sinkt. Hat die Erfindung des t-Tests das korrekte Schließen aus Stichproben noch enorm befördert (sowohl im Sinn einer Kontrolle des Fehlers erster Art als auch, wie später nachgewiesen wurde, durch die maximale Ausschöpfung der Macht), so sind die meisten methodischen Neuerungen der letzten Jahre und Jahrzehnte doch wohl eher gradueller Art. Zumindest sehe ich das in den Wirtschaftswissenschaften so. Die Erfindung der Methode der Kleinsten Quadrate durch Gauss und Legendre war sicherlich ein Riesenschritt für alle datenorientierten Wissenschaften, die Zweistufige KQ-Methode von Henri Theil hat immerhin noch die Verzerrung gewisser Schätzer reduziert (dafür aber andere Übel eingeführt), aber was die Dreistufige KQ-Methode von Theil und Zellner den Wirtschaftswissenschaften wirklich Gutes brachte, wird wohl ewig ein Geheimnis bleiben (wenn diese Methodeninnovationen nicht sogar, wie vom nachmaligen Nobelpreisträger Haavelmo schon 1958 beklagt, die Ergebnisse des empirischen Arbeitens verschlechtert haben: „The concrete results of our efforts at quantitative measurement often seem to get worse the more refinement of tools ... we call into play.") Ob in der Zeitreihenanalyse – Nichtparametrik oder Wavelets hin oder her –, ob in der Ungleichheits- und Armutsforschung oder in der Modellierung von funktionalen und kausalen Zusammenhängen aller Art: die grundlegenden Methoden und Modelle sind bekannt, was jetzt noch kommt, sind Ausbesserungen und Verfeinerungen der einen oder anderen Art. Und da die Wertschätzung eines Gutes sich nicht nach dem Nutzen, sondern nach dem Grenznutzen bemisst, ist das Interesse vieler Ökonomen an einem weiteren Ausbau der mathematischen Statistik recht begrenzt.

In der Soziologie mag das noch anders sein: Hier hat der Siegeszug der mathematischen Statistik erst später angefangen, daher ist der Gipfel dort vielleicht noch nicht erreicht.

Ein weiterer Grund für den abnehmenden Stellenwert der mathematischen Statistik in den Wirtschaftswissenschaften ist ein neues und allgemeines Unbehagen gegen mathematische Modelle und Methoden überhaupt. Nach dem Motto „Mitgefangen, mitgehangen" büßt die Statistik hier für das Abdriften mancher mathematischen Ökonomen in einen Elfenbeinturm der l'art pour l'art, der für das wahre Wirtschaftsleben immer weniger Bedeutung hat. Oder um mit Nobelpreisträger John R. Hicks zu sprechen: „Die Mathematik ist ein prima Spiel. Es dient mehr dem Spaß als der Erhellung wirtschaftlicher Phänomene."

Nur selten lassen sich ökonomische Theorien derart in statistische Hypothesen übersetzen, dass mit der Annahme oder Ablehnung der Hypothese auch die dahinterliegende Sachtheorie steht oder fällt. Eine wichtige Ausnahme ist die Effizienzmarkthypothese in der Kapitalmarkttheorie: In einem informationseffizienten Kapitalmarkt folgen geeignet diskontierte Preise einem Martingal; das ist eine klar formulierte, statistisch überprüfbare Hypothese, die denn auch in Tausenden von Aufsätzen und Büchern seit rund 100 Jahren immer wieder getestet (und im Allgemeinen bestätigt) worden ist.

Aber selbst in diesem seltenen Fall einer Eins-zu-eins-Beziehung zwischen einer statistisch testbaren und einer sachlogisch deduzierten Hypothese sind es weniger die statistischen Methoden als die gewählten Datensätze, die konkret getesteten Implikationen der Effizienzmarkthypothese und die Art der Datenbereinigung und -aufbereitung, welche den Innovationsgehalt der Beiträge bestimmen: Wie ist eine korrekte Risikobereinigung von Renditen vorzunehmen, wie kann man die durch dünnen Handel induzierten Pseudo-Autokorrelationen ausschließen, wie misst man Beta-Koeffizienten, wie kann man das Marktportfolio bestimmen usw. Die dann auf diese Daten angewandten Verfahren gehen selten über t-Tests oder eine Signifikanzüberprüfung empirischer Autokorrelationskoeffizienten hinaus.

Einer der meistdiskutierten und einflussreichsten Tests der Effizienzmarkthypothese, ein Vergleich von Volatilitäten über Nacht und über Tag von French und Roll, kommt sogar ganz ohne mathematische Statistik aus: Die Autoren gehen einer ganz bestimmten Implikation der Effizienzmarkthypothese nach, nämlich dass nur der Zufluss neuer Informationen die Kurse treibt, und vergleichen im Wesentlichen nur Kursbewegungen von Eröffnung bis Schluss mit Kursbewegungen von Schluss bis Eröffnung: Hat die Effizienzmarkthypothese recht, und einmal unterstellt, dass kursrelevante Wirtschaftsereignisse sich wenig darum scheren, ob die Wall Street gerade offen ist, müssten die entsprechenden, auf die Stunde genormten Renditevarianzen übereinstimmen. Sie tun es aber nicht (was man mit bloßen Augen und ohne jeden Signifikanztest sieht); vielmehr ist die Varianz zu Handelszeiten größer, was darauf hindeutet, dass der Handel selbst im Widerspruch zur (naiven) Effizienzmarkthypothese Kursbewegungen erzeugt.

Ein weiterer einflussreicher und mit einfachsten statistischen Methoden arbeitender Test der Effizienzmarkthypothese ist die Gegenüberstellung der Renditen des Dow-Jones-Index mit den Erträgen eines vom Herausgeber des Wall-Street-Journals empfohlenen Konkurrenzportfolios in Cowles (1933). In einem effizienten Markt dürften Kursveränderungen, die über erwartete Renditen hinausgehen, nicht vorherzusagen sein; insbesondere können auch Börsenprofis einen Index nicht langfristig und systematisch schlagen. Und wie von Cowles gezeigt, ist das auch für die von ihm betrachteten Experten der Fall.

So wie hier schöpfen die meisten einflussreichen empirischen Studien in Soziologie und Wirtschaftswissenschaften ihren Einfluss nicht aus raffinierten statistischen Verfahren, sondern aus einem ungewohnten Blickwinkel, aus der Gegenüberstellung bislang getrennter Datenreihen, aus einer frischen Betrachtungsweise ihres Gegenstandes. Die bis heute wohl bedeutendste empirische soziologische Untersuchung aller Zeiten, „Die Arbeitslosen von Marienthal" von Marie Jahoda, Paul Lazarsfeld und Hans Zeisel aus dem Jahr 1933, enthält keinen einzigen formalen Test, kein Konfidenzintervall und keine Schätzfunktion. Diese klassische Studie schöpft ihre Überzeugungskraft allein und unmittelbar aus den gesammelten und grob zusammengefassten Daten selbst: Bibliotheksstatistiken, Wahlbeteiligung, Zeitverwendungsprotokolle, bis hin zu Messungen der Gehgeschwindigkeit. Auf S. 83

der Suhrkamp-Ausgabe von 1975 findet sich die untenstehende Tabelle.

Gegen Mittag, wenn der Verkehr in Marienthal seinen bescheidenen Höhepunkt erreicht, bietet die Ortsstraße auf den 300 m, die man überblicken kann, folgendes Bild: Von 100 Erwachsenen, die durch die Straße gehen, bleiben stehen:

	Männer	Frauen	insgesamt
3 x und mehr	39	3	42
2 ×	7	2	9
1 ×	16	15	31
0 ×	6	12	18
Insgesamt	68	32	100

Diese Tabelle ist dann der Ausgangspunkt für weiterführende Betrachtungen zum Zeitverständnis und zur Zeitverwendung von Menschen, die keine Arbeit haben, die hier nicht weiter interessieren sollen. Worauf es ankommt, sind die ungewohnten Daten selbst. Natürlich kann man hier lange über Versuchsaufbau und Stichprobenproblematik reden, aber auf den Gedanken, abzuzählen, wie oft ein Arbeitsloser beim Gehen innehält, muss man erst mal kommen.

Genauso muss man erst mal auf den Gedanken kommen, die Ausgaben für Ernährung durch das Einkommen zu teilen – das berühmte Gesetz von Engel fällt dann auch ohne mathematische Statistik wie von selbst dem Forscher in die Hände. Oder die Anzahl von Personen, die ein gegebenes Einkommen überschreiten, gegen dieses Einkommen selber in doppelt logarithmischen Koordinaten abzutragen – das Pareto-Gesetz ist nicht zu übersehen. Oder die Arbeitslosenquoten und Inflationsraten gegenüberzustellen – die Phillips-Kurve ist geboren. So wie in diesen Beispielen sind die meisten großen Beiträge der Statistik zum Fortschritt in den Wirtschaftswissenschaften nicht durch fortgeschrittene Verfahren, sondern durch eher deskriptive, formal anspruchslose Werkzeuge geschaffen worden.

In den übrigen Sozialwissenschaften treten die statistischen Methoden sogar noch ausgeprägter hinter die Daten selbst zurück. So rührt etwa der große Einfluss, den der amerikanische Soziologe Sulloway (1996) mit seinen Thesen zu Anpassung und Erziehung hat und hatte, weniger von den verwendeten statistischen Methoden als von der einfachen Gegenüberstellung der Namen bekannter Revolutionäre mit deren Geschwisterstatus her. Denn siehe, die meisten Menschen, von Marx bis Darwin, die in Politik und Wissenschaften eine überkommene Ordnung umstürzten, waren *keine* ersten Kinder. Und so wie hier werden viele Erkenntnisse in Soziologie und Wirtschaftswissenschaften nicht durch die Brille fortgeschrittener statistischer Methoden, sondern durch intelligente Datenauswahl und deskriptive Datenkomprimierung aufgefunden.

Fazit

Die Statistik sollte ihre Rolle in den Wirtschaftswissenschaften überdenken. In der Lehre und in der Forschung dominiert die klassische mathematische Statistik. Sie zeigt, wie man einem gegebenen Datensatz auf möglichst effiziente Weise ein Maximum an Informationen entreißt. Aber Daten sind heute in der Wirtschaft und in den Wirtschaftswissenschaften meist kein knappes Gut. Warum sich den Kopf zerbrechen, um das letzte Quantum an Information aus einem festen Datensatz herauszuziehen, wenn der gleiche Informationsgewinn viel schneller, quasi per Knopfdruck, durch Vergrößerung der Datenbasis gleichfalls zu erzielen wäre. Insofern geht die klassische mathematische Statistik mit ihrer Betonung auf der möglichst effizienten Auswertung gegebener Datensätze an den Bedürfnissen der Wirtschafts- und Sozialwissenschaften vorbei.

Ein größeres Problem als der Datenmangel ist heute doch der Datenüberfluss. Die täglichen Gigabytes an Wirtschaftsdaten aller Art, die an den Börsen, an Ladentheken und Verkaufskassen, in Finanzämtern und Meinungsforschungsinstituten gesammelt und gespeichert werden, rufen nach deskriptiven Methoden der Komplexitätsreduktion, nach automatischen, computergesteuerten Diagnose- und Klassifikationsalgorithmen, nach einfachen, robusten Werkzeugen zur Durchdringung dieses Datendschungels, und darauf müsste dann auch der Schwerpunkt der Lehre und der Forschung ruhen: Sachgerechter Umgang mit Rechnern und Datenbanken, Softwarekenntnisse, Vertrautheit mit den Fehlern und Fallen der Datenerhebung (Fragebögen, verzerrte Stichproben), gekonnte Präsentation statistischer Resultate, diese Fertigkeiten werden heute zwar in Wissenschaft und Praxis immer stärker nachgefragt, aber an den Wirtschaftsfakultäten kaum gelehrt.

Es ist an der Zeit, den großen Fehler einzusehen, die in den Natur-, Ingenieur- und Biowissenschaften so erfolgreiche modellgestützte mathematische Statistik auch den Wirtschafts- und Sozialwissenschaften überzustülpen; stattdessen sollten sich die Wirtschafts- und Sozialstatistiker wieder mehr auf die Wurzeln der Statistik als Abbildung der Wirklichkeit besinnen.

26. Ein prima Spiel –
Wirtschafts-Nobelpreise für Heckman und McFadden

■ Die Zeit, 19. Oktober 2000, S. 36

„Die Mathematik ist ein prima Spiel", so der Wirtschafts-Nobelpreisträger von 1972, John R. Hicks. „Es dient mehr dem Spaß als der Erhellung wirtschaftlicher Phänomene."

Im Licht dieser Erkenntnis werfen die diesjährigen Wirtschafts-Nobelpreise für die beiden Ökonometriker James Heckman und Daniel McFadden – hochverdient und lange erwartet – auch gewisse Fragen auf. Denn die Ökonometrie ist wie kaum eine andere Subdisziplin der Wirtschaftswissenschaften der Mathematik und der mathematischen Statistik verpflichtet; sie hat als Ziel die zahlenmäßige Erfassung und Erklärung, sie will die allgemeinen Aussagen der Wirtschaftstheorie – wenn die Preise oder Zinsen steigen, gehen die Nachfrage bzw. die Investitionen zurück – mit konkretem Leben füllen, will so abstrakte Theorie für wirtschaftliches Handeln nutzbar machen.

Auf diesem Weg sind die Ökonometrie und die mathematische Statistik seit jenem denkwürdigen Dezemberabend 1930 in Cleveland, als sich neun Männer (keine Frau), darunter aus Deutschland auch Josef Schumpeter und Ludwig von Bortkiewics, in einem Hotelzimmer zusammensetzten und per Vereinsbeschluss die Ökonometrie ins Leben riefen, ein großes Stück vorangekommen.

Dank ökonometrischer, mittels statistischer Schätzverfahren an reale Daten angepasster Modelle durchschauen wir heute die Wechselwirkungen wirtschaftlicher Globalgrößen wie Zinsen, Geldmenge, Konsum und Volkseinkommen, auch die Bestimmungsgründe unseres wirtschaftlichen Individualverhaltens weit präziser, als dies ohne quantitative Methoden möglich wäre, und auch der Dank für diese Leistung ist nicht ausgeblieben: Von den bislang 46 Nobelpreisen in den Wirtschaftswissenschaften, angefangen mit den beiden ersten – für Jan Tinbergen und Ragnar Frisch – bis zu den beiden letzten, sind rund ein Drittel an Ökonometriker gefallen.

Auf der anderen Seite ist aber auch eine gewisse Ernüchterung im Ökonomen-Ökonometriker-Verhältnis nicht zu übersehen, die vor allem in den überzogenen Erwartungen vergangener Jahrzehnte begründet ist. Wer der Wirtschaftspolitik verspricht, so wie in der hohen Zeit der sogenannten ökometrischen Makromodelle Anfang der siebziger Jahre geschehen, die Konsequenzen von Diskonterhöhungen oder Steuerreduktionen auf Volkseinkommen und Außenhandelsdefizit bis auf plus-minus wenige Prozentpunktanteile vorherzusagen, darf sich über die Enttäuschung über das Ausbleiben dieses Versprechens nicht wundern.

Diese Versprechungen wurden nicht aus Unfähigkeit der Ökonometriker nicht eingelöst, sondern weil sie grundsätzlich nicht einzulösen sind. Denn anders als in vielen anderen Wissenschaften sind die funktionalen Formen möglicher Zusammenhänge in der Wirtschaft kaum jemals durch die Theorie bestimmt, ist auch die Ceteris-paribus-Bedingung nur äußerst selten zu kontrollieren und können die vielfach unterstellten linearen Regressionsbeziehungen nur erste und in aller Regel viel zu grobe Annäherungen an die wahren Abhängigkeitsbeziehungen sein.

Der Geburtsfehler vieler ökonometrischer Modelle und zugleich der Grund für den so bescheidenen Einfluss ökonometrischer – im Sinne von mathematisch-statistischer – Studien auf den Fortgang der Wirtschaftswissenschaften ist der typische „Sammelcharakter" der in solchen Studien mit den Daten konfrontierten Hypothesen. In einer empirischen Untersuchung des deutschen Konsumverhaltens etwa wird kein Wirtschaftspolitiker und kein Makroökonom sich von einer ökonometrisch abgeleiteten Aussage der Art überzeugen lassen: „Nach der Wiedervereinigung ist die marginale Konsumquote (der Anteil jeder Einkommensmark, der für Konsum wieder ausgegeben wird) in Westdeutschland gestiegen", auch wenn die Ausgangshypothese: „Die marginale Konsumquote ist konstant" noch so signifikant verworfen wurde. Denn eigentlich müsste diese Hypothese heißen: Das zugrunde gelegte Konsummodell hat die korrekte funktionale Form, es wurde keine relevante Einflussgröße ausgelassen, sämtliche Zeitverzögerungen und simultanen Gleichungseffekte wurden korrekt berücksichtigt, und die Werte aller Parameter, mit der möglichen Ausnahme der marginalen Konsumquote, sind im Beobachtungszeitraum gleich geblieben. Nur wenn diese Sammelhypothese („maintained hypothesis") zutrifft, deutet ein signifikantes Testergebnis eindeutig auf eine Änderung des Konsumverhaltens hin.

Wer will aber wissen, ob all diese Zusatzbedingungen wirklich gegeben waren? Anders als in vielen anderen Anwendungen der mathematischen Statistik ist das in den Wirtschaftswissenschaften kaum je mit Sicherheit zu bejahen, und weil niemand das weiß oder garantieren kann, wandern viele ökonometrische Schätzungen genauso schnell in den Papierkorb der Leser, wie sie die Rechner verlassen.

In dieser Lage sind die Einsichten von Heckman und McFadden hochwillkommen. Beide setzten sich auf je verschiedene Art mit Einflussgrößen unseres wirtschaftlichen Wahlverhaltens auseinander, die mangels Masse oder weil sie grundsätzlich nicht messbar sind in den einschlägigen Modellen als sogenannte „Störgrößen" fungieren. Konkret hat Heckman eine Anpassung dieser Störgrößen erarbeitet und vorgeschlagen (die nach ihm benannte „Heckit-Methode"), die auch noch bei verzerrten Stichproben eine vernünftige Schätzung von ökonometrischen Modellen, insbesondere solchen des Arbeitsmarkts, gestattet, und McFadden hat die für diskrete Wahlentscheidungen, etwa der des Wohn- und Arbeitsortes, im Hintergrund verantwortlichen zufälligen Präferenzen einer quantitativen Behandlung zugänglich gemacht. Diese methodischen Durchbrüche können zwar das in der Fülle der Einflussgrößen liegende Grunddilemma ökonometrischer Modelle nicht grundsätzlich beseitigen, aber sie helfen, die aus komplexen Wirtschaftsdaten maximal gewinnbare Erkenntnis tatsächlich zu gewinnen.

27. Wirtschafts-Nobelpreis 2003: Verdienter Lohn für ARCH und Kointegration

■ *WISU 12/2003*

Mit dem US-Amerikaner Robert Engle von der New York University (früher San Diego) und dem Briten Clive Granger (heute pensioniert, vorher ebenfalls in San Diego) wurden auch dieses Jahr wieder zwei Forscher mit dem Wirtschafts-Nobelpreis ausgezeichnet, die ihre Verdienste vor allem als Statistiker und Ökonometriker erworben haben. Angefangen bei den ersten beiden Preisträgern überhaupt, dem Norweger Ragnar Frisch und dem Niederländer Jan Tinbergen im Jahr 1969, haben 26 von bisher 53 Laureaten auch oder sogar in erster Linie als Statistiker und Ökonometriker geforscht; selbst Preisträger wie der Armutsforscher A. K. Sen oder Milton Friedman, der den Wirtschafts-Nobelpreis 1974 für seine Arbeiten zur Geldtheorie und Konsumfunktion erhielt, haben in ebendiesen Arbeiten statistische Methoden angewendet oder selbst entwickelt. Von Milton Friedman ist sogar bekannt, dass er zu Anfang seiner wissenschaftlichen Laufbahn schwankte, ob er diese eher in der mathematischen Statistik oder in den Wirtschaftswissenschaften suchen sollte; seine sogenannte „nichtparametrische zweifache Varianzanalyse ordinaler Merkmale" wird heute noch benutzt.

Die diesjährigen Preisträger stehen also in einer ehrwürdigen und glanzvollen Tradition. Anders als die letzten beiden mit dem Preis gekrönten Ökonometriker Jim Heckman und Dan McFadden, die ihre Verdienste mit der Analyse sogenannter Querschnittsdaten erworben hatten, wenden sich Engle und Granger Zeitreihendaten wie Aktien- oder Wechselkursen zu. Beide befassten sich dabei zunächst mit der Zerlegung solcher Zeitreihen in zyklische Komponenten („Spektraltheorie"), bei dem 1943 geborenen Robert Engle sicher auch durch seine erste Ausbildung in der Physik angeregt, wo solche Methoden seit jeher gerne angewendet werden. Wie der neun Jahre ältere Clive Granger, der seine Laufbahn als Mathematiker an der Universität von Nottingham begonnen hatte, um danach an die Universität von San Diego zu wechseln, wohin er 1975 seinen späteren Mitpreisträger Engle als Kollegen holte, nahm er aber bald verschiedene, auch „mit bloßem Auge" sichtbare Eigenschaften von Zeitreihen ins Visier.

Hier ist etwa seit langem bekannt, dass betragsmäßig große Wachstumsraten vieler Wirtschafts-Zeitreihen die Neigung haben, sich in engen Zeitabschnitten zu häufen. Das folgende Bild z. B. zeigt die täglichen Wachstumsraten des Deutschen Aktienindex DAX von Anfang 1985 bis Ende 1994; man sieht sehr schön den turbulenten Oktober 1987, mit täglichen Ausschlägen von minus 10, aber auch plus 8 Prozent, den Mini-Krach von 1989 und die Aufregung um den ersten Golfkrieg 1990–91, und wie die großen Ausschläge, nach oben wie nach unten, sehr dicht aufeinander folgen, mit langen Perioden relativer Ruhe zwischendrin.

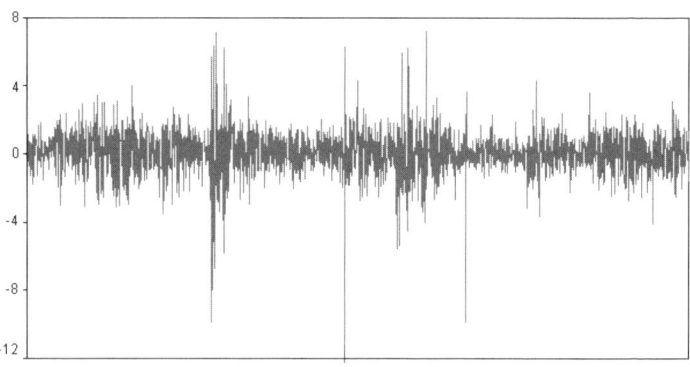

2500 tägliche Renditen des Deutschen Aktienindex DAX: Perioden relativer Ruhe wechseln sich mit turbulenten Zeitabschnitten ab

Ähnliche Muster findet man auch bei Änderungsraten von Verbraucherpreisen, Zinsen oder Wechselkursen; das Zusammendrängen großer Ausschläge in engen Zeitintervallen vereint Zeitreihendaten aus fast allen Bereichen des modernen Wirtschaftslebens.

In seiner berühmten Arbeit „Autoregressive conditional heteroscedasticity with estimates of the variance of U.K. inflation" aus *Econometrica* 1982 entwickelt Robert Engle ein Modell, das diese Eigenheit erklärt. Die Grundidee besteht ganz einfach darin, die quadrierten Wachstumsraten als geeignete Funktionen vergangener quadrierter Wachstumsraten darzustellen: War die Wachstumsrate gestern absolut gesehen groß, so ist sie auch heute mit hoher Wahrscheinlichkeit wieder absolut gesehen groß; war sie gestern absolut gesehen klein, so ist sie auch heute mit großer Wahrscheinlichkeit wieder absolut gesehen klein. Aus dieser auf den ersten Blick wenig aufregenden Einsicht ist eine mittlerweile fast unüberschaubare Klasse sogenannter ARCH- und GARCH-Modelle (für „Autoregressive Conditional Heteroscedasticity" und „Generalized Autoregressive Conditional Heteroscedasticity") entstanden, die Engles Grundidee auf je eigene Weise in konkrete mathematische Modelle übersetzen.

Die wohl wichtigste Anwendung ist die Modellierung und Prognose von Volatilitäten an Kapitalmärkten. Bei der rationalen Bewertung von Optionen etwa gehen die Volatilitäten des Basispapiers über die Restlaufzeit der Option zentral in alle Bewertungsmodelle ein, und mit Hilfe von ARCH- und GARCH-Modellen ist die Prognose dieser Volatilitäten heute weit präziser als mit traditionellen Zeitreihenmethoden möglich.

Ein weiterer fundamentaler Beitrag Engles ist die zusammen mit Clive Granger entwickelte sogenannte Kointegrationstheorie. Diese Theorie befasst sich mit Zeitreihen, die keine sozusagen eingebaute Mitte haben, die vielmehr irregulär um die Zeitachse oder um einen Trend herum zu wandern scheinen. Das Standardbeispiel sind Aktien- oder Wechselkurse. Anders als die Wachstumsraten dieser Daten, die um die Null herum streuen und die man gut mit ARCH- und GARCH-

oder anderen sogenannten „stationären" Modellen erklären kann, sind diese Originalreihen nicht mehr stationär.

Der Fachausdruck dafür ist „integriert". Damit ist gemeint, dass die sukzessiven ersten Differenzen solcher instationären Reihen wieder als stationäre Reihen modellierbar sind, oder umgekehrt: dass die Originalreihe durch sukzessives Aufaddieren („integrieren") dieser stationären ersten Differenzen herzustellen ist.

In bestimmten Fällen ist es nun möglich, durch eine Linearkombination, etwa die Summe oder die Differenz, aus zwei oder mehr solcher integrierten, instationären eine stationäre Zeitreihe zu machen. In diesem Fall heißen die Ausgangsreihen „kointegriert", und es ist das große Verdienst von Engle und Granger, in ihrer bahnbrechenden Arbeit „Cointegration and error-correction: representation, estimation and testing" aus *Econometrica* 1987 die Konsequenzen einer solchen Kointegration gezeigt zu haben.

Die wohl wichtigste dieser Konsequenzen ist die sogenannte „Engle-Granger-Korrekturdarstellung". Sie besagt, dass Kointegration notwendigerweise dazu führen muss, dass künftige Änderungen dieser kointegrierten Zeitreihen aus vergangenen Beobachtungen prognostizierbar sind. Im Kontext von Aktienkursen etwa würde das bedeuten, dass Kointegration die – in effizienten Märkten ausgeschlossene – nichttriviale Vorhersage von Renditen erlaubt. Das nächste Bild (s. S. 183) zeigt die (logarithmierten und um Dividenden- und Bezugsrechtsabschläge bereinigten) Aktienkurse von Bayer und BASF von 1960 bis 1999. Man sieht, wie die Kurse quer durch alle Wirtschaftszyklen immer nahe beieinander bleiben. Jeder für sich ist zwar instationär und integriert, aber die Differenz scheint gut stationär modellierbar zu sein.

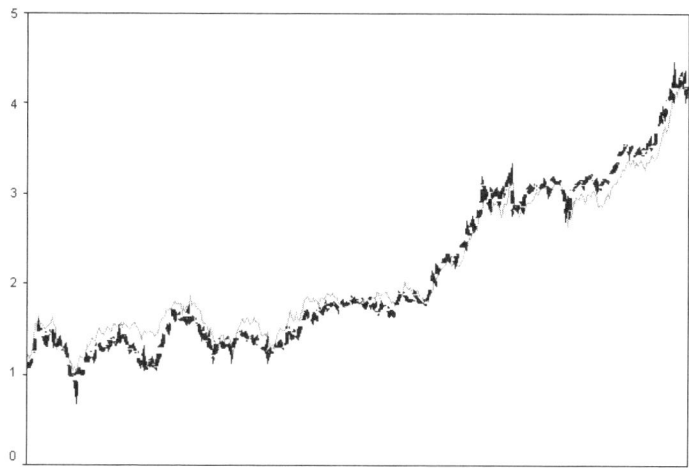

Logarithmierte tägliche Aktienkurse von Bayer und BASF: Jeder für sich ist integriert, aber die Differenz erscheint stationär.

Ob die Differenz der Kurse wirklich als stationäre Zeitreihe modellierbar, die Kurse selbst damit als kointegriert und somit aus vergangenen Werten nichttrivial vorhersagbar aufgefasst werden müssen oder nicht, ist derzeit Gegenstand von heftigen Debatten. Immerhin steht und fällt damit die Theorie der effizienten Aktienmärkte; wir haben hier eine der seltenen Fälle, in denen ein statistischer Test quasi letztinstanzlich über eine ökonomische Verhaltenshypothese entscheidet.

Auch die von Clive Granger entwickelten Kausalitätstests sind inzwischen zu einem unentbehrlichen Standardwerkzeug der empirischen Wirtschaftsforschung geworden. Hier geht es darum, zu entscheiden, ob eine ökonomische Variable eine andere bestimmt oder zumindest mitbestimmt. Das ist in vielen Fällen aus sachlogischen Gründen klar: Das Einkommen wirkt auf den Konsum, der Preis auf den Absatz, das Lohnniveau auf die Beschäftigung. In anderen Fällen sind Kausalbeziehungen aber nicht aus theoretischen Vorüberlegungen abzuleiten. Eine Variable x heißt dann „Grangerkausal" für eine

Variable y, wenn die optimale Prognose für y bei bekanntem x besser ist als bei unbekanntem x. Oder anders ausgedrückt: Die Kenntnis von x erlaubt Rückschlüsse auf den Wert von y, und Granger war einer der Ersten, der formale und inzwischen zum Standardrepertoire der Ökonometrie gehörende Testverfahren dafür vorgeschlagen hat.

Zusammen mit Robert Engle gehört er damit zu einer Spezies von Ökonometrikern, die ihre Wissenschaft konsequent als einen Dienst für ihre Kunden, für die nach empirischen Bestätigungen oder Widerlegungen ihrer Theorien suchenden Ökonomen sehen. Das erscheint zwar selbstverständlich, ist es aber nicht, wie ein Blick in die einschlägigen, mit viel selbstreferentieller art pour l'art gefüllten Fachzeitschriften zeigt. Anders als viele Kollegen sehen Engle und Granger ihre Methoden nie als Selbstzweck; Ausgangspunkt sind immer Sachprobleme, sind Fragen, die von den Substanzwissenschaften aufgeworfen werden. Engle und Granger stellen dann die Werkzeuge bereit, mit denen diese Fragen durch Rückgriff auf die Empirie entschieden werden können. Was kann man von Nobelpreisträgern mehr erwarten?

28. Verlierer sprechen Denglisch

■ *Betriebslinguistische Beiträge 6, Juni 2004*

Was hat Sprache mit Geld zu tun? Diese Frage gilt im Allgemeinen als unfein. Sprache als Inbegriff der Kultur, und dann Geld – das passt nur schwer zusammen.

Aber wie jeder weiß, der sich im nationalen und internationalen Kulturbetrieb auskennt, hat ebendiese Kultur sehr viel mit Geld zu tun. Und das gilt in einem weit größeren Umfang, als die meisten glauben, auch für die Sprache. Man sehe sich z. B. diese Liste an:

Artstor, Blue C Consulting, Brainpool TV, Buch.de internetstores, Comroad, Concept, Cybernet Internet Services, Digital advertising, Ebookers, eJay, F.A.M.E., Feedback AG, Gigabell, Lobster network storage, Mount 10 Inc., Softmatic, Sunburst Merchandising, Team Communications, Tomorrow Internet, United Visions Entertainment, Vectron Systems.

Das sind alles an der deutschen Börse notierte mehr oder weniger große Firmen. Sie haben vier Dinge gemeinsam: (1) Es sind deutsche Firmen, (2) sie haben in erster Linie deutschsprachige Kunden, (3) sie geben sich dennoch englische Namen (und reden auch sonst mit ihren Kunden vorzugsweise Englisch), und (4) sie sind alle heute pleite.

Ich sollte also besser in der Vergangenheitsform referieren: Alle diese ehemals so stolzen Firmen sind heute vom Kurszettel der Frankfurter Wertpapierbörse verschwunden: Requiescant in pace.

Meine These ist nun: Diese wirtschaftlichen Misserfolge haben sich diese Firmen zum Teil auch durch ihr Sprachverhalten selber zuzuschreiben. Sie erreichen ihre Kunden nicht, sie verprellen potentielle Käufer, sie reden am Publikum vorbei.

Damit bin ich auch schon mitten im Thema: die deutsche Sprache und das Geld. Ich habe mir überlegt, dieses doch sehr weite Feld in die folgenden Unterthemen aufzuspalten:

1. Sprache als Gegenstand des Geldverdienens
2. Sprache als Werkzeug des Geldverdienens
   a) in der Vermarktung
   b) in der Produktion

Meine einleitenden Bemerkungen betreffen vor allem Punkt 2a. Dazu später mehr. Zuvor noch einige kurze Bemerkungen zur Sprache als *Gegenstand* des Geldverdienens. Hier hatte ich vor einigen Wochen ein Schlüsselerlebnis. In einer Radiosendung über die Lastenverteilung anlässlich der anstehenden EU-Osterweiterung wurde ein englischer Diplomat gefragt, was denn sein Land zu diesen Kosten und zu dieser Aufgabe beizutragen habe. Er sagte nur: „We teach them English."

We teach them English. Ich schätze, wenn ich meine eigenen Erfahrungen zugrunde lege, dass ein deutscher Akademiker ein bis zwei Jahre seines Lebens nur damit zubringt, Fremdsprachen zu lernen. Das heißt heute vor allem: Englisch zu lernen. Das fängt mit dem modernen Verschicken unschuldiger Schüler ins angelsächsische Ausland an und hört mit Abendkursen für gestresste Wirtschaftsführer auf. In dieser Zeit hat sich ein englischer oder amerikanischer Hochschulabgänger schon fast das erste Haus verdient. Dieser Aspekt der englischen Sprachhegemonie verdient erheblich mehr als die ihm bisher in der öffentlichen Diskussion zukommende Beachtung, soll aber im Weiteren ausgeblendet bleiben.

Vermarktung

Damit zum eigentlichen Thema, und zu einem der traurigsten Kapitel der aktuellen Sprachvermanschung: Sprache als Werkzeug des Geldverdienens oder: Welchen (vermeintlichen) Zweck hat Denglisch in der Werbung?

Auch dazu ein persönliches Erlebnis. Auf dem Rückweg von einer wissenschaftlichen Tagung in Spanien sehe ich auf dem Flugplatz von Madrid ein großes Plakat der Firma Siemens, darauf in großen Lettern folgender Text: „*Siemens, la fuerza de la innovacion!*" Als ich in Düsseldorf das Flugzeug verlasse, sehe ich das gleiche Plakat, nur der Text ist anders: „*Siemens, the force of innovation!*" Die Firma Siemens redet also mit ihren spanischen Kunden Spanisch, mit ihren italienischen Kunden, wie meine Nachforschungen ergeben haben, Italienisch, mit ihren japanischen Kunden Japanisch, und mit ihren deutschen Kunden Englisch.

Mit anderen Worten, man glaubt, die Spanier auf Spanisch, die Italiener auf Italienisch, die Japaner auf Japanisch, aber die Deutschen auf Englisch am besten zu erreichen. Warum sonst wirbt die deutsche Lufthansa: „*Thinking in new directions*", die Binding Brauerei: „*Check in to another world*", die Reifenfirma Conti Gummi: „*Do it with German engineering*", die Allianz-Versicherung: „*Allianz – the power on your side*", die Schott Glas AG: „*Glass made of ideas*", die Werndl Büromöbel AG: „*Feel at home at the office*", der Getränkehersteller Sinalco: „*Let's talk about taste*", das Kaufhaus Peek&Cloppenburg: „*Need a change?*" usw?

Meine These ist nun: Diese auf Englisch vermittelten Botschaften kommen heute immer schlechter an. Das hat verschiedene Gründe. Erstens entstehen durch das deutsch-englische Sprachgemisch namens Denglisch alle möglichen Missverständnisse. Das fängt bei einer alten Dame auf dem Münchener Hauptbahnhof an, die mich allen Ernstes nach dem Eis-Zug fragt, und hört bei deutschen Jugendlichen auf, die das Wort „turteln" ohne nachzudenken auf eine Eigenschaft von Schildkröten beziehen. Oder was hat man sich unter einem „Bad guide", einem „Angel-shop" (so firmiert im Erzgebirge ein Geschäft für Weihnachtszubehör) oder unter „Himbeercake" vorzustellen?

Aber auch ganz ohne Missverständnisse: Die Leute verstehen zweitens diese Sprüche einfach nicht. Wie eine ausführliche Studie der Kölner Beratungsfirma Endmark Mitte des Jahres 2003 ergeben hat, wird etwa der bekannte Spruch der

Firma Douglas: „*come in and find out*", nur von einem Drittel der Kunden voll verstanden. Über die Hälfte glaubten zwar, ihn voll verstanden zu haben, übersetzten ihn aber mit „Komm herein und finde wieder heraus" oder ähnlich falsch.

Auf nochmals weniger Verständnis stießen die Sprüche von Audi („*Driven by instinct*" — 22 Prozent voll verstanden), Siemens („*Be inspired*" — 15 Prozent voll verstanden) oder der von RWE: „*One group, multi utilities*". Die meisten Befragten dachten hier an „Eine Gruppe, viele Nützlichkeiten" oder Ähnliches.

Zweitbotschaften

Jetzt höre ich wieder die Werbeexperten sagen: Das ist doch ganz egal, ob die Leute einen Spruch verstehen. Es kommt einzig und allein auf die dadurch vermittelte Stimmung, auf das Lebensgefühl der Werbesprüche an. Und damit bin ich bei dem dritten Grund, warum englischsprachige Werbung in Deutschland immer mehr zu einem Rohrkrepierer wird: genau wegen ebendieser durch die Wahl der Sprache indirekt vermittelten Zweitbotschaft sozusagen. Diese Zweitbotschaft war bisher: Wir sind weltoffen, wir sind modern, wir reiten auf der Welle des Fortschritts ganz vorne mit. Aber das war gestern. Heute verbinden viele Menschen mit der Sprache Englisch ganz andere Dinge als Weltoffenheit und Progressivität. Besonders durch die Ereignisse im Irak, aber auch durch das Platzen der Internet-Blase und die massenhaften Pleiten in der sogenannten „New Economy" hat das Prestige von allem, was mit Amerika zu tun hat, weltweit gewaltig abgenommen. Das gilt auch für die englische Sprache. Englische und denglische Werbesprüche oder Firmennamen haben auch unabhängig vom Irak und von der Bush-Regierung heute einen dezidierten Geruch der Zweitklassigkeit bekommen. Nachdem inzwischen auch schon die schmierigste Frittenbude als City-Grill firmiert, fallen englische Produktbezeichnungen nicht mehr auf, sie sind nichts Besonderes mehr, viele Konsumenten verbinden damit inzwischen ganz im Gegenteil etwas Billiges und Ordinäres. Wer heute auf Englisch wirbt, der sagt: Ich bin ein Allerweltsbetrieb, bei mir bekommen Sie das, was Sie überall sonst auch bekommen. Und diese Botschaft ist natürlich nicht besonders gut für das Geschäft.

Das haben ausländische Firmen in Deutschland längst begriffen. Sie werben in Deutschland schon seit längerem, und das sehr kreativ, in der Sprache ihrer Kunden: Air France: *„Wir erobern Ihr Herz im Flug"*; Fiat: *„Leidenschaft ist unser Antrieb"*; Peugeot: *„Entdecken Sie neue Ansichten"*; Renault: *„Lust auf Last"* (Werbung für den neuen Minibus); Mitsubishi: *„Innovation in Bewegung"*; die Touristenzentrale der Emilia Romagna: *„Nichts liegt näher"* usw. Ja selbst der Fahnenträger des weltweiten amerikanischen Kulturimperialismus – die Firma McDonalds – hat ihre Werbung in Deutschland inzwischen umgestellt. War sie in der Endmark-Studie noch mit dem Spruch vertreten: *„Every time a good time"* (der übrigens unter allen von Endmark untersuchten Sprüchen noch am besten vom deutschen Publikum verstanden wurde), so wirbt sie heute mit *„Ich liebe es"*.

Auch ein Blick auf die Internetseiten von McDonald's wird so manchen deutschen Werbemenschen staunen lassen. Denn da gibt es keine „Homepage", wie bei deutschen Firmen, da gibt es eine „Startseite". Und auch sonst hat das Denglisch-Gefasel bei McDonald's dramatisch abgenommen. Man hat gemerkt: Das kommt bei den Kunden immer weniger an, und deswegen lässt man es.

Selbst den immer etwas hinterherhinkenden deutschen Werbemachern ist das inzwischen aufgefallen. Auf der Internetseite www.slogans.de findet man eine lange Liste ausgewählter neuer Werbesprüche für in Deutschland tätige große und nicht so große Firmen – die meisten davon seit kurzem wieder deutsch: Aalborg: *der feine Akvavit aus Dänemark* (Getränke 2001); eBooks: *Einfach Bücher finden.* (Handel 2003); Abendzeitung: *Dichter dran.* (Medien 2003); Abus Sicherheit: *Das gute Gefühl* der Sicherheit. (Einrichtung 2000); Accu-Chek: *Leben. So wie ich es will.* (Gesundheit/Pharma 2003); Actimel: *Activiert Abwehrkräfte* (Ernährung 2002); Acuvue *Für atemberaubende Augen.* (Kosmetik 2003); ADAC: *Machen Sie sich aus dem Stau!* (Versicherung 2000); ADAC Reisen: *Mit Sicherheit mehr vom Urlaub* (Touristik 2001); Addomum: *Rundum für Sie da!* (Bauwirtschaft 2002); Adler: *Das gefällt mir.* (Bekleidung 2002); Ado: *Leben ist zu Hause* (Einrichtung 2000); AEG: *Perfekt in Form und Funktion.* (Elektrogeräte 2003) usw. Nur der Sportartikelhersteller Adidas widersetzt sich noch diesem Trend, ansonsten werben auch deutsche Firmen heute zusehends wieder deutsch.

Und diejenigen, die es nicht tun, werden am Markt dafür bestraft.

29. Sprache als Produktionsfaktor

▪ Vortrag vor der Nordrhein-Westfälischen Akademie der Wissenschaften, 1. Oktober 2010

Als Vertreter der Klasse der Ingenieure und Ökonomen beginne ich einmal mit einer Zahl: zwei Billionen dreihundertsiebenundsechzig Milliarden und einhundert Millionen. Das ist das Bruttoinlandsprodukt der Bundesrepublik Deutschland im Jahr 2009. Damit ist Deutschland absolut gesehen Nr. 4 in der Welt, hinter den USA, Japan und der Volksrepublik China.

Pro Kopf ist die Lage nicht ganz so gut, da sind wir nur Nr. 16. Die Nr. 1, mit einer Pro-Kopf-Produktion und damit auch mit einem Pro-Kopf-Einkommen zweieinhalb mal so hoch wie das deutsche, ist – Luxemburg! Danach kommt Norwegen, erst an 9. Stelle folgen die USA.

Der Umgang mit diesen Zahlen ist mein tägliches Brot; ich habe einen Lehrstuhl für Wirtschafts- und Sozialstatistik, zu meinen Dienstaufgaben gehört die Forschung, wie diese Zahlen zustande kommen, was sie sagen und vor allem, was sie *nicht* sagen. Darüber könnte ich ohne Punkt und Komma bis heute Abend reden, aber das wäre für die meisten hier im Saal eher langweilig.

Und das ist auch nicht mein Thema. Der Gegenstand meines Referats ist vielmehr: Was hat das Sozialprodukt, was haben Geld und Wirtschaft mit Sprache zu tun? Und die Antwort ist: mehr, als die meisten glauben.

Dieses Thema habe ich zweigeteilt: einmal Sprache als *Gegenstand* und dann Sprache als *Werkzeug* des Geldverdienens. Letzteres, d. h. die Rolle der Sprache als Produktionsfaktor, soll auch das Schwergewicht meines Referats bilden. Zuvor aber einige Worte zur Sprache als Gegenstand des Geldverdienens. Wussten Sie z. B., dass die Wirtschaft Großbritanniens inzwischen durch Sprachunterricht mehr Geld verdient als durch das Nordseeöl? Die jährlichen Gesamteinnahmen der britischen Volkswirtschaft durch Sprachtourismus, Sprachunterricht und den Verkauf einschlägiger Lehrmaterialien beträgt nach Angaben des British Council zwischen 15 und 20 Milliarden Euro, das entspricht in etwa der jährlichen Bruttowertschöpfung der gesamten deutschen Land- und Forstwirtschaft, die Hochseefischer inbegriffen.

Das ist sozusagen der Export von Sprachdienstleistungen. Hier sind unsere Nachbarn von der Insel ungewöhnlich erfolgreich. Dem entspricht eine ebenso ungewöhnliche Bescheidenheit beim Import, das Fremdsprachenlernen wird in England zunehmend kleiner geschrieben. Viele Anstalten der sekundären Bildung unterrichten heute überhaupt keine Fremdsprachen mehr, und an der Universität Cambridge wurde vor kurzem die Kenntnis einer Fremdsprache als Aufnahmebedingung abgeschafft – man kann heute diese berühmte Universität mit einem akademischen Abschluss verlassen, ohne jemals im Leben eine andere Sprache als Englisch kennengelernt zu haben.

Insgesamt verwendet man in der englischen sekundären Bildung derzeit nur noch zwei Milliarden Euro jährlich auf Fremdsprachenunterricht. In Frankreich sind das acht Milliarden, also viermal so viel (Grin 2005). Für Deutschland kenne ich keine exakten Zahlen, ich vermute, hier sind die Ausgaben nochmals höher. Und diese gesparten sechs Milliarden Euro stehen dann für andere Zwecke zur Verfügung, etwa Luxusvillen an der Riviera inklusive gut geschultem deutschem Personal.

Diese britische Zurückhaltung beim Sprachenlernen hat natürlich auch für die Briten negative Nebeneffekte, sie beschränkt den mentalen Horizont, wer nur seine eigene Sprache und sonst keine kennt, beraubt sich vielfältiger Möglichkeiten, die Welt auch einmal mit anderen Augen anzusehen. Auf der anderen Seite aber sparen englische Akademiker so rund zwei Jahre ihres Lebens, die andere auf das Erlernen von Fremdsprachen verwenden, und sind zwei Jahre früher auf dem internationalen Arbeitsmarkt (von der weiteren Ersparnis durch Wegfall der Wehrpflicht ganz abgesehen). Nach aktuellem Stand sind in England 72 Prozent der Hochschulabsolventen jünger als 25 Jahre, in Deutschland dagegen weniger als 30 Prozent. Und diese Differenz geht zum guten Teil – nicht ausschließlich, aber doch zu einem guten Teil – die angelsächsische Abstinenz beim Fremdsprachenlernen zurück.

Zusammen mit dem Vorteil des „Native Speaker" hat das u. a. den weiteren Effekt, dass englische Hochschulabsolventen schneller und früher als andere in internationalen Führungspositionen landen (Little und Tang 2008): „Regardless of age on graduation, UK graduates were more likely to … supervise staff, and have responsibility for assessing other's work – than European graduates overall […] Mature UK graduates were slightly more likely to be seen as an authoritative source of advice and slightly less likely to have their work monitored."

Sprache als Werkzeug des Geldverdienens

Nun aber zu meinem eigentlichen Thema: Sprache als *Werkzeug* des Geldverdienens, d. h. Sprache als Produktionsfaktor. Denn dass Sprache ein unentbehrliches Hilfsmittel bei der Produktion von materiellen wie immateriellen Gütern gleichermaßen ist, bedarf wohl keiner weiteren Begründung. Allenfalls über die Kanäle und Wirkmechanismen, in denen sich diese Eigenschaft manifestiert, kann man trefflich streiten. Und genau um diese Kanäle geht es mir in meinem Referat.

Anfangen will ich mit der Sprache als Werkzeug bei der Produktion von *Ideen*. Denn Sprache ist mehr als nur eine Benutzeroberfläche, mit der unser Gehirn mit der Umwelt in Verbindung tritt, Sprache ist ein Katalysator, ein Motor des Denkens selbst. Oder anders ausgedrückt: Es ist alles andere als nebensächlich, wie man Dinge benennt, der Begriffsvorrat, den verschiedene Sprachen dieser Welt für die Erfassung der Wirklichkeit bereithalten, bestimmt durchaus und nicht unerheblich mit, wie wir diese Wirklichkeit beschreiben, modellieren und beherrschen.

Das fängt etwa damit an, dass eine weibliche oder männliche Geschlechtszuweisung bei Sprachen, in denen dergleichen möglich ist, den bezeichneten Dingen in unserem Kopf eine ganz andere Färbung verleihen. Man nehme etwa die Brücke, die ist im Deutschen weiblich, aber im Französischen und Spanischen ist sie männlich: le pont, el puente. Jetzt frage man einmal einen Deutschen und einen Spanier: An was denkst du bei dem Wort Brücke? Deutsche verbinden damit „geschwungen, verbindend, leicht". Spanier und Franzosen denken bei Brücke aber eher an „steil, bedrohlich, schwer". Diese Assoziationen unterscheiden sich beträchtlich. Damit ist aber auch die Metapher etwa vom Brückenbauen für Spanier und Franzosen längst nicht so friedensstiftend wie für Deutsche. Da denkt man vielleicht eher an Attacke.

Auch die Detailauflösung der Umwelt ist je nach Sprache sehr verschieden. Angeblich kennen Eskimos 100 Wörter für Schnee. Unter Sprachwissenschaftlern ist das umstritten, aber nicht zu bestreiten sind die Konsequenzen der willkürlichen Abgrenzung der Lichtfrequenzen zur Benennung von Farben. Hier nehmen etwa die Deutschen und die Italiener die Welt durchaus verschieden wahr, und zwar deswegen, weil sie das sichtbare Farbspektrum, d. h. elektromagnetische Wellen der Länge von rund 400 bis rund 700 Nanometer, auf sehr unterschiedliche Weise in klar benannte Teile segmentieren. Für einen Italiener sind z. B. *azzuro* und *blu* zwei völlig verschiedene Farben – der Himmel ist *azzuro*, das Meer dagegen *blu*. Für Deutsche ist beides blau. Chinesen haben dagegen zwei verschiedene Sorten Grün, die Japaner zum Ausgleich gar keine, da ist Grün eine Art von Blau, usw.

Also (und bitte verzeihen Sie diese Trivialitäten): Eine Sprache ist eine Brille, und genau wie eine Brille unsere Sicht auf gewisse Dinge schärft und auf andere eher abschwächt, ist natürlich auch die Sprache, in der wir denken, von großem Einfluss darauf, wie wir diese Welt erfassen. Z. B. kann ich mir nur sehr schwer vorstellen, dass Sigmund Freud sein bekanntes Strukturmodell der menschlichen Psyche in Paris oder New York entwickelt haben könnte (ganz abgesehen von dem vergleichsweisen Mangel an Anschauungsmaterial). Für sein Es, sein Ich und Über-Ich gibt es weder auf Englisch noch auf Französisch so gut passende Begriffe: Mit dem Ich und Über-Ich klappt es im Englischen noch so gerade – ego und super-ego –, aber beim „Es" muss man kapitulieren: Einige Psychologen sagen „the it". Das hat sich aber nicht durchgesetzt, Standard ist das lateinische „id".

Aber auch das „Super" entspricht nicht genau dem deutschen „Über" – der Nietzsche-„Übermensch" ist etwas anderes als der aus dem Kino bekannte Superman. Nicht ohne Grund, nämlich weil das deutsche „Über" im Englischen keine exakte Entsprechung hat, hat sich über auch als Fremdwort im Englischen etabliert: „I am über-confused", „this website is über-informative", „this girl is über-sweet" usw.

Ähnlich die Probleme im Französischen: Le Moi, le Ça, le Surmoi. Hier liegt das Problem vor allem im männlichen Geschlecht, das lässt, wie wir gerade am Beispiel der Brücke gesehen haben, ganz andere Gehirnregionen klicken als das sächliche des deutschen Originals.

Deutsch vs. Englisch

So weit die Rolle der Sprache als Brille. Die ist vermutlich wenig kontrovers. Jetzt zu den etwas gewagteren Thesen. Was geschieht, wenn ein Kurzsichtiger eine Weitsichtbrille trägt? Wenn wir die Welt betrachten und beschreiben in einer Sprache, die nicht unsere Muttersprache ist?

Und Sie ahnen schon, worauf ich hinauswill: auf die Konsequenzen, und zwar auf die wirtschaftlichen Konsequenzen der zunehmenden Verdrängung des Deutschen durch das Englische in Wissenschaft und Wirtschaft. Hier gibt es im Wesentlichen zwei Positionen.

Position 1 (zugleich die aktuelle Mehrheitsmeinung): Eine wissenschaftliche und wirtschaftliche Einheitssprache erhöht die Effizienz der Produktion von materiellen und geistigen Gütern gleichermaßen: Reibungsverluste werden minimiert, der Austausch von Gütern und Ideen erleichtert, wir sollten uns freuen, dass es heute eine weltweit anerkannte Lingua franca namens Englisch gibt.

Position 2 (nach meiner Einschätzung die Meinung einer Minderheit): Die leichtfertige Aufgabe der Muttersprache in Wirtschaft und Wissenschaft auch da, wo es nicht durch die Umstände geboten ist, hat verschiedene teure, aber gerne übersehene Nebenwirkungen, die den Nutzen der Einheitssprache möglicherweise bei weitem übertreffen.

Der bekannteste Vertreter der ersten Position ist wohl Günter Oettinger, aktuell deutscher EU-Kommissar in Brüssel und ehemaliger Ministerpräsident von Baden-Württemberg. Er gab in einem Fernsehinterview die folgende bemerkenswerte Aussage zu Protokoll: „Englisch wird die Arbeitssprache. Deutsch bleibt die Sprache der Familie und der Freizeit, die Sprache, in der man Privates liest." (SWR-Fernsehen, 13. November 2005). Man lasse sich das einmal auf der Zunge zergehen: „Deutsch bleibt die Sprache der Familie und der Freizeit, die Sprache, in der man Privates liest. Englisch aber wird die Arbeitssprache." Nicht in England, wohlbemerkt, sondern in Deutschland – in deutschen Büros, Geschäften und Schulen spricht man künftig Englisch. So erwartet es – und wünscht sich vielleicht gar – ein guter Teil der hohen deutschen Politik. Unterfüttert wird diese Position u. a. vom Stifterverband für die deutsche Wissenschaft, der in die Frage „Deutsch oder Englisch in der universitären Lehre" wie folgt entscheidet:

„Welchen Widerstand oder Bedenken gibt es gegen diese neue [d. h. englische] Form der Lehre? Erstaunlicherweise ist das übergreifende Bild, das sich sowohl aus den Fragebogenerhebungen als auch aus den Hochschulbesuchen ergibt, das von enthusiastischer Unterstützung und von verschwindend wenig Skepsis. Widerstand gegen die ES-Einführung ist danach selten, und auf – meist ältere – Hochschullehrer beschränkt, die sich die Lehre in Englisch nicht zutrauen. Fast keine Hochschule zwingt die wenigen Widerspenstigen, in Englisch zu lehren. Falls nötig, werden so entstehende Lücken durch Gastprofessoren geschlossen" (Stifterverband 2003).

Ein Beispiel für diese „enthusiastische Unterstützung" ist die folgende Internet-öffentliche Meinungsäußerung eines VWL-Hochschullehrers an der Viadrina Frankfurt/Oder; er kommentierte eine Fakultätsdebatte über Deutsch oder Englisch als Unterrichtssprache, in welcher ein Kollege für Deutsch eintrat, wie folgt:

„Was soll das, Herr Kollege Weydt?

Die deutsche Sprache brauchen wir nicht mehr. Ich bin dafür alles in englischer Sprache zu machen. Goethe, Schiller und die anderen Schreiberlinge kann man auch auf Englisch lesen (ich habe Hesse nur in amerikanischen Übersetzungen gelesen. Kann nur sagen: Prima). Nehmen Sie sich ein Beispiel an Händel, der hat sich sogar geweigert mit seiner Mutter deutsch zu sprechen! So muss es sein. Raus aus der Provinz, rein in die globalisierte Welt. Mit deutscher Sprache können unsere Studenten nur noch Kanzler werden! Und ferner dient eine Sprache der Völkerverständigung. Um die deutsche Kultur zu pflegen, brauchen wir keine deutsche Sprache".

Ich selbst vertrete im weiteren Position 2: Die leichtfertige Aufgabe der Muttersprache in Wirtschaft und Wissenschaft hat viele teure, aber gerne übersehene Nebenwirkungen, die den Nutzen einer Einheitssprache möglicherweise übertreffen.

Fangen wir an mit der Wissenschaft, Teil 1: Lehre. Das sind die eher kleinen Katastrophen. Die ereignen sich Woche für Woche, Tag für Tag, an ungezählten höheren und nicht so hohen Lehranstalten, wenn Dozenten, die nur ungenügend Englisch können, zu Kollegen oder zu Studenten sprechen, die ebenfalls nur ungenügend Englisch können. Wie oft wird man als Hochschullehrer immer wieder Zeuge eines Gastvortrags, bei welchem der deutsche Redner gebeten wurde, doch auf Englisch vorzutragen? Das tut er oder sie dann auch mehr schlecht als recht. Eine große Diskussion kommt in aller Regel nicht zustande, die Übung hätte man sich sparen können. Der Redner ist frustriert, das Publikum gelangweilt, die knappe Zeit vergeudet.

Nicht ohne Grund haben viele hochrangige Lehranstalten das Experiment „Lehre auf Englisch" inzwischen wieder abgebrochen und sind zu Deutsch zurückgekehrt. Unter der Überschrift „Let's speak German" liest man etwa in der *Financial Times Deutschland* vom 18. Juli 2009: „Etliche deutsche Business-Schulen haben Englisch als Unterrichtssprache abgeschafft und bieten ihre Programme auf Deutsch an […] Dazu zählen beispielsweise die Rheinisch-Westfälische Technische Hochschule (RWTH) Aachen, die Gisma-Business Schule in Hannover, die Nürnberger Friedrich-Alexander-Universität oder die Schweizer Universität St. Gallen. Auch an der Katholischen Universität Eichstätt-Ingolstadt wird seit nunmehr acht Jahren im MBA-Unterricht hauptsächlich Deutsch gesprochen."

„Wird der Unterricht auf Englisch gehalten", so Oliver Kohmann, Geschäftsführer der Managementausbildung an der Katholischen Universität Eichstätt-Ingolstadt, „geht zu viel verloren." Diskussionen über bestimmte Fachthemen, aber auch über Führungsstile und Fragen der Unternehmenskommunikation seien auf Deutsch in der Regel tiefgründiger und würden sich fachlich eher mal zu einer angeregten Diskussion „hochschaukeln". Und der Kollege Schuh, Wirtschaftsprofessor an der RWTH Aachen und dort für die MBA-Ausbildung zuständig, geht sogar noch einen Schritt weiter; er glaubt, „dass deutschsprachige MBA-Programme den Lernprozess insgesamt beschleunigen" (Financial Times Deutschland 2009).

Deutsch vs. Englisch in der Forschung

Jetzt zu den großen Katastrophen. Die ereignen sich vorher. Denn bevor man irgendwelche Forschungsergebnisse vorträgt, muss man erst mal welche haben. Und genau hier, bei der Geburt einer Idee, bei der eigentlichen Forschung, richtet der Verzicht auf die Muttersprache den größten Schaden an. Viele deutsche Hochschullehrer und -lehrerinnen (tatsächlich sind es überproportional oft Männer) scheinen nämlich zu glauben, dass man Spitzenwissenschaft nur noch auf Englisch betreiben könne oder solle: „Die Durchsetzung eines [englischen] Sprachstandards ist Bestandteil eines effizienten Wissenschaftsbetriebs. Eine Abkopplung vom globalen Sprachstandard durch eine staatlich-administrierte Verwendung von Deutsch in Lehre und Forschung führt notwendig zur Schwächung der Leistungsfähigkeit der deutschen Forschung" (Wey 2003).

Ich halte diese These für falsch. Richtig ist allein: Deutsch als *internationale* Wissenschaftssprache hat in den meisten Fächern keine Zukunft. Daraus folgt aber keinesfalls, dass Spitzenlehre und Spitzenforschung ausschließlich in englischer Sprache betrieben werden solle oder müsse. Denn diese Befürworter des Englischen als alleiniger Wissenschaftssprache verwechseln die Rolle von Deutsch als *internationaler* mit der als *nationaler* Wissenschaftssprache, als Medium, in dem Forscher denken, grübeln, Ideen entwickeln, Hypothesen formulieren, Querverbindungen herstellen, Gedankenblitze zünden lassen. Es geht hier um das *Werkzeug*, den Geburtshelfer, der Theorien und Ideen überhaupt erlaubt, das Chaos unserer Gehirnzellen in Richtung Umwelt zu verlassen. Und hier richtet die moderne Ersatz-Wissenschaftssprache BSE (Basic Simple English) einen großen Schaden an. „Die geistige Durchdringung eines Forschungsgegenstandes ist sprachgebunden, sprachfreies Denken gibt es nicht"(Glück 2009), und wenn diese „geistige Durchdringung" in einer Fremdsprache stattfindet, entstehen notwendigerweise Reibungsverluste, die bei einem Beharren auf der Muttersprache zu vermeiden wären.

Allen Kollegen, die auf internationalen Konferenzen auf Englisch daherstottern müssen und allein schon deshalb allen englischen Muttersprachlern immer unterlegen sind, sei einmal die Lektüre des zeitlosen Aufsatzes über die „allmähliche Verfertigung der Gedanken beim Reden" von Heinrich von Kleist empfohlen. „Wenn Du etwas wissen willst", fängt dieser Aufsatz an, „und es durch Meditation nicht finden kannst, so rate ich Dir, mein lieber, sinnreicher Freund, mit dem nächsten Bekannten, der dir aufstößt, darüber zu sprechen." Denn durch das Sprechen, so Kleist, würden unsere Gehirnzellen quasi aufgemischt, beflügelt, zu Höchstleistungen angetrieben – das Sprechen als Türöffner für das Denken. „Der Franzose sagt: l'appétit vient en mangeant, und dieser Erfahrungssatz bleibt wahr, wenn man ihn parodiert, und sagt, l'idee vient en parlant."

Kleist berichtet dann weiter, wie es ihm schon oft geschehen sei, dass er den Sprachmotor quasi anwarf, indem er einfach zu reden anfing, und dann trug ihn die Sprache, ohne dass er bewusst nachdachte, sozusagen von selbst ans Ziel: „Aber weil ich doch irgendeine dunkle Vorstellung habe, die mit dem, was ich suche, von fern her in einiger Verbindung steht, so prägt, wenn ich nur dreist den Anfang mache, das Gemüt, während die Rede fortschreitet, in der Notwendigkeit, dem Anfang nun auch ein Ende zu finden, jene verworrene Vorstellung zur völligen Deutlichkeit aus, dergestalt, dass die Erkenntnis zu meinem Erstaunen mit der Periode fertig ist."

Die Erkenntnis ist zu Kleists Erstaunen mit der Periode fertig! Und meine These ist: Wenn man nicht nur das Vermitteln, sondern auch das *Entstehen* von Gedanken einer Pidgin-

Sprache überantwortet ähnlich derer, die vielen deutschen Wissenschaftlern heute zum Erfassen unserer Welt als ausreichend erscheint, ist hochkarätige Forschung nicht mehr möglich.

Ein weiterer wortgewaltiger Vertreter dieser These war Gottfried Wilhelm Leibniz: „Und ich bin insonderheit der Meinung", schreibt er in seiner „Ermahnung an die Deutschen, ihren Verstand und ihre Sprache besser zu üben", „dass die Nationen, deren Sprache wohl ausgeübet und vollkommen gemachet, dabei einen großen Vorteil zur Schärfung ihres Verstandes haben. Denn man muss bedenken, dass die Worte nicht nur Zeichen seien, anderen unsere Meinung zu entdecken, sondern auch mit uns selbst innerlich gleichsam zu reden und zu ratschlagen, wie die Erfahrung bezeiget, und je besser und bequemer und deutlicher die Zeichen seien, so füglicher kann der Verstand seine Wirkung verrichten" (zitiert nach Pörksen 1983).

Ein moderner Vertreter dieser Richtung ist der Ex-Vorsitzende des deutschen Germanistenverbandes, Konrad Ehlich: „Der angestrebte Monolinguismus für das internationale Wissenschaftsgeschehen hat erkenntnishindernde Folgen … Sprache ist nicht einfach eine Ansammlung von Wortmarken, die den sprachunabhängigen Wissenselementen angehängt würden. Vielmehr erfolgt die Organisation, Speicherung und Weitergabe des Wissens selbst in sprachlicher Form. Der Sprache kommt aufgrund dieses Umstandes eine eigene erkenntnisbezogene, ja erkenntnisstiftende Funktion zu" (Ehlich 2001).

Lassen wir diese These also einmal so stehen: Ideen produzieren kann man am besten in der Muttersprache. Wenn dann eine Erkenntnis erst einmal geboren ist, aber erst dann und nicht früher, spricht nichts dagegen, ja ist es sogar angezeigt, sie dem weltweiten Publikum in einer wie auch immer gewählten Lingua franca mitzuteilen. Bitte beachten Sie die Trennung zwischen Sprache als Werkzeug der Erkenntnis und Sprache als Werkzeug der Vermittlung. In der einen Dimension regiert die Muttersprache, in der anderen die Lingua franca Englisch.

Mein persönliches Vorbild, zumindest in den Fächern, die ich selber überblicke, sind hier die Franzosen. Denn ökonomische und ökonometrische Forschung findet in Frankreich immer noch vorwiegend auf Französisch statt. Die Terminologie ist umfassend und reich, fördert kreatives Denken und lässt französische Wirtschaftsforscher nahezu alles, was sie denken können oder wollen, zunächst einmal auf Französisch denken. Und erst dann wird das Ergebnis auf die bekannte etwas holprige Art und Weise ins Englische übertragen und einem weltweiten Publikum bekannt gemacht. Und das mit großem Erfolg. Laut Zählung von 2006 hat die Econometric Society, die weltweit führende Ökonomenvereinigung, in Frankreich 186 Mitglieder, davon 30 „Fellows" (Rupello 2007). Fellows sind durch herausragende wissenschaftliche Leistungen aufgefallene Mitglieder, die per Zuwahl in diesen erlesenen Kreis der führenden Ökonomen dieser Erde aufgenommen werden. In Deutschland gibt es 380 Mitglieder, aber nur 9 Fellows (davon übrigens einige Mitglied dieser Akademie). Das kann man doch nur so verstehen, dass die Deutschen zwar fleißiger sind, aber weniger Spitzenforschung produzieren. Und zwar nicht wegen zu wenig Englisch, sondern wegen *zu viel*. Wenn man sich etwa das oft unverdauliche Kauderwelsch anhört, mit dem sich manche deutschsprachige Volkswirte etwa auf der Jahrestagung der Vereins für Socialpolitik verständigen zu müssen glauben, fällt es nicht leicht, dahinter irgendwelche nennenswerten Beiträge zur Erkenntnis zu vermuten.

Sprache und die Produktion von Dingen

Das war „Sprache und die Produktion von Ideen". Mein nächstes und letztes Sub-Thema ist „Sprache und die Produktion von Dingen".

Nehmen wir die Produktion von Autos, nehmen wir Daimler-Benz und Porsche. Von 1999 bis 2003, dem Tiefpunkt der vorletzten Aktienkrise, nahm der Börsenwert von – damals noch – Daimler-Chrysler um über 30 Milliarden Euro ab. Das ist in etwa das jährliche Sozialprodukt von Luxemburg. In der gleichen Zeit nahm der Börsenwert des Autobauers Porsche trotz Krise um mehrere 100 Millionen Euro zu. Und auch in den Jahren danach hinkte Daimler der Konkurrenz aus Zuffenhausen deutlich hinterher.

Ich stelle einmal die These in den Raum, dass das vielleicht kein Zufall war. Denn im Jahr 1999 hatte Daimler-Chrysler seine Firmensprache auf Englisch umgestellt. Etwa zur gleichen Zeit gab der damalige Porsche-Vorstandsvorsitzende Wiedeking dem *Spiegel* ein Interview, in dem er u. a. sagte: „Natürlich können sich die Manager auf Englisch verständigen. Aber das ist nicht auf allen Arbeitsebenen der Fall. Ganz schwierig wird es, wenn es um Details geht, um die Einzelteile eines Motors beispielsweise. Doch gerade bei diesen Themen müssen sich die Mitarbeiter perfekt verstehen. Und wenn Englisch oder Französisch die Konzernsprache ist, benachteiligt man automatisch alle, für die dies nicht die Muttersprache ist."

Deshalb setzt Porsche konsequent, und zum großen Missfallen der angelsächsischen Konkurrenz, auf die Firmensprache Deutsch. „The company insists on all development work being done in German, even when its largest market is the US. 'We would rob ourselves of one of our most decisive advantages if we were to throw our mother language overboard just to give us a modern complexion', says an official." (*Financial Times* 2008)

So geschieht es bei Porsche eher selten, „dass selbst Diplom-Ingenieure – Werksleiter mit bis zu 5000 Mitarbeitern – in ‚Meetings' nichts sagen, weil ihnen auf Englisch nichts einfällt oder sie sich nicht blamieren wollen" (Gentner 2008). Rückrufaktionen oder Qualitätsmängel sind bei Porsche so gut wie unbekannt. Die ehemalige deutsche Vorzeigefirma Mercedes-Benz dagegen hatte im Jahre 2005 die höchsten Rückrufraten von allen Autobauern auf der ganzen Welt. Ich zitiere aus dem *Spiegel*: „Wegen Problemen mit Elektronik und Bremsen, die bereits zu Unfällen führten, sieht sich Mercedes-Benz zur größten Rückrufaktion in der Firmengeschichte gezwungen... Betroffen sind die neuen E-, SL- und CLS-Klassen ... Über eine Million Autos waren von diesen Qualitätsmängeln befallen."

Auch in einem weiteren ehemaligen Vorzeigekonzern der deutschen Wirtschaft, der Firma Siemens, beklagen sich die Mitarbeiter über Kreativblockaden durch die Zwangseinführung einer Sprache, die sie nicht verstehen. Hier Auszüge aus einem Brief eines Siemens-Managers, der mir in meiner Eigenschaft als Vorsitzender des Vereins Deutsche Sprache zugegangen ist: „Interne Publikationen, Dienstanweisungen und Werbedrucke werden mittlerweile in einem Sprachmischmasch-Kauderwelsch angeboten, dass man im Endeffekt nicht richtig weiß: Was wurde denn jetzt eigentlich von Dir verlangt, bzw. worauf sollst Du achten? ... Manchmal habe ich das Gefühl, dass alle 2–3 Wochen neue Englisch-Kreationen uns vorgesetzt werden und wir müssen jetzt schwer beeindruckt sein. Aber wenn wir mal hinterfragen, was denn nun das wirklich übersetzt heißen soll, kommt meistens solch eine vage Beschreibung heraus, dass man sich nur an den Kopf fassen kann."

Diese Unsicherheit über das, was zu tun und zu lassen ist, ist auch eine wichtige Ursache für Unfälle aller Art. Nach einer aktuellen Schätzung belaufen sich die jährlichen Schäden durch Fehlkommunikation in der deutschen Wirtschaft auf über 3 Milliarden Euro: Im bundesdeutschen Durchschnitt verzeichnet man rund 35.000 Unfälle pro 1 Million Vollzeitbeschäftige und Jahr, mit Kosten pro Unfall von durchschnittlich 7.500 Euro. Das ergibt bei 25 Millionen Vollzeitbeschäftigten einen jährlichen Gesamtschaden von $25 \times 35.000 \times 7.500$ Euro = 6,6 Milliarden Euro. Berücksichtigt man außerdem, dass 90 Prozent aller Unfälle auf menschliches Versagen zurückgehen, davon wiederum die Hälfte durch Kommunikationsprobleme verursacht, ergibt das einen jährlichen Schaden durch Sprachprobleme von 3,5 Milliarden Euro.

Auch auf Verhandlungsergebnisse wirkt sich die Flucht vieler deutscher Manager aus dem Deutschen schädlich aus. Ein Nicht-Muttersprachler, der Englisch redet oder reden muss, ist doch gegenüber einem englischen Muttersprachler immer im Nachteil, und es gehört schon eine große Portion Naivität zu der Vermutung, dass sich dies nicht auch in den Geschäften niederschlüge. Oder wie ist es sonst zu erklären, dass fast alle Ausflüge deutscher Firmen ins englischsprachige Ausland, bei denen die Deutschen auch untereinander aufgehört haben, Deutsch zu reden, unter großen Kosten schiefgelaufen sind? Man nehme BMW und Rover, Mercedes-Benz und Chrysler, Telekom und Voicestream und noch ein gutes Dutzend weiterer einschlägiger Desaster, bei denen deutsche Firmen im angelsächsischen Ausland teure Federn lassen mussten: 150 Millionen Dollar Verlust bei der Commerzbank durch deren Fondstochter Montgomery (*Börsenzeitung* 2002), 318 Millionen Euro Verlust für SAP durch die US-Beteiligung Commerce One (*Frankfurter Allgemeine Zeitung* 2004), 140 Millionen Euro Verlust für Conti wegen Einstellung eines Werkes in den USA (*Frankfurter Allgemeine Zeitung* 2004), „Rekordverlust bei Lufthansa" durch amerikanische Catering-Tochter (*Frankfurter Allgemeine Zeitung* 2004) usw. Der vorläufige Schlusspunkt ist der im Jahr 2007 durch Verluste in den USA um fast 500 Millionen Euro eingebrochene Gewinn bei der Deutschen Post: „US-Express-Geschäft verhagelt der Post die Bilanz", liest man im März 2008 in der *Financial Times Deutschland*. „Wegen hoher Abschreibungen sank der Konzerngewinn um mehr als ein Viertel auf 1,4 Milliarden Euro."

Die Amerikaner sagen dazu auch „stupid German money". Ursprünglich waren damit nur die von deutschen Investoren in Hollywood abgelieferten Abschreibungsmilliarden gemeint, aber das trifft auf viele andere transatlantische Vermögensübertragungen genauso zu. Während Verhandlungsführer anderer Nationen oft mit einem Dolmetscher anreisen, selbst wenn sie Englisch können, und während der Übersetzung in Ruhe nachdenken, wie sie ihre Position am besten ausbauen, versuchen viele Deutsche eine Kraftprobe auf dem Spielfeld und mit den Waffen des Gegners. Und bleiben allzuoft der zweite Sieger. Durch den Verzicht auf die deutsche Sprache auch dann, wenn es nicht durch die Umstände geboten ist, binden wir uns freiwillig einen großen Klotz ans Bein. Und ich würde mich freuen, und damit mache ich auch Schluss, ich würde mich freuen, wenn meine Argumente heute Mittag den einen oder andern hier im Saal bewogen haben sollten, die aktuelle Verdrängung des Deutschen durch das Englische in immer mehr Bereichen unsere Lebens mit etwas kritischeren Augen anzusehen als bisher.

30. Sprechen Global Player Englisch?

■ BIZZ Capital, Mai 2001.

„Mein Leben ist eine giving story", bekannte Deutschlands populärste Damenschneiderin, Heidemarie Jil-Sander, in einem legendären Frankfurter Allgemeine Zeitung-Gespräch. „Ich habe verstanden, dass man contemporary sein muss, das Future-Denken haben muss." Deshalb habe die audience ihr concept auch von Anfang an supported.

Mrs. Sander redet so, weil sie ein Global Player ist, bzw. weil sie gern ein Global Player wäre. Und globale Spieler müssen, so scheint man in Deutschland zu glauben, Englisch reden und auf Englisch werben.

Als im Dezember 1998 die Pharmakonzerne Rhône-Poulenc und Hoechst ihre Fusionsabsicht verkündeten, erläuterte Jean-René Fourtou, der Vorstandsvorsitzende von Rhone-Poulenc, das Vorhaben elegant in seiner Muttersprache. Jürgen Dormann, Vorstandsvorsitzender von Hoechst, beglückte das Publikum mit mäßigem Englisch.

Duckmäusertum à la Dormann ist aber nicht das Gleiche wie Weltläufigkeit. Ein guter Servilitätsindex ist der Anteil nicht assimilierter EDV-Begriffe. Er ist mit 43 Prozent in Deutschland so hoch wie in keiner anderen großen europäischen Nation. In Finnland sind nur 7 Prozent, in Frankreich 14 Prozent, in Polen 18 Prozent, in Spanien 20 Prozent, in Italien 35 Prozent des Computerjargons ohne Anpassung aus dem Englischen entnommen. Selbst die polyglotten Holländer oder Schweden haben für mehr als zwei Drittel aller EDV-Begriffe jeweils eigene Benennungen gefunden: Homepage = startsida (so die schwedische Übersetzung), bookmark = bokmärke, hardware = hardvara, e-mail = e-post, online shopping = näthandel, pixel = bildpunkt, real time = realtid usw. So gehen selbstbewusste Kulturen mit dem Fortschritt um.

Wann hören die Deutschen endlich auf, sich durch das Herumtreten auf ihrer eigenen Heimat beim Rest der Welt einschleimen zu wollen? Die Londoner *Times* hat dafür den Ausdruck von der „linguistic submissiveness" der Deutschen geprägt. Das lässt sich auf Deutsch mit „ArschkrieCherei" übersetzen. Oder um mit Churchill zu sprechen: Man hat die Deutschen entweder an den Füßen oder an der Kehle.

Derzeit hat man sie an den Füßen. Aber das beruhigt weder die mit Speichel beleckten noch die ausländischen Gäste. Denn Arschkriecher sind keine guten Gastgeber. Sie riechen so.

31. Die deutsche Sprache und das Kommunistische Manifest

▪ Aus W. Krämer und R. Pogarell (Hrsg.):
Sternstunden der Deutschen Sprache, 2. Auflage, Paderborn 2003

Karl Marx schrieb diese politische Programmschrift als armer Exilant in Brüssel. Damals war er noch nicht 30 Jahre alt. Hat er gewusst, dass dies eines der folgenreichsten, jemals in deutscher Sprache abgefassten Dokumente aller Zeiten werden sollte?

Fast könnte man glauben, ja. Denn Karl Marx war schon als Jugendlicher selbstbewusst, von sich sehr überzeugt, ja arrogant, seine Professoren an der Uni Bonn, wo er nach einer Kindheit in Trier im Jahr 1835 im Alter von 17 ein Jura-Studium begann, waren nichts als „geistige Stinktiere" für ihn. Dort hielt es Marx daher nicht lange aus, er wechselte zum Studium der Geschichte und Philosophie nach Berlin und promovierte dort 1841 – also in einem heute unerhörten Alter von erst 23 Jahren – mit einer Arbeit „Über die Differenz der demokritischen und epikureischen Naturphilosophie". Wegen seiner politisch inopportunen Ansichten ohne Aussicht auf eine zunächst angestrebte akademische Karriere, wurde er anschließend Journalist und für kurze Zeit sogar Chefredakteur der *Rheinischen Zeitung* in Köln. Diese wurde aber 1843 wegen „staatsfeindlicher Artikel" verboten, und Marx zog weiter nach Paris. Dort lernte er Friedrich Engels kennen. Zwei Jahre später musste Marx auch Frankreich verlassen; er übersiedelte nach Brüssel, in die Stadt, wo in Zusammenarbeit mit Friedrich Engels dann das Manifest der Kommunistischen Partei entstand.

Den Anstoß zu diesem Projekt gab ein Kongress des in London beheimateten „Bundes der Kommunisten". Diesem hatten sich Marx und Engels Mitte der vierziger-Jahre angeschlossen. Auf dem Kongress hatte Marx über seine Theorie des Kapitals und über die Entfremdung des Proletariats vorgetragen; man war von seinen Thesen beeindruckt gewesen und hatte ihn gebeten, die Grundsätze eines kommunistischen Parteiprogramms doch bitte einmal in Schriftform festzuhalten.

Was dabei herauskam – das kommunistische Manifest –, ist eines der sprachgewaltigsten Parteiprogramme aller Zeiten, turmhoch über dem politisch korrekten Bürokratendeutsch, mit dem Parteien heutzutage ihre Wähler beglücken zu müssen glauben („Proletarier und Proletarierinnen aller Länder, vereinigt Euch!").

Ein Gespenst geht um in Europa,

beginnt das Manifest,

> das Gespenst des Kommunismus. Alle Mächte des alten Europa haben sich zu einer heiligen Hetzjagd gegen dies Gespenst verbündet, der Papst und der Zar, Metternich und Guizot, französische Radikale und deutsche Polizisten. Es ist hohe Zeit, daß die Kommunisten ihre Anschauungsweise, ihre Zwecke, ihre Tendenzen vor der ganzen Welt offen darlegen und dem Märchen vom Gespenst des Kommunismus ein Manifest der Partei selbst entgegenstellen. Zu diesem Zweck haben sich Kommunisten der verschiedensten Nationalität in London versammelt und das folgende Manifest entworfen.

Zum Vergleich die ersten Sätze des Grundsatzprogramms der heutigen SPD: „Wir Sozialdemokraten, Frauen und Männer, kämpfen für eine friedliche Welt und eine lebensfähige Natur, für eine menschenwürdige, sozial gerechte Gesellschaft. Wir wollen Bewahrenswertes erhalten, lebensbedrohende Risiken abwenden und Mut machen, Fortschritt zu erstreiten." Das könnte in einem Pfadfinder-Kalender oder im CDU-Parteiprogramm genauso stehen.

Marx und Engels schrieben anders. Sie packen den Leser, dass der kaum zu Atem kommt. Als Erstes erklären sie die Menschheitsgeschichte als eine Abfolge von Klassenkämpfen:

Die Geschichte aller bisherigen Gesellschaft ist die Geschichte von Klassenkämpfen. Freier und Sklave, Patrizier und Plebejer, Baron und Leibeigener, Zunftbürger und Gesell, kurz, Unterdrücker und Unterdrückte standen in stetem Gegensatz zueinander, führten einen ununterbrochenen, bald versteckten, bald offenen Kampf, einen Kampf, der jedesmal mit einer revolutionären Umgestaltung der ganzen Gesellschaft endete oder mit dem gemeinsamen Untergang der kämpfenden Klassen.

[...]

Die aus dem Untergang der feudalen Gesellschaft hervorgegangene moderne bürgerliche Gesellschaft hat die Klassengegensätze nicht aufgehoben. Sie hat nur neue Klassen, neue Bedingungen der Unterdrückung, neue Gestaltungen des Kampfes an die Stelle der alten gesetzt.

Unsere Epoche, die Epoche der Bourgeoisie, zeichnet sich jedoch dadurch aus, daß sie die Klassengegensätze vereinfacht hat. Die ganze Gesellschaft spaltet sich mehr und mehr in zwei große feindliche Lager, in zwei große, einander direkt gegenüberstehende Klassen: Bourgeoisie und Proletariat.

Spaltung, Lager, Unterdrücker und Unterdrückte: Diese Sprache lebt und spitzt die Diskussion rhetorisch meisterhaft auf den großen Endkampf zwischen Kapital und Arbeit zu:

> Die Bourgeoisie, wo sie zur Herrschaft gekommen, hat alle feudalen, patriarchalischen, idyllischen Verhältnisse zerstört. Sie hat die buntscheckigen Feudalbande, die den Menschen an seinen natürlichen Vorgesetzten knüpften, unbarmherzig zerrissen und kein anderes Band zwischen Mensch und Mensch übriggelassen als das nackte Interesse, als die gefühllose „bare Zahlung". Sie hat die heiligen Schauer der frommen Schwärmerei, der ritterlichen Begeisterung, der spießbürgerlichen Wehmut in dem eiskalten Wasser egoistischer Berechnung ertränkt. Sie hat die persönliche Würde in den Tauschwert aufgelöst und an die Stelle der zahllosen verbrieften und wohlerworbenen Freiheiten die eine gewissenlose Handelsfreiheit gesetzt. Sie hat, mit einem Wort, an die Stelle der mit religiösen

und politischen Illusionen verhüllten Ausbeutung die offene, unverschämte, direkte, dürre Ausbeutung gesetzt.

Nicht aus bösem Willen, wie Marx und Engels zugeben, sondern weil die Logik des Wirtschaftens den Menschen von seiner Arbeit geradezu entfremden *muss*. Denn nur so ist der gewaltige wirtschaftliche Fortschritt möglich, die „industrielle Revolution", die, als Marx und Engels diese Zeilen schrieben, die Welt des 19. Jahrhunderts in ihren Grundfesten erschütterte. Aber in diesen Erfolg ist der Untergang schon eingebaut:

> Die bürgerlichen Produktions- und Verkehrsverhältnisse, die bürgerlichen Eigentumsverhältnisse, die moderne bürgerliche Gesellschaft, die so gewaltige Produktions- und Verkehrsmittel hervorgezaubert hat, gleicht dem Hexenmeister, der die unterirdischen Gewalten nicht mehr zu beherrschen vermag, die er heraufbeschwor.

Denn

> die Bourgeoisie hat nicht nur die Waffen geschmiedet, die ihr den Tod bringen; sie hat auch die Männer gezeugt, die diese Waffen führen werden – die modernen Arbeiter, die Proletarier. […] Mit der Entwicklung der großen Industrie wird also unter den Füßen der Bourgeoisie die Grundlage selbst hinweggezogen, worauf sie produziert und die Produkte sich aneignet. Sie produziert vor allem ihre eigenen Totengräber.

Nach diesem kaum zu überbietenden Höhepunkt fällt der Rest des Manifests etwas ab. Es folgt eine eher langweilige Beschreibung der Rolle der Kommunisten in diesem Spiel, dann eine aus modernen Studentenzirkeln bekannte Abrechnung mit Abweichlern von der reinen Lehre, die in ihrer Sprachkraft die Bourgeoisiekritik des ersten Teils nicht mehr erreicht. Aber am Schluss gewinnen Marx und Engels nochmals große Form:

Die Kommunisten verschmähen es, ihre Ansichten und Absichten zu verheimlichen. Sie erklären es offen, daß ihre Zwecke nur erreicht werden können durch den gewaltsamen Umsturz aller bisherigen Gesellschaftsordnung. Mögen die herrschenden Klassen vor einer kommunistischen Revolution zittern. Die Proletarier haben nichts in ihr zu verlieren als ihre Ketten. Sie haben eine Welt zu gewinnen. Proletarier aller Länder, vereinigt euch!

So endet das Kommunistische Manifest. Mit einem Paukenschlag. Er wurde viel gehört und wenig befolgt. Nur wenige Jahrzehnte später hatten die Proletarier aller Länder nichts Besseres zu tun, als sich in den Schützengräben des Ersten Weltkriegs gegenseitig selber umzubringen. Und wo das Manifest befolgt wurde, hat es eher Unglück über die Welt gebracht. Durch die Mordorgien der Kommunisten sind weit mehr Menschen umgekommen als durch die der Nazis, und auch in ihren Analysen haben Marx und Engels in keinem ihrer Punkte recht behalten. Die Proletarier sind auch ohne Revolutionen reich geworden, die Kapitalisten gibt es immer noch, und der Eigennutz als Triebkraft menschlichen Handelns ist heute, völlig anders als von Marx und Engels dargestellt, als heimlicher Motor von Frieden, Glück und Wohlstand auf der Erde weltweit anerkannt. Den Kampf der Ideen haben Marx und Engels gegen die „unsichtbare Hand" von Adam Smith verloren. Aber ihre Wortgewalt lebt weiter fort.

32. Der Phrasentöter:
Hommage an Karl Kraus

■ *Handelsblatt*, 23. September 2006

Wozu braucht man in der Zeit des Internets noch Bibliotheken? Um Bücher zu finden wie *Die Sprache* des lange verstorbenen Sprachgenies Karl Kraus. Auch 70 Jahre nach Erscheinen hat dieser in Worte gegossene Feldzug gegen Sprachschlamper und Sprachverhunzer nichts von seiner Faszination verloren.

Kraus ist kein Purist. Er schreibt: „Man muss nicht unbedingt von Kretins sprechen, wo man es mit Trotteln zu tun hat", aber „die spezifische Farbe der Stupidität wird weder von der Dummheit noch von der Einfalt ersetzt werden können." Also: Fremdwörter da, wo sie hingehören. Kraus sorgt sich mehr um Wortbedeutung und Grammatik. „Es wird nicht mehr viele Deutsche geben", fürchtet er, „die noch den Unterschied von *nur noch* und *nur mehr* zu hören und eigentlich zu sehen vermöchten." Der Unterschied? „*Nur noch* ist ein Imperfektum, es ergänzt die unvollendete Vergangenheit; *nur mehr* ist ein Perfektum, es bezeichnet die vollendete Gegenwart." Das mag vielen heute nicht der Rede wert erscheinen, genauso wenig wie die vielen Seiten, die Kraus auf die korrekte Verwendung des schönen deutschen Wörtchens „es" verwendet, oder seine Kritik an der falschen Verwendung des Konjunktivs. Hier bekommt selbst Goethe sein Fett ab: „Da er hörte, dass ich viel zeichnete und Griechisch könnte", habe Goethe einst geschrieben, während es doch richtig ‚könne' heißen müsse. Zwar wäre ‚zeichnete' richtig, „da ‚zeichne' als Konjunktiv nicht hervortritt; ‚könnte' jedoch ist nicht richtig, und die gedankliche Diskrepanz hebt sich nur im Mitklang auf. Immerhin regiert hier das Imperfektum. Unmöglich aber ist es, von einem Präsens das Imperfektum des Konjunktivs abhängig zu machen, ohne damit die Aussage als unglaubwürdig oder als bedingt hinstellen zu wollen."

Dieses Insistieren auf grammatikalischer Korrektheit und passender Wortwahl ist zuweilen so extrem, dass es wehtut. Aber jede gute Therapie tut weh. „Wenn die Menschen keine Phrasen hätten, dann bräuchten sie keine Waffen", schreibt Kraus. Dieses Buch ist immer noch die beste Anleitung zum Phrasenplatzenlassen, die es gibt.

33. Die „englische Verdrängung"

■ Besprechung des Buches »Die englische Verdrengung« von Michel Brulé, Paderborn 2010 (IFB Verlag Deutsche Sprache), erschienen in *Nordwestzeitung*, 22. Juli 2010, S. 17.

Es gibt neutrale Sachbücher, parteiische Polemiken und politische Kampfschriften. Dieses Buch von Michel Brulé ist alles drei. Der Autor ist Franko-Kanadier und arbeitet als Autor und Verleger in Montreal. Und wie es sich für alle echten Franko-Kanadier zu gehören scheint, hat sich in ihm ein gehöriger Frust gegen die arrogante Selbstverständlichkeit angestaut, mit der englische Muttersprachler weltweit im Allgemeinen und im kanadischen Quebec im Besonderen die Dominanz ihrer Sprache als sozusagen gottgegeben und selbstverständlich anzusehen pflegen. So existiert etwa nach Brulé die angebliche Zweisprachigkeit in seiner Heimat nur auf dem Papier – von Franko-Kanadiern erwarte man, dass sie Englisch könnten, aber englische Muttersprachler sprächen kein Französisch. Und geben sich auch keine Mühe; hier wie anderswo erwarten sie, wie Brulé an zahlreichen Beispielen nachweist, dass man sich ihnen anpasst. Oder kann man sich irgendeine renommierte Universität der Welt vorstellen, die von ihren Studierenden nicht die Kenntnisse einer Fremdsprache verlangte? Im englischen Cambridge wurde diese Bedingung vor kurzem abgeschafft.

Zu den weiteren von Brulé aufgeführten Indizien für diesen Dünkel gehören auch die Weigerung vieler Angelsachsen, das metrische System zu benutzen, die fast schon automatische Gleichsetzung USA = Amerika oder die Unterdrückung franko-kanadischer Leistungen bei der Besiedlung Nordamerikas. So melden etwa fast alle englischsprachigen Lexika das US-amerikanische Jamestown als die älteste Stadt des nordamerikanischen Kontinents, während in Wahrheit der Franzose Samuel de Champlain schon einige Jahre früher das im heutigen Kanada gelegene Port Royal gegründet hatte.

Erinnert das nicht ein wenig an den bekannten Ausspruch von Barack Obama anlässlich seiner Rettung von General Motors Anfang 2008: „Amerika kann es sich nicht leisten, die Automobilindustrie aufzugeben, das Land, in dem das Automobil erfunden wurde."

Erfunden wurde das Automobil natürlich, wie jeder außerhalb Amerikas weiß, in Mannheim von Carl Benz (und kurze Zeit später und unabhängig davon von Gottlieb Daimler in Stuttgart). Bei so viel Arroganz und Ignoranz kann man es durchaus nachvollziehen, wenn ein in seinem Stolz verletzter Franko-Kanadier wie Brulé einmal laut und deutlich sagt: „Auf einen groben Klotz gehört ein grober Keil."

Und dieser Keil ist in der Tat sehr grob. „Angesichts dessen, was ich über die Geschichte der Menschheit weiß, kann ich behaupten, dass die Engländer und die US-Amerikaner die beschränktesten und egozentrischsten Völker sind, die es je gab!" (S. 55) Abgesehen davon, dass wohl kaum ein Historiker je die Übersicht besitzt, um dergleichen Behauptungen zu wagen, ist das schon starker Tobak. Und auch an anderen Stellen spart Brulé nicht mit Schlägen unter die Gürtellinie: „Die US-Amerikaner und englischen Kanadier sprechen wie kläffende Hunde und die Briten wie zischende Schlangen." (S. 37) Was sich hier Bahn bricht, ist ganz offenbar eine Reaktion auf zahlreiche Demütigungen und intellektuelle Misshandlungen, die Brulé als Franko-Kanadier von seinen englischsprechenden Landsleuten in seiner Kindheit und während seines Studiums erdulden musste und die er auch an verschiedenen Stellen dieses Buches ausführlich nacherzählt.

Im französischen Original heißt das Buch „Anglaid". Das ist ein Kunstwort aus den beiden Bestandteilen Anglais = Englisch und laid = hässlich. Dass Brulé diese beiden Wörter fast schon reflexhaft zusammenzieht, ist nach seinen eigenen Erfahrungen kaum verwunderlich. Nicht direkt beteiligte Zeitgenossen müssen diesen Reflex nicht teilen, finden hier aber dennoch eine große Menge wissenswerter Fakten, die ohne das Buch von Brulé wohl nie eine Chance gehabt hätten, in der politisch korrekten deutschen Medienlandschaft präsentiert zu werden.

Nicht umsonst hat daher die Provinzregierung von Quebec die deutsche Übersetzung dieses Buches großzügig unterstützt.

Teil IV: Täuschen und Vertuschen

– Weltansichten zwischen Schein und Sein –

34. Lüge, Notlüge, Statistik?

■ Frankfurter *Allgemeine Zeitung*, 13. März 2001

Wie viele Menschen leben heute in der Volksrepublik China? Die CIA meint: eine Milliarde 246 Millionen 871 Tausend und 951 (1.246.871.951).

Von diesen Ziffern sind höchstwahrscheinlich alle bis auf die ersten beiden falsch. Die Bewohner Chinas an einem Stichtag zu ermitteln ist selbst nach einer Volkszählung nur bis auf zehn, zwanzig Millionen Menschen möglich und zu anderen Zeiten völlig illusorisch.

Viele Zeitgenossen setzen deshalb hinter „Lüge, Notlüge, Statistik" ein Ausrufe- und kein Fragezeichen. „Ich glaube keiner Statistik, die ich nicht selber gefälscht habe", soll einst Churchill sich geäußert haben; dieses Zitat, obwohl selbst eine von Goebbels in die Welt gesetzte Fälschung, drückt die zwiespältige Haltung vieler Menschen gegenüber Zahlen und Statistik aus: Einerseits sind sie als Wegweiser und Leuchttürme im modernen Daseinsdschungel unentbehrlich, andererseits fühlt man sich ihnen in gewisser Weise ausgeliefert; man braucht die Zahlen, um sich an irgendetwas festzuhalten, aber man misstraut den Zahlenlieferanten, die oft – nicht immer, und die deutsche Amtsstatistik ganz ausdrücklich ausgenommen – an diese Zahlen eigene Interessen knüpfen.

Im Fall der CIA war das wohl nur der Wunsch gewesen, die Autorität der Meldung durch eine vorgetäuschte Präzision zu steigern. In anderen Fällen sind die Datenlieferanten weitaus direkter an der Botschaft ihrer Zahlen interessiert. In seinem Roman „Krebsstation" zeigt Alexander Solchenizyn, wie die Klinikleitung ihre Erfolgsbilanz schönt, indem sie alle unheilbaren Fälle kurz vor dem Tod nach Hause schickt. Ähnlich schönte die DDR ihre Säuglingssterblichkeitsstatistik, indem sie weit mehr Neugeborene als im Westen als totgeboren und damit ungeeignet für die Säuglingssterblichkeitsstatistik zählte. Und in Zeiten von Gemüseknappheit wurden Melonen – vorher Obst – zwecks Planerfüllung zu Gemüse. Und wenn auch solche Eingriffe nicht halfen, wurde auch schon mal auf Anweisung von Günter Mittag aus einem ohnehin schon falschen Außenhandelsüberschuss von 521 Millionen Valutamark ein Überschuss von 910 Millionen Valutamark gemacht (siehe Abbildung S. 225; in Wahrheit gab es in den ersten drei Quartalen 1987, auf welche sich diese Statistik bezieht, ein Defizit von 579 Millionen Ostmark).

Ein Originaldokument aus den Archiven der amtlichen DDR-Statistik:
Ein ohnehin schon falscher Außenhandelsüberschuss von 521 Millionen VM
wird in 910 Millionen VM umgewandelt

Im kapitalistischen Westen sind es vor allem die Medien und private Organisationen, die Statistiken benutzen wie ein Betrunkener einen Laternenpfahl: „mehr zur Stütze eines Standpunkts als zur Beleuchtung eines Sachverhalts" (Andrew

Lang). Es scheint z. B. eine unausgesprochene und alle weltanschaulichen Lager überspannende Vereinbarung zu geben, im Dienste einer guten Sache die Wahrheit nicht so ernst zu nehmen. Von den wissenschaftlich völlig unhaltbaren Trendextrapolationen des Club of Rome bis zu den Untergangsszenarien moderner Klimaforscher gilt die Devise, man müsse „manchmal auch ein bißchen Panik verursachen, damit man gehört wird" (so ein menschheitsliebender Ozon-Experte).

Dieses Anpassen der Fakten an vorgefasste Meinungen wird oft durch Grafiken erleichtert. Die untenstehende Grafik zeigt den amerikanischen Aktienindex Dow-Jones über ein eher ruhiges Quartal; die Zeitschrift *Newsweek* macht daraus durch Abschneiden der senkrechten und Zusammenstauchen der waagerechten Achse einen „raging bull". Dergleichen Achsenmanipulationen sind vor allem in der Werbung fast alltäglich.

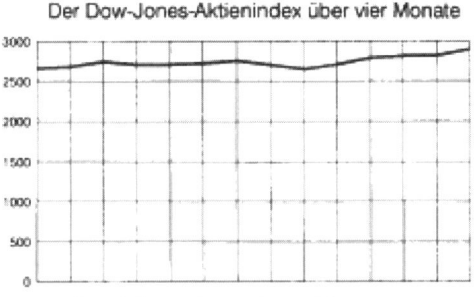

So wird aus einer zahmen Ziege ...

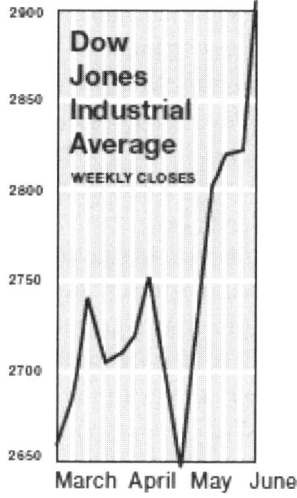

... ein Ranging Bull

Fast schon kriminelle Ausmaße erreicht dieses Zurechtbiegen der Wirklichkeit bei sogenannten „Meinungsumfragen", die allzu oft vor allem die Meinung der Fragesteller und nicht der Befragten zeigen. Nach einer Umfrage der IG Metall z. B. lehnen 95 Prozent der bundesdeutschen Arbeitnehmer das Arbeiten am Samstag ab. Nach einer zeitgleichen Umfrage des unternehmernahen Offenbacher Marplan-Instituts dagegen sind 72 Prozent aller Arbeitnehmer auch zum Arbeiten am Wochenende bereit.

Dieser Widerspruch erklärt sich durch die jeweiligen Fragebögen. „Votum für das freie Wochenende" steht bei der IG Metall in großen Lettern obenan. Es folgt eine lange Erläuterung der Mühen, die das Durchsetzen der 5-Tage-Woche die Gewerkschaften gekostet habe, und eine Aufzählung aller Vorteile, die der freie Samstag für die Familie, die Gesellschaft, den Frieden und die Menschheitszukunft bringe, die dann zu der eigentlichen Frage überleitet: „Was entspricht Deiner/Ihrer Meinung? (i) Nach meiner Ansicht wäre die Abschaffung des freien Wochenendes ein schwerer Schlag für Familie, Freundschaften, Partnerschaften, für Geselligkeit, Vereine, den Sport und das Kulturleben. (ii) Ich halte den gemeinsamen Freizeitraum des Wochenendes für nicht so wichtig. (iii) Weiß nicht/keine Angabe."

Dass hier fast alle wie gewünscht die erste Antwort wählten, sollte niemanden erstaunen.

Genauso suggestiv, wenn auch mit umgekehrter Absicht, fragt auch das Marplan-Institut. Auf die Frage „Inwieweit wären Sie bereit, samstags zu arbeiten, wenn es für die wirtschaftliche Situation Ihres Unternehmens gut wäre?" bietet es folgende Auswahlmöglichkeiten an: (i) gelegentlich, wenn dafür an einem anderen Tag arbeitsfrei ist, (ii) häufiger, wenn dafür ein Zusatzurlaub herauskommt, (iii) abwechselnd und (iv) nicht bereit.

Auch hier waren die wenigen Kreuze bei „nicht bereit" schon im Fragebogen und in der Art der Fragen vorgefertigt. Dergleichen Umfragen, ob vom ADAC zum Thema Tempolimit, ob von Greenpeace zum Atomausstieg oder von der katholischen Kirche zur Frage der Abtreibung, sind am besten im Papierkorb aufgehoben.

Auch das in Planwirtschaften so beliebte Manipulieren von Begriffsbestimmungen ist anderswo nicht unbekannt. Wenn etwa die Finanzstatistik vieler islamischer Länder dem Koran entsprechend keine Zinsen kennt, so nicht, weil man dort auf entliehenes Kapital keine Zinsen zahlen müsste – die Zinsen heißen nur „Verwaltungskosten". Wenn in manchen katholischen Ländern kaum Abtreibungen und Ehescheidungen vorkommen, so nicht, weil es dort kaum Abtreibungen und Ehescheidungen gäbe – man nennt sie „Annullierungen" bzw. „Fehlgeburten". Und wenn in weltbekannten Zentren des Sex-Tourismus so wenig Prostituierte vorzukommen scheinen, so nicht, weil es dort keine Prostituierten gäbe – sie heißen einfach „service workers".

Auch wenn wir lesen, dass es im heutigen Deutschland mehr als 4 Millionen Analphabeten gäbe, verglichen mit weniger als 100.000 noch zu Kaiser Wilhelms Zeiten, ist das vor allem eine Folge unterschiedlicher Definitionen. Früher war ein Analphabet, wer seinen Namen nicht schreiben konnte. Heute ist ein Analphabet „eine Person, die sich nicht beteiligen kann an all den zielgerichteten Aktivitäten ihrer Gruppe und ihrer Gemeinschaft, bei denen Lesen, Schreiben und Rechnen erforderlich ist und an der weiteren Nutzung dieser Kulturtechniken für ihre weitere Entwicklung und die der Gesellschaft."

Geradezu grotesk wird diese Verbiegung der Tatsachen bei der statistischen Erfassung der Armut. Wenn wir hier die Definition der Weltbank nehmen (1 Dollar pro Person und Tag), so ist in Deutschland niemand arm. Wenn wir die Definition von DGB und Caritas benutzen, so nimmt die Armut in Deutschland ständig zu. „Noch nie lebten in der reichen Bundesrepublik so viele Arme wie zur Zeit" (die stellvertretende DGB-Vorsitzende Engelen-Kefer).

Diesen Hiobs-Botschaften liegt in der Regel eine Armutsgrenze von der Hälfte des Durchschnittseinkommens zugrunde, und dass dann die Armut nie verschwindet, ist schon in der Definition der Armut festgeschrieben: Selbst wenn alle Bundesbürger, reiche wie arme, doppelt oder dreimal so viel Einkommen erzielten als vorher – der Anteil der Menschen unter der Hälfte des Durchschnitts bliebe stets der gleiche; selbst ein Verzehn- oder Verhundertfachen ändert daran nichts; der Anteil der Personen unter der Hälfte des Durchschnitts rührt sich keinen Millimeter von der Stelle. So wie der Tiefgang eines Schiffes in der Schleuse bei jedem Wasserstand der gleiche bleibt, bleibt auch die Armut, ganz egal, wie reich wir werden, per Begriffsbestimmung immer gleich.

Was solche „Armutsquoten" wirklich messen, ist weniger die Armut als die Ungleichheit, der relative Abstand zwischen den Einkommen am oberen und am unteren Ende der Verteilung, der möglicherweise wirklich in den letzten 20 Jahren zugenommen hat.

Auch dies kann man mit gutem Grund als Ärgernis betrachten, aber mit wahrer Armut hat das nichts zu tun. Denn anders als wahre Armut, die nur dadurch zu bekämpfen ist, dass wir den Armen etwas geben, lässt sich die DGB-Armut sehr leicht bekämpfen: Wir nehmen den Reichen ihre Mehrverdienste weg, dann haben alle das Gleiche und die Armut ist verschwunden.

35. Von wegen halbe-halbe:
Den Arbeitgeberbeitrag zahlt der Arbeitnehmer

■ *BIZZ Capital*, Juli 2001.

Nach deutschem Sozialrecht werden die Lasten der Kranken-, Renten- und Pflegeversicherung geteilt: Eine Hälfte zahlt der Arbeitgeber, eine Hälfte zahlt der Arbeitnehmer.

Das ist einer der erfolgreichsten Taschenspielertricks in der an Tricks und Rosstäuschungen gewiss nicht armen deutschen Sozialgeschichte. Denn keinen Pfennig des Arbeitgeberbeitrags zahlt der Arbeitgeber. Den Arbeitgeberbeitrag zahlt der Arbeitnehmer, genauso wie der Arbeitnehmer seine Steuern, Mieten, Zinsen, Hypotheken oder Pachten zahlt.

Aus der Sicht des Arbeitgebers gehören alle Aufwendungen für einen Beschäftigten zu dessen Bruttolohn, ganz gleich wie man sie nennt. Es sind die Kosten der Arbeit. Punkt. Ein Arbeitnehmer, der mehr kostet, als er einbringt, ist für eine Firma unrentabel, für den Arbeitgeber zählt allein die Gegenüberstellung von Aufwand und Ertrag. Ob die Hälfte oder alles oder gar nichts davon „Arbeitgeberanteil" heißt, spielt für den Arbeitgeber keine Rolle. Für ihn gilt Aufwand = Bruttolohn, welche Etiketten man den Komponenten dieses Aufwands aufklebt, ist dem Arbeitgeber gleich.

Dem Arbeitnehmer aber nicht. Er oder sie will verständlicherweise möglichst viel von diesem Arbeitgeberaufwand auf seinem eigenen Konto wiederfinden. Im Jahr 1999 kostete ein männlicher Bankangestellter in den alten Bundesländern seinen Arbeitgeber im Durchschnitt 98.000 DM. Aber nur 82.000 DM davon waren „offizielles" Bruttogehalt. Nach Abzug von Steuern und Sozialversicherungsbeiträgen verblieben dem Angestellten im Durchschnitt 45.000 DM. Was würde dieser Angestellte sagen, wenn er erführe, dass er nicht 4500 DM, sondern 9.000 DM jährlich für seine Krankenversicherung und nicht 8.000 DM, sondern 16.000 DM jährlich für seine Rentenversicherung bezahlt? Hier dient es dem sozialen Frieden, gewisse Dinge einfach nicht zu wissen.

So gesehen hat dieser Etikettenschwindel auch seine Vorteile: Die Arbeitgeber sind glücklich, sie dürfen in den Selbstverwaltungsgremien der Sozialversicherung mitreden, die sie ja zur Hälfte „finanzieren". Die Arbeitnehmer sind glücklich, sie glauben, sie bekämen etwas umsonst.

Dieses Glücksgefühl lässt sich sogar kostenneutral beträchtlich weiter steigern: Warum taufen wir nicht die kompletten Sozialbeiträge in „Arbeitgeberbeitrag" um? Dann wäre – hokus-pokus-fidibus – die Sozialversicherung für die Versicherten umsonst! Denn nach herkömmlicher Sicht hätten wir jetzt einen Arbeitnehmeranteil von null Prozent!

Seltsamerweise ist es ausgerechnet die sonst nicht gerade wegen ihres ökonomischem Sachverstandes bekannte „Arbeitsgemeinschaft Sozialdemokratischer Frauen", die schon seit Jahren fordert, den aktuellen Pseudo-Arbeitgeberbeitrag durch eine echte, am Umsatz und nicht an den Beschäftigten eines Betriebes festgemachte Arbeitgeberabgabe zu ersetzen. Das ist zwar aus anderen Gründen Unsinn, aber zumindest ehrlich. Aber mit Ehrlichkeit wurde in Deutschland noch nie Sozialpolitik gemacht.

36. Sag die Wahrheit! Echte und vorgeschobene Interessen in der gesundheitspolitischen Diskussion.

■ Die Ersatzkasse 2, 1996, S. 55–60.

Vor 180 Jahren wurden im Königreich Preußen die Zünfte aufgelöst. Heute führen wir sie wieder ein. Unter verschiedenen Verkleidungen finden wir sie an allen Ecken und Enden unserer Gesellschaft: Börsenhändler, Hochschullehrer, Wirtschaftsprüfer, Friseure, Taxifahrer, Eisverkäufer – keiner kann genug Lizenzen und Diplome fordern, um den Markt zu „regeln" und die Konkurrenz zu drücken. Nirgendwo jedoch gedeihen moderne Zünfte so üppig wie in unserem Gesundheitswesen. Ob Kassenärztliche Bundesvereinigung oder Bundesverband der Deutschen Zahnärzte, ob Arbeitsgemeinschaft Deutscher Apothekerkammern, Verband deutscher Heilpraktiker, Bundesverband der Pharmaberater Deutschland e.V., Deutscher Verband für Physiotherapie, Verband Deutscher Zahntechniker-Innungen, Bund der Selbständigen Masseure e.V. oder Zentralverband der Fußpfleger Deutschlands, im Grunde sind alle diese Vereine und Verbände nichts als eine mittelalterliche Zunft. „Grundgedanke der Zunft war die Idee der ausreichenden und gesicherten Einkünfte, des verbürgten standesmäßigen Einkommens für alle Vollmeister, ein scharf ausgeprägter Protektionismus gegenüber den Unsicherheiten des Marktes", schreibt Wolfgang Zorn im Handwörterbuch der Sozialwissenschaften, und dieses Ziel des „verbürgten standesmäßigen Einkommens für alle Vollmeister" steht auch heute noch im Mittelpunkt. Ganz gleich welche „offiziellen" Ziele diese modernen Zünfte auch immer verfolgen mögen (wie die Überwachung von Regeln, die es in jedem Gemeinwesen geben muss, oder die Sicherung des Angebots und seiner Qualität): Davon sollte sich niemand täuschen lassen. Diese Sekundärfunktionen dienen vor allem zur Verschleierung der wahren Politik, die letztendlich immer in einem „standesmäßigen Einkommen" für die etablierten „Zunftmeister" besteht. Und dieses „standesmäßige Einkommen" lässt sich am besten dadurch sichern, dass man Konkurrenz verhindert.

Patientenwohl als Alibi

Neben den Motiven und Methoden (Barrieren beim Berufszugang und Markteintritt) ist auch die Tarnung der Motive quer durch alle Professionen gleich: Ob Ärzte oder Zahnärzte, Fußpfleger oder Krankengymnasten, die Verpackung aller Argumente ist stets dieselbe, nämlich das Patientenwohl. Wenn etwa die deutschen Augenoptiker gegen Billigläden prozessieren, dann nicht, um ihr einträgliches Anbietermonopol mit Aufschlägen bis zu 300 Prozent auf den Einkaufspreis zu sichern, sondern um die „flächendeckende Versorgung" nicht zu gefährden und ihre Kunden „vor den Folgeschäden falscher Brillen zu schützen". Wenn der „Berufsverband der Deutschen Rettungssanitäter" für seinen Nachwuchs ein Ausbildungs-Verschärfungsgesetz erarbeitet, so nicht, um zu verhindern, dass zu viel Nachwuchs auf Löhne und Gehälter drückt, sondern allein im Interesse „einer effizienteren Versorgung der Patienten". Wenn der deutsche „Zentralverband der Krankengymnasten" mindestens drei Ausbildungsjahre für alle Anfänger fordert, so nicht, um etablierte Krankengymnasten vor Konkurrenz zu schützen, sondern allein „im Interesse der krankengymnastisch zu betreuenden Patienten". Wenn die deutschen Orthopädie-Innungen die Begrenzung der Anbieter „ausschließlich auf dazu geeignete Fachbetriebe" verlangen, so nicht, um diesen Fachbetrieben Kunden zu erhalten, sondern ausschließlich im „Interesse der Patientenversorgung".

Dieser Abwehrreflex vor Nachwuchs und Konkurrenz ist kein Spezifikum des Medizinbetriebs. Wenn etwa der „Ring deutscher Makler" eine Lizenz für das Vermitteln von Wohnungen fordert, so natürlich nicht, um seine lukrativen Provisionen abzusichern, sondern allein für einen „wirkungsvollen Verbraucherschutz". Ob Friseure, Tischler, Rechtsanwälte (die, wenn auch vergeblich, die Juristenschwemme mit dezenten Hinweisen auf die kostspielige Verstopfung unserer Justiz zu bremsen suchen), ob Schornsteinfeger, Maurer oder Taxifahrer: die ewige Angst, dass man ihnen „die Honorarsuppe verdünne" (so das Ärztemagazin *Status* einmal in seltener Einsicht und Ironie), vereint und entzweit alle Anbieter in allen Wirtschaftszweigen unserer Gesellschaft gleichermaßen.

Bei keiner Anbietergruppe ist diese Angst vor der „Verdünnung der Honorarsuppe" aber so zum Hauptmotiv der ganzen Standespolitik geworden wie bei unserer niedergelassenen Ärzteschaft. Von den Perserkriegen bis zur Gegenwart, vom hippokratischen Gelöbnis, die Lehren der Medizin nur „rechtmäßig eingeschriebenen Studenten" zu vermitteln, bis zur Forderung des *Bayerischen Ärzteblatts* aus der Zeit nach dem Zweiten Weltkrieg, „dass für eine Reihe von Jahren jeglicher Zugang zum Medizinstudium konzessionslos gesperrt wird", zieht sich diese Konkurrenzphobie wie ein roter Faden durch die gesamte Geschichte der Medizin. Noch nirgendwo und niemals haben etablierte Mediziner neue Kollegen offenen Armes aufgenommen; man macht ihnen im Gegenteil das Leben so schwer wie möglich. Allein die Barrieren bzw. Flaschenhälse wechseln. Mal findet man sie am Beginn, mal während, mal am Schluss der Ausbildung, mal vor der Niederlassung, mal danach, oft auch an vielen Stellen simultan. Ob Zwang, ob Drohung oder Überredung, ob Warnung vor dem Studium, ob Numerus clausus oder Schikanen bei der Niederlassung, um Methoden sind die eingesessenen Ärzte dabei nie verlegen. So begrenzten etwa die mittelalterlichen Zunftordnungen die Zahl der Lehrlinge und Gesellen, die ein Arzt ausbilden durfte, oder sahen vor, dass ein Geselle vor dem Eintritt in den Kreis der Meister zunächst die Witwe seines Vorgängers zu ehelichen habe. Und natürlich bleiben auch hier die wahren Motive immer ungenannt. Die rituellen Warnungen vor dem Arztberuf z. B., die zu deutschen Ärztetagen seit jeher dazugehören wie die Wurst zum Butterbrot, sollen natürlich nicht die Studentenzahlen drücken, sondern nur die unwissende Jugend vor folgenschweren Berufsirrwegen schützen. Nach dem Zweiten Weltkrieg, als der Boom der Einkommen schon abzusehen war, wurde künftigen Ärzten bitterste Not vorhergesagt, und noch 1977, zur Hochzeit der ärztlichen Einkommensexplosion, sahen sich Standespolitiker genötigt, „die Schüler rechtzeitig vor dem Abitur über ihre wesentlich schlechter werdenden Berufschancen im ärztlichen Beruf zu informieren, um sie vor Enttäuschungen zu bewahren".

Nichts als Gemeinsinn steht vermutlich auch hinter der immer offeneren Warnung, ein Übermaß an Konkurrenz könnte die Moral verderben. Denn das „ärztliche Verantwortungsbewusstsein ist keine statische Größe", kann man dazu in der Standespresse lesen. „Es ist permanenten Angriffen und Versuchungen ausgesetzt", und da „zur Abwehrkraft gegen solche Versuchungen ... auch ein einigermaßen sicherer wirtschaftlicher Hintergrund" gehört, hätte die Gesellschaft schon im eigenen Interesse für diesen Hintergrund zu sorgen. „Arbeitslosigkeit wie auch ein allgemeines Absinken der wirtschaftlichen Bedingungen innerhalb des Berufes können im Krankenhaus und möglicherweise mehr noch in der ambulanten ärztlichen Versorgung Folgen haben, deren Ausmaß zur Zeit kaum bedacht wird. Der Drang zu einer ethisch enthemmten technischen Medizin wie auch zu sogenannten alternativen oder betont nicht schulmedizinischen Verfahren, zum Außenseitertum, zum medizinischen Mystizismus bis zur Scharlatanerie, haben neben vielen anderen auch ökonomische Wurzeln. Es wäre allzu blauäugig, wollte man dies leugnen."

Der wichtigste Alibi-Esel vor dem Karren ärztlicher Standesinteressen ist aber auch hier wie immer das Patientenwohl. Schon in den „Constitutiones Regni Sicilii" Kaiser Friedrichs II., einem der ersten abendländischen Dokumente zur Reglementierung des Medizinbetriebs aus dem Jahre 1241, tritt dieses Thema auf. Nach zahlreichen Vorschriften über Art und Dauer des Medizinstudiums und dem Verbot des Praktizierens ohne Lizenz durch eine ärztliche Standeskommission, bei Kerkerstrafe und Verlust des Vermögens, heißt es hier: „Der Zweck dieses Gesetzes soll sein, die Untertanen unseres Königreiches vor unfähigen Ärzten zu schützen." An dieser Begründung hat sich bis heute nichts geändert. Bei mehr als 100.000 Medizinstudenten z. B. sei es „einfach unmöglich, eine qualifizierte und praxisnahe Ausbildung zu gewährleisten", schreibt das *Deutsche Ärzteblatt*. Durch die massive Zunahme der Studentenzahlen wären „die räumlichen und personellen Kapazitäten der Universität in unvertretbarer Weise überlastet", die Motivation der Lehrenden und Lernenden würde „entscheidend gemindert", die Relation zwischen Studenten und Lehrpersonen müsse wieder in ein „vertretbares Verhältnis" gebracht werden. Nach dem Studium strömten diese schlecht ausgebildeten Mediziner, „die im Verfahren ohne Anleitung und Aufsicht an den Patienten das erst noch lernen sollen, was zur Voraussetzung der verantwortlichen Tätigkeit der Allgemeinärzte gehört", dann auch noch mangels Weiterbildungsplätzen im Krankenhaus in Massen in die freie Praxis, wo sie eine einzige Gefahr für die Gesundheit der Patienten seien. Hätten etwa Ärzte früher vor der Niederlassung durchschnittlich 9 Jahre am Krankenhaus verbracht, so sei diese Zeitspanne schon Ende der siebziger Jahre auf 5 Jahre geschrumpft und drohe immer weiter zu schrumpfen. „Diese für die Kranken fatale Entwicklung lässt sich nur dadurch aufhalten", schreibt die *Frankfurter Allgemeine Zeitung*, „dass alle Allgemeinmediziner zur Weiterbildung verpflichtet (sprich: mangels Weiterbildungsplätzen vom Markt ferngehalten) werden".

Vorgeschobene und wahre Argumente

Alle diese Argumente sind sowohl geheuchelt als auch sachlich falsch. Nicht immer klaffen dabei wahre und vorgeschobene Motive so offen auseinander wie bei der Klage deutscher Bestattungsunternehmer gegen den Billiganbieter „Berolina Sarg-Discount", die sich allein aus „Pietät" und aus Sorge um die guten Sitten gegen dessen „marktschreierische Werbung" quasi gezwungen sahen einzuschreiten. Seltsamerweise sind es nämlich immer die Anbieter, nie die Nachfrager selbst, die den Staat zum Schutz der Nachfrager zu Hilfe rufen, und allein schon dieser Umstand sollte doch zu denken geben. Es sind nie die Taxigäste, sondern die Taxifahrer, die zum Schutz des Publikums Lizenzen wollen. Nicht die trauernden Angehörigen, die für den Sarg des Verstorbenen nur die Hälfte zahlen, sondern der Berufsverband der deutschen Bestattungsunternehmer hat Angst vor Pietätlosigkeit und Marktgeschrei. Und genauso hat kein einziger fußkranker Bundesbürger jemals ein Berufsgesetz für Fußpfleger gefordert, um sich vor unsachgemäßer Behandlung zu schützen. Es sind immer die Anbieter selbst, von denen solche Initiativen ausgehen, und damit ist auch klar, wen diese Schutzmaßnahmen wirklich schützen. Selten das allgemeine Publikum (wenn ja, dann nur als unbeabsichtigtes Nebenprodukt), immer aber die, von denen solche Forderungen ausgehen. „Die offizielle Rechtfertigung ist immer die gleiche", schreibt Wirtschafts-Nobelpreisträger Milton Friedman, ein langjähriger Feind von Lizenzen und Kontrollen dieser Art, „nämlich den Konsumenten zu schützen. Die wahren Motive werden aber durch die Lobbys deutlich, die in den gesetzgebenden Körperschaften für Zulassungsbeschränkungen aller Art kämpfen. Diese Lobbyisten sind unweigerlich Vertreter der jeweiligen Anbietergruppe und nie deren mögliche Kunden. Natürlich wissen Klempner besser als sonst jemand, vor was ihre Kunden zu schützen sind. Trotzdem fällt es nicht leicht, nur altruistische Motive in den

Bestrebungen dieser Berufsgruppen zu entdecken, zu bestimmen, wer Klempner sein darf und wer nicht."

Warum z. B. werden Zugangsschranken gleich welcher Art nie von solchen Ärzten gefordert, die darunter materiell zu leiden hätten? So sähe z. B. der Marburger Bund als der Vertreter der Krankenhausärzte die Barrieren vor der freien Praxis genauso gerne weggeräumt, wie die bereits niedergelassenen Ärzte diese noch erhöhen möchten, hat aber keinerlei Bedenken gegen eine Verlängerung des Medizinstudiums. Bezüglich dieser Barriere verläuft die ethische Wasserscheide entlang der Approbation: vorher ist man dagegen, hinterher dafür. Und auch bei der Zulassung zur freien Praxis wechselt man die Meinung wie das Hemd. Noch 1975, auf dem Ärztetag in Hamburg, erschien es z. B. standespolitisch opportun, zu fordern, dass frisch approbierte Ärzte zwei Jahre lang eine Landarztpraxis versorgen müssten, bevor sie eine Weiterbildung im Krankenhaus beginnen dürften – die gleichen Ärzte, vor denen man heute das Publikum glaubt retten zu müssen. Oder warum fordern etablierte Mediziner Qualitätskontrollen immer nur bei Neuzugängen, niemals aber bei sich selbst? Zwar wird in deutschen Ärztekreisen viel von Fortbildung gesprochen, und es fehlt auch nicht an Angeboten, aber man wird vergebens nach Forderungen suchen, dass die Öffentlichkeit vor unfähigen, aber bereits praktizierenden Ärzten zu schützen sei. Wie viele es davon gibt, sei hier dahingestellt. Ob 1, 5 oder 10 Prozent: unfähige Fachvertreter gibt es in der Medizin genau wie in jedem anderen Beruf. Wer aber schützt uns vor ärztlichen Veteranen, die heute noch die Medizin von 1950 praktizieren? Wo bleiben Forderungen nach Rückgabe der Kassenzulassung bei offensichtlicher Senilität? Warum kennen niedergelassene Ärzte keine regelmäßigen Kontrollen der Berufstauglichkeit vergleichbar der periodischen Erneuerung der Lizenz bei Flugzeugpiloten? Das alles läge durchaus im Interesse der Patienten und müsste – wäre deren Gesundheit wirklich das erste Anliegen der niedergelassenen Ärzteschaft – daher von dieser auch betrieben werden. Sie tut es aber nicht. In Deutschland, wie auch in der Schweiz und Österreich, können Katastrophenmediziner ungehindert weiter praktizieren, solange sie wollen. „Während bei jedem mittleren Verkehrsunfall versucht wird, den gesamten Hergang zu rekonstruieren und die Schuldfrage zu klären", bemerkt dazu sehr richtig Sigmund Graff, „hält man es allgemein für überflüssig, den Ablauf überraschend zum Tode oder zu irreparablen Schäden führender Heilbehandlungen unter die Lupe zu nehmen. Wer misst die Bremsspuren eines Arztes … nach? Was geschieht, wenn seine ‚Unfallkurve' in erschreckender Weise ansteigt, und wer registriert diese überhaupt? Führen die Gesundheitsämter eine Statistik, aus der man, ähnlich wie beim Kauf eines Grundstücks, die ‚Belastung' der zur Wahl stehenden approbierten Helfer nachlesen könnte? Wo ist die Heilsünderkartei, bei der ein Gericht Auskunft einzuholen vermöchte? Wer zieht den mörderischen Medizinmann erforderlichenfalls aus dem Verkehr?" Niemand, wenn es nach den Ärzten geht.

Ein einsamer Leserbriefschreiber – Facharzt für Unfallchirurgie – hat einmal im *Deutschen Ärzteblatt* einen TÜV für Ärzte gefordert. „Ich kann aber aus meinen Erfahrungen in dem begrenzten Gebiet der Unfallchirurgie beobachten", schreibt „dass die Qualität der Arbeit derjenigen Kollegen, die dem Kontrollverfahren der Arbeitsgemeinschaft für Osteosynthesefragen angeschlossen sind, durch eine erstaunliche Qualität in den Ergebnissen der Patientenbehandlung hervorstechen. Genauso nützlich ist z. B. im Kassenarztrecht die Qualitätskontrolle der Röntgenuntersuchungen. Ich glaube sehr wohl, dass die fachliche Überprüfung des ärztlichen Handelns nicht zum Schaden des Patienten ist." Da kann der potentielle Patient nur zustimmen. Aber dieser Leserbrief steht allein auf weiter Flur. Mit der Pflicht zur Weiterbildung sind niedergelassene Ärzte schnell bei der Hand – Weiterbildung trifft den Nachwuchs vor der Tür. Sie kann nicht lang und schwer genug sein (immer zum Wohl der Patienten, versteht sich). Fortbildung dagegen betrifft die Ärzte in der freien Praxis selbst. Hier ist der Enthusiasmus schon viel geringer, obwohl viele niedergelassene Ärzte eine Fortbildung dringend nötig hätten. Aber zurzeit kann noch niemand niedergelassene Ärzte zu solchen Fortbildungskursen zwingen. „Wir wehren uns, den Führerschein immer neu zu machen", protestierte etwa der Berufsverband der Frauenärzte, als die Kassenärztliche Bundesvereinigung vorsichtig anregte, die sogenannte „zytologische Diagnostik" vom Nachweis einschlägiger Fachkenntnisse abhängig zu machen. Zwar habe man nichts dagegen, die Voraussetzungen für neue Ärzte drastisch zu verschärfen, aber eine Prüfung für Ärzte, die bereits zytologisch tätig seien, käme nicht in Frage.

Das traurige Muster ist immer dasselbe: Qualität ja, aber bitte nur bei anderen. Hängt das Praxisschild erst vor der Tür, wird Qualität zur Zumutung. Als etwa das Bonner Wirtschaftsministerium einmal versuchte, den niedergelassenen Laborärzten zwecks Qualitätssicherung zwei zusätzliche sogenannte „Photometer-Ringversuche" pro Jahr zu verordnen, war die Empörung groß. Jede zusätzliche Mark, die Ärzte künftig an Kosten im Labor aufbringen müssten – diese Qualitätskontrollen sind nicht billig –, verringere den äußerst knappen Spielraum, der ihnen nach der Abschöpfung von „Rationalisierungsgewinnen" noch geblieben sei, eiferte sich die Kassenärztliche Bundesvereinigung, „Qualitätssicherung nicht überziehen!", schrieb die *Ärzte-Zeitung*, „zuviel verlangt" das *Deutsche Ärzteblatt*. Auf einmal ist Qualitätssicherung also nicht mehr so wichtig. Auf einmal ist Qualitätssicherung „zuviel verlangt".

Dass die „offiziellen" Gründe für Zugangsschranken aller Art nur vorgeschoben sind, ist also nur zu offenbar. Daneben sind sie aber auch noch sachlich falsch, und das wird oft von Leuten übersehen, die ansonsten die Wahrheit hinter dem Nebel taktischer Argumente durchaus zu durchschauen glauben. Das gilt insbesondere für die seit einigen Jahren von Parteien, Gewerkschaften, Krankenkassen und auch vom Sachverständigenrat für die Konzertierte Aktion im Gesundheitswesen geäußerten Befürchtungen, unsere Gesetzliche Krankenversicherung könnte im Kielwasser der Ärzteschwemme nicht mehr finanzierbar bleiben. Denn im geltenden System verursachen mehr Ärzte auch dann mehr Kosten, wenn ihr eigenes Gesamthonorar gedeckelt bleibt: Sie schreiben krank und überweisen ins Krankenhaus, sie verordnen Kuren, Medikamente, Brillen, Hörgeräte, Rollstühle, und vor dieser von niedergelassenen Ärzten veranlassten Sekundärwelle von Drittleistungen mitsamt den induzierten Kosten, die inzwischen die unmittelbaren Kosten der ambulanten Versorgung um das Drei- bis Vierfache übersteigen, haben viele Sozialpolitiker große Angst.

Wer aber sagt, dass der Gesetzesrahmen, der dieses hektische Pulsieren möglich macht, sich niemals ändern darf? Wo steht geschrieben, dass der vom Sachverständigenrat befürchtete „kontraproduktive Wettbewerb mit Gefälligkeitsleistungen" auf ewig zu Lasten der Krankenkassen gehen muss? Wem schulden wir die Zusage, dass jede von einem Arzt verschriebene Kur oder Massage auch von den Kassen zu bezahlen ist? Wer zwingt uns das Zugeständnis ab, dass jeder Kassenarzt nach Belieben und ohne jede Kontrolle krankschreiben darf und mit der Zulassung quasi automatisch auch einen Schlüssel zum Tresor der GKV erhält? Genauso können wir ihm oder ihr dieses so oft missbrauchte Privileg auch wieder aberkennen. Das derzeit noch durch keinerlei Kompetenznachweis gesteuerte Recht zur unbegrenzten Verordnung von Heil- und Hilfsmitteln könnte man auch à la Seehofer durch Budgets ersetzen oder „vom Nachweis entsprechender Fachkenntnisse abhängig machen" (so der Sachverständigenrat), die vielfach übliche Fließbandausstellung von Rezepten durch Kontingentierung, das übertriebene Krankenhauseinweisen durch Zweitgutachten einzudämmen suchen. Denn genauso wie nicht jeder Rechtsanwalt gleichzeitig auch Notar sein muss, kann man auch im Gesundheitswesen die „Notarfunktion" des Kassenarztes ohne Weiteres auf besonders zuverlässige Ärzte beschränken, die eben nicht auf Wunsch krankschreiben oder die Ressourcen der Kassen durch wilde Verordnungen von Drittleistungen plündern.

Genauso sind auch die übrigen Argumente für weniger Ärzte, angefangen bei der Qualität der Ausbildung, bei näherer Betrachtung nicht zu halten. Wahr (und trivial) ist hier, dass bei steigenden Studentenzahlen unter sonst gleichen Umständen die Qualität der Ausbildung natürlich sinkt. Jeder Hauptschullehrer weiß, welchen Unterschied es macht, ob er 10 oder 20 Schüler in der Klasse hat. Und genauso wäre auch die Medizinerausbildung zu verbessern, müssten unsere Professoren nur halb so viele oder am besten gar nur einen einzigen Studenten unterrichten. Offenbar ist das aber eine müßige Spekulation. Eine Ausbildung, egal wozu, ist nie so gut, wie sie theoretisch sein könnte. Wenn wir stattdessen fragen, ob die Medizinerausbildung heute schlechter ist als früher, heißt die Antwort wohl eher nein. Denn in den vergangenen Jahrzehnten sind ja nicht nur die Studentenzahlen in der Medizin gestiegen – auch die Zahl der Professoren und wissenschaftlichen Mitarbeiter ist gewaltig angewachsen. Wenn es heute also sehr viel mehr Studenten gibt, so gibt es auch sehr viel mehr Lehrkräfte, die sich um sie kümmern. Bei nur 7 Prozent der Studienplätze (verglichen mit mehr als 30 Prozent vor 100 Jahren) kamen der Medizin in Deutschland etwa 30 Prozent, seit Mitte der 70er-Jahre sogar mehr als 40 Prozent der Gesamtinvestitionen im Hochschulbau zugute, und wenn heute in der deutschen Hochschullandschaft von Sparen geredet wird, so bleiben die medizinischen Fakultäten in der Regel ausgenommen. Kein anderes akademisches Ausbildungsfach wird von unseren Bildungspolitikern so verwöhnt wie die Medizin, nirgends fließen Personal und Sachmittel für Lehre und Forschung so ungehemmt wie hier. Trotz vereinzelter Engpässe, etwa bei geeigneten Patienten für gewisse Abschnitte der klinischen Ausbildung, fällt es also schwer, an einen Niveauverlust der Ausbildung zu glauben. Unsere Medizinerausbildung ist sicher nicht so gut, wie sie theoretisch sein könnte (das gilt für die Ausbildung unserer Lehrer, Busfahrer, Piloten oder Fluglotsen ebenso), aber genauso sicher auch nicht schlechter als vor 10 oder 20 Jahren. Auch die Drohung von Ärztefunktionären, ohne garantiertes Einkommen müssten Mediziner zu unseriösen Praktiken flüchten, kann man doch wohl nur als Scherz begreifen. Man stelle sich einmal vor, Automechaniker oder Steuerberater wollten höhere Löhne oder Schutz vor Konkurrenz mit dem Argument erzwingen, dass sie andernfalls, um ihre Existenz zu sichern, schlampig arbeiten oder betrügen müssten! Die Sorge von Bundesärztekammer-Präsident Vilmar, im Kielwasser eines „erbarmungslosen Konkurrenzkampfes" im Gesundheitswesen könnte ein „revolutionäres Potential" heranwachsen, das unser freiheitliches Gesellschaftssystem „tiefgreifend verändern", ja „die Grundfesten unseres Staates ins Wanken bringen" könne, ist also nicht ganz ernst zu nehmen. Konkurrenz und Wettbewerb, vor denen Ärzte sich so fürchten wie der Teufel vor dem Weihwasser, sind ganz im Gegenteil das Lebenselixier jeder freien Gesellschaftsordnung, und es ist allerhöchste Zeit, dass auch der Medizinbetrieb selbst einen Schluck von dieser Medizin erhält.

37. Im Land der Panikmacher und Hypochonder

■ *Handelsblatt*, 15. November 2001.

Neben „Kindergarten", „Nazi" und „Blitzkrieg" gehört das deutsche Wort „Angst" zu den wenigen Ausdrücken unserer Sprache, die man auch im Ausland kennt. Und wie die Terroranschläge des 11. September zeigen, gibt es auch gute Gründe, Angst zu haben.

Für die weitaus meisten Panik-Attacken, die periodisch unsere Gesellschaft überfallen, gibt es aber keinen rationalen Grund. Die kürzliche, geradezu groteske Überreaktion auf vermeintliche Milzbranderreger auch in der Bundesrepublik wäre selbst dann unangebracht gewesen, wenn in den verdächtigen Briefen, die im Oktober ganze deutsche Städte lahmgelegt hatten, tatsächlich Erreger aufgefunden worden wären.

Wenn wir die amerikanischen Verhältnisse auf Deutschland übertragen, hätten wir dadurch vielleicht ein Dutzend Todesopfer zu befürchten – für die Betroffenen ohne Zweifel eine Katastrophe, aber für eine Gesellschaft als ganze, in der jährlich 500 Menschen in Baggerseen ertrinken, 600 verbrennen, 1.000 ermordet werden, 4.000 tödlich von Haushaltsleitern stürzen und 8.000 unnötig durch Verkehrsunfälle sterben, eher eine Randerscheinung.

Unsere Angst vor vielen Gefahren ist oft umgekehrt proportional zu den Gefahren selbst. Natürliche oder freiwillig übernommene Risiken werden häufig unterschätzt. Die meisten menschengemachten oder aufgezwungenen Risiken bauschen wir dagegen eher auf. Ob Pestizide in der Babynahrung oder BSE-Erreger in Hackfleischbrötchen, ob krebsverdächtige Weichmacher in Beißringen für Kleinkinder oder Uran in NATO-Munition, die hiervon ausgehenden Gefahren werden im Vergleich zu den in der Natur vorkommenden Risiken und Giften ungeheuer überschätzt.

Auch wenn noch so viele Menschen an Salmonellen, Morbus Krohn oder Listerose-Bakterien in der Rohmilch von Bio-Bauernhöfen sterben: Davor fürchten wir uns nicht. Zumindest ändern wir deswegen kaum unsere Essgewohnheiten. Jahr für Jahr sterben über 200 Bundesbürger an Lebensmittelvergiftungen und -infektionen, über 800 ersticken an verschluckten Fischgräten und Schinkenscheiben, ohne dass davon Notiz genommen würde.

Wie das Kaninchen auf die Schlange starren wir vor allem auf die von Menschen verursachten Gefahren und auf die von Menschen hergestellten Gifte wie das berühmte Tetrachlorodibenzodioxin, kurz Dioxin. Obwohl in der Natur mindestens vier Gifte vorkommen, welche die Wirksamkeit des Dioxins um ein Vielfaches übertreffen, bleibt unsere Aufmerksamkeit auf das von Menschen hergestellte Gift gefangen.

Nach einer viel zitierten Arbeit des amerikanischen Biochemikers Bruce N. Ames sind 99,9 Prozent aller giftigen oder krebserregenden Substanzen in unserer Nahrung von der Natur gemacht; angefangen von den 49 natürlichen Giften im guten deutschen Kopfsalat über das tödliche Solanin in den Knollen und Blättern von Kartoffeln, das Nervengift Carotaxin in den Karotten, über Kaffeesäure in Äpfeln, Birnen oder Pflaumen, Chlorogensäure in Aprikosen bis hin zu Perchlorethylen in kaltgepresstem Olivenöl.

Viele dieser Stoffe sind nicht nur giftig, sondern auch als Krebserzeuger oder Chromosombrecher (sogenannte Klastogene) nachgewiesen. Aber darüber scheint sich niemand ernsthaft aufzuregen. Werden dagegen in Dosenbohnen im Supermarkt auch nur kleine Rückstände eines Schädlingsbekämpfungsmittels aufgefunden oder in deutschen Mineralwässern Alkyphenole entdeckt (eine giftige, früher gerne den Waschmitteln beigemengte Chemikalie), dann setzt Herr Bednarz von *Monitor* am nächsten Mittwoch seine bekannte Leichenbittermine auf und verkündet den Skandal.

Die in vielen deutschen Medien zelebrierten menschengemachten Mini- und Midi-Gefahren, die uns tatsächlich oder auch nur vermeintlich bedrohen, wären unseren Vorfahren wie Verheißungen erschienen. Die Beschäftigung damit ist ein Luxus, den sich nur reiche Europäer leisten können, die sich um sauberes Trinkwasser, vernünftige Schulen für ihre Kinder und eine trockene und im Winter geheizte Wohnung nicht mehr kümmern müssen. Nur ein Gemeinwesen, das Hungersnöte und Seuchen, Analphabetismus, Kriegsgefahr und Wohnungsnot erfolgreich überwunden hat, kann sich gut bezahlte Soziologen leisten, die dicke Bücher über Strahlenrisiken verfassen, kann Milliarden von DM bzw. Euro für die Reduktion von Lärm an Autobahnen, die Asbestsanierung von Schulturnhallen, das unnötige Keulen unschuldiger Kühe oder den Auf- und Abbau ungenutzter Atomkraftwerke ausgeben, die in einem nicht so reichen Land für solche Zwecke niemals zur Verfügung stünden.

Die Wartezimmer unserer Ärzte sind voll von eingebildeten Umweltkranken, die nur deshalb, weil sie viel Zeit und Geld und Muße haben, dem Hobby der Hypochondrie frönen können. Wie viele Menschen, die über Amalgam in ihren Zähnen klagen, findet man in Bangladesh? Wie viele Patienten, die meinen, holzschutzmittelvergiftet zu sein, sieht ein Landarzt in der hinteren Türkei? Solche Wehwehchen können nur Menschen entwickeln, die sich um die elementaren Überlebensbedürfnisse nicht mehr kümmern müssen.

Wenn unsere Medien im Sommer den alljährlichen Ozon-Alarm begehen, leiden auch solche Menschen unter ozontypischen Symptomen, wie Augenreizung, Schluckbeschwerden, Kopfschmerzen und Atemnot, die in Gegenden mit völlig normalen Ozonwerten wohnen; sie kopieren unbewusst und ohne es zu wollen die Symptome, die in den Medien verbreitet werden (ein in der Medizin als „negativer Placebo-Effekt" bekanntes Phänomen).

Als eine Tübinger Ärztin, die in den achtziger-Jahren eine Reihe nicht näher genannter Krankheitssymptome an sich verspürte, in einer sensationellen Report-Fernsehsendung dafür ein Insektizid verantwortlich machte, meldeten sich kurz darauf über 150 Betroffene mit ähnlichen Symptomen. Diese Episode ist auch als „Tübinger Krankheit" in die Annalen der Medizingeschichte eingegangen. Nachdem die Ärztin aus Tübingen weggezogen war, trat auch die Tübinger Krankheit nicht mehr auf.

Statt „Tübinger Krankheit" kann man auch „die deutsche Krankheit" sagen. Wir sind Zeugen einer beispiellosen Desinformationskampagne, die unsere Umwelt kaputtredet, unsere Gesundheit als ständig gefährdet ansieht und ein ganzes Volk zu Opfern des Fortschritts, zu Kranken und Hilfsbedürftigen zu machen sucht. Die Panikmacher kontrollieren große Teile der Medien, predigen auf unseren Kanzeln und dominieren die deutschen Lehrerzimmer. Für einen evangelischen Gesamtschüler, gelegentlicher Kirchgänger, mit Leistungsfach Gemeinschaftskunde, dessen Eltern den *Stern* abonniert haben und der im Fernsehen regelmäßig Magazinsendungen wie *Report* und *Monitor* sieht, bleibt nach der Schule eigentlich nur noch der Selbstmord übrig.

In Wahrheit ging es uns und unserer Umwelt nie so gut wie heute. Das berühmte Waldsterben hat vermutlich niemals stattgefunden. Wir leben immer länger, unsere Atemluft wird reiner, unsere Flüsse sauberer. Seit 1970 ist der Ausstoß an Schadstoffen aller Art, von Ammoniak über Staub und Methan zu Kohlendioxyd oder -monoxyd, republikweit zum Teil drastisch zurückgegangen. Im Rhein schwimmen wieder Lachse, auch Elbe, Weser oder Ems sind heute sauberer als vor 20 oder 30 Jahren, und die Krebsgefahr hat ebenfalls quer durch fast alle Altersklassen abgenommen.

Dass dennoch die Gesamtzahl der an Krebs Verstorbenen gewachsen ist und auch in Zukunft weiter wachsen wird und muss, hat den eher erfreulichen Grund, dass wir immer älter werden. In der vom Krebs besonders stark bedrohten Altersklasse der über 85-Jährigen lebten beispielsweise 1970 in den alten Bundesländern nur 220.000 Menschen, 1995 dagegen über 900.000, fast fünfmal so viel, und vor allem deshalb, und nicht weil Krebs als solcher so viel gefährlicher geworden wäre, sterben heute mehr Menschen als seinerzeit an Krebs.

Man kann also das Argument der Panikmacher geradezu umdrehen und folgern: Je mehr Menschen in einer Region an Krebs versterben, desto länger leben sie in dieser Gegend, desto besser sind dort Ernährung, Umwelt, Medizin und Lebensqualität im Allgemeinen.

Das alles aber scheint die Panikmacher hierzulande nicht zu kümmern. In kaum einem anderen Land der Erde haben Greenpeace-Aktivisten und sogenannte Umweltschützer einen so guten Stand wie in der Bundesrepublik, nirgendwo erzeugen sie eine solche Bremswirkung wie hier. Deutschland ist neben Schweden das einzige Land der Welt mit einem vereinbarten Ausstieg aus der Atomenergie. Nirgendwo auf der Welt ist die Angst vor gentechnisch veränderten Pflanzen und daraus gewonnenen Lebensmitteln größer als in Deutschland.

Laut Umfragen sind nur 30 Prozent der deutschen Konsumenten bereit, Produkte zu kaufen, die gentechnisch gegen Insektenbefall geschützt sind, nicht wissend, dass sie selbst, dass alles, was wir zu uns nehmen, das Ergebnis eines riesigen gentechnischen Experiments ist, das vor Hunderten Millionen Jahren in der Ursuppe der Weltmeere begonnen hat. „Es kann nicht sein", so hatte der nordhessische SPD-Vorsitzende Schlitzberger einmal formuliert, „dass die letzte technische Erfindung, die die SPD insgesamt begrüßt hat, die Erfindung des Farbfernsehers war." Aber es ist so.

Fast alles Neue, Zukunftsweisende in unserem Land, von der Gentechnik über den Transrapid bis hin zu Fortschritten in der Kerntechnik, trifft zunächst einmal auf eine Große Koalition von „Reichsbedenkenträgern" (Mannfred Lahnstein). Ein riesiges freischwebendes Angst-, Protest- und Verweigerungspotential steht wie die Klospülung all denen zur Verfügung, die neue Ideen schon bei der Geburt ertränken wollen.

Die Beweislast für den Neuerer hat sich umgekehrt: In dynamischen Gesellschaften haben die Gegner des Neuen zu beweisen, dass das Neue schadet. In Deutschland haben Neuerer zu beweisen, dass das Neue nicht schadet. Das mag in statischen Gesellschaften wie bei den Inkas in Peru, die es über mehrere Jahrhunderte nicht schafften, das Rad zu erfinden, oder bei den chinesischen Kaiserdynastien, die jahrtausendelang über stets die gleichen Sitten und Gebräuche herrschten, eine akzeptable Politik gewesen sein. In einer Welt, in der Hunderttausende von Ingenieuren, Biologen, Physikern und Chemikern in Kalifornien, Hongkong, Taiwan oder Südkorea Tag und Nacht daran arbeiten, uns technisch und wirtschaftlich zu überholen, führt das in die wirtschaftliche und soziale Katastrophe.

38. Fragwürdige Zwangsarbeiterzahlen

■ Leserbrief in der *Welt*, 13. August 2001.

Während des Zweiten Weltkrieges wurden von Nazi-Deutschland 9 Millionen Menschen zu Zwangsarbeiten eingesetzt, ungefähr ein Drittel der im Archipel Gulag eingekerkerten Zahl. Von diesen Zwangsarbeitern waren am Ende des Krieges noch 8 Millionen am Leben, davon 1,5 Millionen aus Polen, 330.000 aus Tschechien, 1,6 Millionen aus der Ukraine, 2,4 Millionen aus der übrigen ehemaligen Sowjetunion.

Die 1999 noch lebenden unter diesen 8 Millionen Zwangsarbeitern erhalten von der dazu eingerichteten Stiftungsinitiative der deutschen Wirtschaft zusammen 10 Milliarden DM. Die seither verstorbenen können ihre Ansprüche vererben.

Das große Problem ist die Aufteilung der Summe. Geht man von einem Festbetrag von 10.000 DM für jeden Zwangsarbeiter aus, so erhalten diejenigen Länder am meisten, in denen noch die meisten Zwangsarbeiter leben. Damit entsteht für die als Empfänger und Verteiler der Entschädigungen vorgesehenen Organisationen ein Anreiz, hier zu übertreiben. In den meisten Ländern Osteuropas und der ehemaligen Sowjetunion, in denen die meisten der überlebenden Zwangsarbeiter leben, hat es lange keine Volkszählung gegeben, die verfügbaren Statistiken sind ungenau, man ist auf zweifelhafte Schätzungen und Hochrechnungen angewiesen.

Besonders kreativ ist dabei die Ukraine. Die ukrainische Stiftung „Verständigung und Aussöhnung" geht für das Jahr 1997 von insgesamt 575.000 überlebenden Zwangsarbeitern aus, die ukrainische „Nationale Stiftung" zählt Mitte 1999 sogar 596.000 Beide Angaben sind aber mit den Zahlen von 1945 nicht verträglich. Überträgt man die altersspezifischen Überlebenswahrscheinlichkeiten der ukrainischen Bevölkerung auf die Zwangsarbeiter von 1945, so hätte es deren damals über 3 Millionen geben müssen.

Der Verdacht ist also nicht ganz von der Hand zu weisen, dass hier über virtuelle Zwangsarbeiter Gelder eingesammelt werden sollen, die dann wie so oft bei deutschen Hilfeleistungen in die Taschen von mafiösen Organisationen fließen.

Auch die Russen und die Polen übertreiben, die hier reklamierten Zahlen widersprechen gleichfalls allen Gesetzen der Demographie. Halbwegs seriös und nachvollziehbar sind vor allem die Zahlen, die aus Tschechien gemeldet werden – die Alters- und Geschlechtsverteilung der 1999 noch lebenden tchechischen Zwangsarbeiter ist als einzige der osteuropäischen Statistiken mit den Zahlen von 1945 kompatibel. Für diese Seriosität werden die Tschechen nach dem aktuellen Stand der Dinge bitter büßen – der Ehrliche ist wieder einmal der Dumme.

Gewonnen haben dagegen, wenn die Verteilung der 10 Milliarden so abläuft wie derzeit geplant, die Zahlenmanipulateure und auf jeden Fall die amerikanischen Rechtsanwälte, die wie Geier über allen Ansprüchen gegen Deutschland kreisen und sich rund 100 Millionen DM Honorar auf ihre Konten überweisen lassen dürfen.

39. Mythos Marshallplan

■ WISU 11/2002, S. 1393.

Viele Deutsche sehen den Marshallplan immer noch als Auslöser unseres Wohlstands und als einen der Gründe, den Amerikanern ewig dankbar zu sein.

In Wahrheit hat der Marshallplan weit weniger zum deutschen Wirtschaftswunder beigetragen, als die meisten glauben; sowohl sein Zeitplan als auch die gezahlten Gelder als auch die Natur der Güter, die geliefert wurden, machen ihn als Auslöser des Wirtschaftswunders äußerst unwahrscheinlich. Als die ersten Marshall-Mittel 1948 in die westlichen Besatzungszonen flossen, war der Wiederaufbau schon in vollem Gange; die deutsche Wirtschaft, weit weniger durch den Krieg getroffen als im Allgemeinen angenommen, verfügte allen alliierten Bomben und Demontagen zum Trotz schon 1948 über höhere Kapazitäten als 1939, sie hatte Anfang 1948 schon über die Hälfte der Vorkriegsproduktion erreicht, und mit der Währungsreform vom Juni 1948 waren die Weichen unumkehrbar auf Erfolg gestellt – das Wirtschaftswunder wäre mit oder ohne Marshallplan in jedem Fall gekommen. Rund die Hälfte der Güter selber, die im Rahmen des Marshallplans nach Deutschland flossen, waren Dünger oder Lebensmittel. Industrie-Rohstoffe oder Maschinen dagegen waren in eher bescheidenem Umfang vertreten, selbst die Ausgaben für Frachten (120 Millionen Dollar) waren dreimal größer als der Gesamtwert sämtlicher Fahrzeuge und Maschinen, die im Rahmen des Marshallplans nach Deutschland kamen.

Die eigentliche Bedeutung des Marshallplanes ist nicht wirtschaftlich, sie ist politisch: Der Marshallplan signalisierte die Abkehr der Amerikaner von der Morgenthau-Philosophie des Jahres 1944, er zeigte aller Welt das amerikanische Interesse am Fortbestand eines selbständigen und wirtschaftlich gesunden deutschen Staates (nicht allein aus Menschenliebe

– im aufkommenden kalten Krieg war eine stabile Bundesrepublik als Frontstaat/Bollwerk sehr willkommen, zum großen Verdruss der Engländer und ganz besonders der Franzosen, die diese Politik wo immer möglich zu blockieren suchten), und schließlich machte es der Marshallplan den deutschen Politikern und Wirtschaftsführern möglich, in den zu seiner Koordinierung gegründeten Gremien wie in dem Pariser „Committee of European Economic Cooperation" (CEEC) erstmals wieder auf der internationalen Bühne aufzutreten.

Der Marshallplan war gewissermaßen die politische Taufe für das freie Nachkriegsdeutschland, er hat die entstehende Bundesrepublik fest in den Westen eingewoben, und das wurde auch von den Deutschen selber genau in diesem Sinn gesehen. Wie man in den Verhandlungen des 1. Deutschen Bundestages, besonders im Umfeld der Ratifizierungsdebatte zum bilateralen ERP-Abkommen vom 15. Dezember 1949, nachlesen kann, symbolisierte er das Bekenntnis zum Westen und zur westlichen Sozial- und Wirtschaftsordnung; durch das fortwährende Betonen des Marshallplanes haben die damals maßgebenden deutschen Wirtschafts- und Außenpolitiker selbst den Grundstein für die Legende von der Hebammenfunktion des Marshallplans gelegt, die bis heute in unseren Köpfen weiterlebt.

40. Geschichtsfälschung auf Französisch

■ Aus W. Krämer u. G. Trenkler: *Lexikon der populären Irrtümer*, 5. Taschenbuchauflage, München 2010 (Piper) und W. Krämer, G. Trenkler und D. Krämer: *Das Neue Lexikon der populären Irrtümer*, 5. Taschenbuchauflage, München 2004 (Piper).

„Der französische Geschichtsunterricht ist eine Katastrophe." So meint ein Freund von mir, der es wissen muss – er lebt seit langem in Frankreich und kennt das Schulsystem dort sehr genau. Genauso wie man in Deutschland das Asche-auf-mein-Haupt-Getue übertreibt, übertreibt man in Frankreich das Beweihräuchern der eigenen Geschichte, es ist fast nicht mehr zu ertragen. Ich hatte das zweifelhafte Vergnügen, einmal an einem 14. Juli einer Jubiläumsfeier der Erstürmung der Bastille beizuwohnen – ich dachte, das wäre als Satire inszeniert.

Aber die Franzosen meinen es ernst. Dabei wurde die Bastille nie erstürmt, sie wurde friedlich übergeben. Aber derart unspektakuläre Taten taugen schlecht für nationale Feiertage, und so wird es wohl auf ewig beim Sturm auf die Bastille bleiben.

Die offizielle französische Geschichtsbuchfassung der Ereignisse ist so: Am 14. Juli 1789 ziehen einige Tausend Pariser demonstrierend zur Bastille, jener berüchtigten Zwingburg des Königs mitten in Paris, um gegen einen befürchteten Staatsstreich ihres Königs Ludwig und gegen die Entlassung des beliebten Finanzministers Necker zu protestieren; aus der Festung werden sie mit Kanonen und Musketen unter Feuer genommen, deshalb erstürmen sie heldenmutig dieses verhasste Symbol des Feudalismus, unter großen Opfern – in einschlägigen Berichten ist von 100 Toten und ebenso vielen Verwundeten die Rede – und gegen den erbitterten Widerstand der Verteidiger; sie befreien die in den Kerkern der Bastille schmachtenden Gefangenen und läuten so das Ende des Despotismus und eine bessere Zukunft für die Menschheit ein.

Vive la France!

In Wahrheit hat sich aber alles anders zugetragen. Erstens war die Bastille keine finstere Zwingburg, eher ein Luxusgefängnis für noble Scheckbetrüger und andere zwielichtige Blaublüter wie den Marquis de Sade, die dort ihre Diener und nicht selten sogar freien Ausgang hatten. Die wenigen Gefangenen – am 14. Juli 1789 keine zehn Personen – lebten innerhalb ihrer Mauern vermutlich besser als die meisten Pariser außerhalb; es soll sogar vorgekommen sein, wenn wir Gerhard Prause glauben dürfen, dem ich mit dieser Darstellung folge, dass Häftlinge darum baten, noch etwas länger bleiben zu dürfen. Die „Wachmannschaft" bestand aus ein paar Dutzend Invaliden.

Zweitens wollte der Pariser Mob, der sich am 14. Juli 1789 gegen die Bastille wälzte, nicht für oder gegen irgendetwas demonstrieren, geschweige denn diese obsolete Halbruine mit Gewalt erstürmen; man wollte ein paar Kanonen stehlen, die in einem Schuppen neben der Bastille lagern. Jedoch hat der Bastille-Kommandant de Launey diese Kanonen einen Tag zuvor in die Bastille selber überführt, und so sendet man eine Delegation zu de Launey, um zu erkunden, was dieser denn zu tun gedenke.

„Nichts", sagt de Launey in etwa sinngemäß. Er könne den Parisern zwar keine Waffen geben, werde aber auch nicht auf sie schießen, wenn er nicht angegriffen würde. Diese Antwort übermitteln die Delegierten ins Rathaus von Paris.

Währenddessen tun ihre vor der Bastille zurückgebliebenen Genossen aber genau das: Sie fangen an zu schießen. Ob aus Langeweile oder Übermut – sie dringen in einen Vorhof der Bastille ein und beschießen die Invaliden der Besatzung. Die Invaliden schießen zurück, die Angreifer verziehen sich – überrascht ob dieses Widerstandes – zum Rathaus, um die Stadtregierung zum Erstürmen aufzufordern.

Diese versucht erst einmal zu verhandeln: Eine neue Delegation wird losgeschickt, von der Bastille-Besatzung auch freundlich aufgenommen, die über diesen Ausweg mehr als glücklich ist: Man werde die Festung übergeben, vorausgesetzt, die Deputierten seien wirklich Abgesandte der Stadtregierung von Paris.

Diese Frage bleibt aber ohne Antwort; aus bis heute ungeklärten Gründen bleiben die Deputierten im Vorhof der Bastille stehen und weichen dann sogar zurück. Sie selber sagten später, man habe auf sie geschossen, aber vermutlich hatten sie nur Angst gehabt. Denn die Schießerei geht erst nach ihrem Rückzug los, als die zahlreichen Begleiter der Delegierten weiter vordringen und sich nicht um die Warnungen der Besatzung scheren. Die Besatzung warnt nochmals, die Menge dringt nochmals weiter vor, die Besatzung schießt, die Menge, minus einige Tote und Verwundete, weicht zum zweiten Mal zurück, wobei sie die Küchen, Ställe und Wagenschuppen außerhalb der eigentlichen Festung plündern.

Um diese Verwüstung aufzuhalten, gibt die Besatzung einen ersten und einzigen Schuss mit einer Kanone auf die Marodeure ab.

Dafür wird sie nun selber mit Kanonen beschossen. Denn inzwischen hat der Wäschereibesitzer Hulin zwei vor dem Rathaus stationierte Garde-Kompanien überredet, mit ihm vor die Bastille zu ziehen und diese sturmreif zu schießen. Aber dazu kommt es nicht – vorher hisst Kommandant de Launey die weiße Fahne, zunächst als Signal seiner Verhandlungsbereitschaft, dann aber, als Hulin ihm freien Abzug zusichert, zum Zeichen der endgültigen Kapitulation.

Die Invaliden erklären sich bereit, die Bastille zu übergeben – dieses Faktum ist historisch, daran ist nicht zu rütteln, auch wenn man das in keinem französischen Schulbuch liest. Die Tore werden geöffnet, die Besatzung versammelt sich ohne Waffen zur Übergabe auf dem Hof, die Bastille ist kampflos aufgegeben.

Das war nachmittags gegen 5 Uhr. Bis dahin hat es kaum ein Dutzend Tote gegeben – für die damalige Zeit ein eher ruhiger Nachmittag. Hulin und der Kommandant der Gardekompanien, die als Erste die Bastille betreten, nehmen die Kapitulation entgegen – bzw. wollen sie entgegennehmen, denn hinter ihnen dringt ein auf Plündern und Lynchen versessener Mob in die Bastille ein, von den regulären Gardekompanien nur unzulänglich aufgehalten: De Launay und mehrere Invaliden werden umgebracht, und nachdem alles nicht Niet- und Nagelfeste demoliert bzw. weggetragen ist, zieht die Menge triumphierend durch Paris, de Launeys Kopf auf einer Stange voneweg.

So endete der 14. Juli 1789, kein Tag, auf den man unbedingt besonders stolz sein müsste.

Freiheit, Gleichheit, Eigentum

Damit ist der Legenden um die Heldentaten der Revolutionäre aber noch kein Ende. So war etwa, und anders als es Franzosen in der Schule lernen, die Brüderlichkeit nie ein Motto dieser Bewegung gewesen; erst unter Napoleon III., mehr als 50 Jahre nach der französischen Revolution, wurde die Parole »Liberté, Égalité, Fraternité« zur offiziellen Devise der französischen Republik erkoren.

Die Französische Revolution stand unter dem Motto „Freiheit, Gleichheit, Eigentum". In der Erklärung der Bürger- und Menschenrechte vom 26. August 1789 kommt die „fraternité" nicht vor. „Da die Vertreter des französischen Volkes, als Nationalversammlung eingesetzt, erwogen haben, dass die Unkenntnis, das Vergessen oder die Verachtung der Menschenrechte die einzigen Ursachen des öffentlichen Unglücks und der Verderbtheit der Regierungen sind, haben sie beschlossen, die natürlichen, unveräußerlichen und heiligen Rechte der Menschen in einer feierlichen Erklärung darzulegen, damit diese Erklärung allen Mitgliedern der Gesellschaft beständig vor Augen ist und sie unablässig an ihre Pflichten erinnert."

„Diese Rechte sind Freiheit, Eigentum, Sicherheit und Widerstand gegen Unterdrückung", sagt Artikel 2. Und dann fährt die Erklärung mit diversen Definitionen und Detailvorschriften fort: Souveränität „ruht letztlich in der Nation" (Artikel 3), Freiheit „besteht darin, alles tun zu können, was einem anderen nicht schadet" (Artikel 4), Gesetze sind „Ausdruck des allgemeinen Willens", an deren Entstehung alle Bürger ohne Unterschied des Standes und der Religion teilnehmen dürfen (Artikel 6), Rede- und Gedankenfreiheit ist „eines der kostbarsten Menschenrechte" überhaupt („un des droits les plus précieux", Artikel 11). Weitere Artikel legen fest, dass Angeklagte so lange unschuldig sind, bis ihre Schuld bewiesen ist, oder dass niemand aufgrund eines Gesetzes verurteilt werden darf, das es zur Tatzeit noch nicht gab – alles in allem ein bemerkenswertes Dokument, das zu Recht als Wiege der modernen Demokratie gefeiert werden darf.

Aber kein einziger der 17 Artikel dieser Erklärung erwähnt die Brüderlichkeit.

Auch später ist in den offiziellen Dokumenten der Französischen Revolution von Brüderlichkeit keine Rede. Die Verfassung von 1793 benennt als Rechte „Freiheit, Gleichheit, Sicherheit, Eigentum", „fraternité" kommt darin nirgends vor; die Direktorialverfassung von 1795 nennt als Menschenrechte „Freiheit, Gleichheit, Sicherheit, Eigentum", auch hier kommt die Brüderlichkeit an keiner Stelle vor; die Proklamation der Konsuln vom 15. Dezember 1799 zitiert die „geheiligten Rechte des Eigentums, der Gleichheit und der Freiheit," und auch hier ist von Brüderlichkeit an keiner Stelle die Rede.

Bemerkenswert dagegen die konstante Betonung des Menschenrechts auf Eigentum („das Recht, sein Vermögen, seine Einkünfte, den Ertrag seiner Arbeit und seines Fleißes zu genießen und darüber frei zu verfügen", so die Direktorialverfassung von 1795). „Das Eigentum der Patrioten ist heilig", schreibt Saint-Just in den Ausführungsbestimmungen zu den Ventôse-Dekreten von 1794. Artikel 8 der Verfassung von 1793 sagt: „Die Sicherheit beruht in dem Schutz, den die Gesellschaft jedem ihrer Glieder für die Erhaltung seiner Person, seiner Rechte und seines Eigentums zusichert", und auch die Erklärung der Menschenrechte von 1789 lässt an der Bedeutung des Eigentums nicht den geringsten Zweifel: „Da das Eigentum ein unverletzliches und heiliges Recht ist, kann es niemandem genommen werden, wenn es nicht die gesetzlich festgelegte, öffentliche Notwendigkeit augenscheinlich erfordert und unter der Bedingung einer gerechten und vorherigen Entschädigung."

Eine zarte Spur von Brüderlichkeit findet sich allein in einem Beschluss des Direktoriums des Departements Paris von 1793, auf allen Häusern die folgende Parole anzubringen: „Unité, Indivisibilité de la République, Liberté, Égalité, Fraternité ou la mort". Jedoch wurden diese Worte nie zur offiziellen Devise oder zum Kampfruf der neuen Republik, genauso wenig, wie es das Motto der Bundesrepublik Deutschland ist, dass die RAF lebt, oder dass es schade ist, dass Beton nicht brennt, oder dass die 32-Stunden-Woche einzuführen sei, auch wenn wir diese Sprüche auf noch so vielen Häuserwänden aufgeschrieben finden …

Die wahren Sieger des Zweiten Weltkriegs

Am unerträglichsten an dieser unerträglichen Geschichtsfälscherei scheint mir aber die nachträgliche Umstilisierung des mehr als bescheidenen Widerstandes gegen die deutsche Besatzung im Zweiten Weltkrieg zu einer nationalen Erhebung. Denn die französische Résistance war stets nur eine Angelegenheit von Minderheiten, von tapferen, aber nichtsdestoweniger Minderheiten, zur Massenbewegung wurde sie erst *nach* dem Abzug der Deutschen im Sommer 1944.

Allen „Musées de Résistance" zum Trotz, die man dutzendweise heute überall in Frankreich sieht: Die weitaus meisten Franzosen hatten sich mit den Besatzern bestens eingerichtet, ja sie waren mit den Deutschen zumindest anfangs durchaus einverstanden. In keinem von den Deutschen besetzten Land Europas floss die Hilfe für die Nazis so froh und reichlich wie bei unseren Nachbarn links des Rheines: Die Wirtschaft machte prächtige Geschäfte, die Männer mussten nicht mehr kämpfen, man konnte ins Kino, ins Theater gehen, Zeitung lesen: In keinem Land der Welt erschienen zwischen 1941 und 1944 mehr Bücher als in Frankreich (über 9.000 Neuerscheinungen), es entstanden über 150 Filme, die Kabaretts, Theater, Nachtlokale hatten immer Gäste, die Künste blühten; wenn die Franzosen nach England oder auf den Balkan blickten, waren sie ganz froh, dass sie selbst den Krieg nicht mehr zu führen brauchten. Selbst die französischen Kommunisten, die sich gern als stets stramme Gegner Hitlers feiern lassen, waren länger als ein Jahr auf Hitlers Seite: Als Marionetten Stalins konnten sie aufgrund des Hitler-Stalin-Paktes von 1939 schlecht dem Freund ihres Freundes Böses wünschen.

Weiß das heute noch irgendjemand auf der Erde: Von 1939 bis 1941 kämpften Kommunisten und Nazis Hand in Hand.

Erst ab dem deutschen Überfall auf Russland im Juni 1941, als man sich des Schicksals Napoleons erinnerte, und erst recht nach der deutschen Niederlage bei Stalingrad im Winter 1942/43 begannen auch Franzosen, ihre Fahnen in den neuen Wind zu hängen. Aber nie so deutlich, dass es ihren bürgerlichen Frieden hätte stören können, und nur ganz selten unter Risiko für Leib und Leben: Die Zahl der aktiven Résistance-Mitarbeiter betrug nie mehr als 50.000, ein Promille der französischen Bevölkerung, und selbst 1944, als die letztendliche Niederlage der Deutschen schon für jeden klar zu sehen war, war auf aktiven Massenwiderstand in Frankreich nicht zu hoffen – als die Alliierten De Gaulle fragten, ob die Franzosen die geplante Invasion nicht durch zivilen Ungehorsam unterstützen könnten, meinte de Gaulle, dergleichen könnte man vergessen. Selbst für diese eher ideelle Unterstützung seien die meisten Franzosen viel zu feige.

Mangels Masse war die französische Résistance auch militärisch immer unbedeutend; sie war nie eine Gefahr für die Besatzer, die vereinzelten Anschläge auf Eisenbahnen, Brücken und Kasernen wurden – falls überhaupt – als Mückenstiche wahrgenommen. Ein englischer Historiker hat die militärische Wirkung der Résistance einmal mit einer Hummel in der Hose des deutschen Militärs verglichen: nicht eigentlich gefährlich, eine Ablenkung, die den Kämpfer vielleicht irritiert, ihn aber auch am Kampf nicht wirklich hindert; der Zweite Weltkrieg wäre auch ohne Résistance am 8. Mai 1945 zu Ende gewesen.

Aber dafür hat sie jetzt ein Denkmal auch in jedem kleinsten Dorf.

41. Kernkraftwerke erzeugen Schweißfüße

■ *Die Welt*, September 2009.

Kernkraftwerke erzeugen Leukämie. Das sagt eine von der Bundestagsfraktion der Grünen in Auftrag gegebene Studie, die dieser Tage in den deutschen Medien für gehörigen Wirbel sorgt. Zwar weisen die Autoren der Studie selbst ausdrücklich darauf hin, dass aus der erhöhten Leukämiehäufigkeit in der Nähe von Kernkraftwerken keine Kausalbeziehung abzuleiten sei, aber das scheint niemanden zu interessieren und ist auch nicht so wichtig. Denn schon die erste Aussage ist falsch: Die angeblich „signifikant" erhöhten Leukämiefälle bei Kindern und Jugendlichen sind alles andere als signifikant und problemlos auch durch Zufall zu erklären.

Wie alle anderen Krankheiten ist auch Leukämie regional nicht gleichmäßig verteilt – in einer Stadt, in einem Landkreis trifft es mehr Menschen pro hunderttausend als im Landesdurchschnitt, in anderen Städten und Landkreisen weniger. Selbst wenn alle Menschen dem gleichen Risiko einer Erkrankung unterlägen, wäre eine Gleichverteilung äußerst unwahrscheinlich. So beobachtet man etwa schon seit langem, dass sich Lottogewinner in gewissen Regionen unseres Landes häufen.

Wie nicht anders zu erwarten, sind also auch im Umkreis der 80 in der Studie betrachteten Kernkraftwerke die Erkrankungsraten mal höher und mal niedriger als im Landesdurchschnitt. In Deutschland etwa erkranken im Umkreis der Kernkraftwerke Brokdorf, Brunsbüttel, Grohnde, Gundremmingen, Stade und Würgassen weniger Kinder an Leukämie als anderswo, im Umkreis anderer Kraftwerke dagegen etwas mehr. Im Durchschnitt über alle betrachteten Kernkraftwerke liegt die Erkrankungsrate geringfügig über dem Durchschnitt für das gesamte Land.

Anders als von den Autoren der Studie behauptet, ist diese

Differenz aber nicht „signifikant" und sehr leicht auch durch Zufall zu erklären. Die Studie sagt: Wäre nur der Zufall wirksam, wäre diese Differenz sehr unwahrscheinlich. Konkret: Wäre die Leukämiewahrscheinlichkeit im Umkreis von Kernkraftwerken die gleiche wie überall sonst, käme diese Differenz mit einer Wahrscheinlichkeit von weniger als 5 Prozent zustande (das versteht man in der Statistik unter „signifikant"). Daher der Umkehrschluss: Das kann ja wohl nicht sein, die Kraftwerke sind schuld.

In Wahrheit ist die Wahrscheinlichkeit für diese Differenz viel größer, und je nach Auswahl der 80 untersuchten Kernkraftwerke fast schon 100 Prozent. Denn heute gibt es weltweit über 400 aktive Kernkraftwerke und mehrere Milliarden Möglichkeiten, davon 80, so wie in der Studie geschehen, auszuwählen. Der Extremfall ist: Man greift sich die 80 heraus, die zum jeweiligen nachzuweisenden Phänomen am besten passen, hier: in deren Nähe besonders viele Erkrankungen auftreten. Die findet man immer, so „beweist" man auch, dass Kernkraft Schweißfüße erzeugt. Dann tut man so, und verkauft das auch den Medien, als wären diese 80 Kraftwerke zufällig ausgewählt. Unter dieser Voraussetzung ist natürlich die Wahrscheinlichkeit für eine vorgegebene positive Differenz viel kleiner und rutscht schon für minimale Differenzen sehr schnell unter 5 Prozent.

Und so sind auch die 80 in der Studie berücksichtigten Kraftwerke alles andere als zufällig ausgewählt. Nicht notwendig in Betrugsabsicht, denn die Autoren listen sehr wohl auch Fälle unterdurchschnittlicher Leukämievorkommen auf, aber doch so, dass Kraftwerke mit erhöhtem Vorkommen sehr viel leichter einbezogen werden. Denn die in der Fachpresse publizierten Ausgangsstudien, auf die sich die hier diskutierte sogenannte „Metastudie" bezieht, hatten natürlich weitaus größere Publikationschancen bei „signifikant" positiven Ergebnissen, Studien des Inhalts „außer Spesen nichts gewesen" landen bei vielen wissenschaftlichen Journalen heute leider im Papierkorb oder werden gar nicht erst zur Veröffentlichung eingereicht. Dieses Phänomen ist auch als „publication bias" bekannt und hat dazu geführt, dass man vermeintlich „signifikante" Resultate aller Art unter Experten heute gerne diskontiert. Rechnet man dann noch die Leichtigkeit hinzu, mit der man auch bei einem völlig „unschuldigen" Datensatz scheinsignifikante Abweichungen erzeugt (etwa durch Variation des Radius um das Kraftwerk, der je nach Studie mal 15, mal 20, mal 30 km beträgt), so bleibt auch von der aktuellen Leukämiestudie kaum mehr übrig als ein schaler Manipulationsgeruch.

42. Der Fall Lomborg, oder: Die Panik-Mafia schlägt zurück

■ Financial Times Deutschland, Januar 2003.

Anfang des Monats wurde der dänische Umweltkritiker Björn Lomborg von einem „Ausschuss für wissenschaftliche Unredlichkeit" ebendieser Unredlichkeit für schuldig befunden. Sein Weltbestseller The sceptical environmentalist (deutsch: Apokalypse No!) verletze elementare Grundregeln des wissenschaftlichen Anstands; das Buch sei als nicht wissenschaftlich einzustufen.

Lomborgs Vergehen: Er hatte sich verschiedene Weltuntergangsszenarien von Friedens-, Wald- und Klimaforschern einmal genauer angesehen und gewagt zu fragen: Ist das alles überhaupt plausibel? Sind die Fakten hinter diesen Analysen und Prognosen wirklich Fakten? Oder nehmen sich die Warner vielleicht die Freiheit heraus, zur Unterstützung ihrer Warnung unsere Umwelt und deren Zukunft erheblich schwärzer darzustellen, als sie wirklich sind?

Lomborgs Fazit, es verhalte sich tatsächlich so, die so lustvoll im linken Öko-Milieu zelebrierten Untergangsszenarien seien sämtlich unbegründet, hat internationales Aufsehen erregt. Kein Wunder, dass die Panik-Mafia weltweit schäumt. In wütenden Gegenattacken wird Lomborg vorgeworfen, er unterschlage missliebige Zahlen, er unterwerfe seine Analysen nicht dem Urteil seiner Fachkollegen, seine Prognosen zur globalen Erderwärmung, speziell zum CO_2-Ausstoß, stützten sich auf unplausible Daten, es würden keine Wahrscheinlichkeiten für die möglichen Klimaentwicklungen angegeben, er unterschätze das Artensterben, die Präzision seiner Energieprognosen sei unglaubwürdig, seine Analyse des Bevölkerungswachstums einäugig und der von ihm hergestellte Zusammenhang zwischen Waldsterben und saurem Regen wissenschaftlich nicht zu halten.

Wahr an diesen Vorwürfen ist: Viele der von Lomborg – wie von seinen Gegnern – bemühten Statistiken sind intrinsisch unpräzise: Was ist ein Wald? Wann ist ein Baum krank? Wenn 20, 30 oder 40 Prozent seiner Blätter fehlen? Was ist Armut? Was eine Naturkatastrophe? Je nachdem, wie man diese Dinge definiert, sieht die Welt einmal so und einmal anders aus. Und wie alle Prognosen hängen auch die von Lomborg ganz entscheidend von den getroffenen Annahmen zu funktionalen Zusammenhängen und künftigen Zeitverläufen von erklärenden Variablen ab.

Diese Kritikpunkte sind aber nur vorgeschoben. Auch die Forderung, Lomborg möge seine Prognosen doch mit Wahrscheinlichkeiten untermauern, kann man aus der Warte der Statistik nur als lächerlich bezeichnen: Aussagen der Art „Der Wähleranteil von Partei X liegt bei der nächsten Wahl mit 95 Prozent Wahrscheinlichkeit zwischen 40 und 42 Prozent" sind allenfalls bei kontrollierten Stichproben, nicht aber bei Prognosen in die Zukunft möglich. Der Hass, den Lomborg weltweit auf sich zieht, gründet sich vielmehr darauf, dass er das Produktionsprinzip der Panik-Industrie entlarvt. „Je dramatischer wir die Sache sehen, desto besser für die Menschheit", führt etwa ein amerikanischer Klimaforscher als Entschuldigung für reichlich gewagte Trendextrapolationen unseres Wetters an; als Wissenschaftler müsse man „manchmal auch ein bisschen Panik verursachen, damit man gehört wird", pflichtet ihm ein Ozon-Experte aus Deutschland bei.

Es gibt eine Art ungeschriebene Vereinbarung in manchen modernen Wissenschaftlerkreisen, dass im Dienste einer guten Sache die Wahrheit nicht so wichtig sei. Faktentreue als Sekundärtugend, sozusagen. So rechtfertigt das *Deutsche Ärzteblatt* einen Fehler in der AIDS-Statistik – nämlich durch „Kumulieren" die aktuellen Krankenstände höher darzustellen als sie wirklich sind – mit den Forschungsgeldern, die so leichter einzuwerben seien. „Wenn das Kumulieren zu diesem Effekt beiträgt", lesen wir dort schwarz auf weiß, „dann sollten wir es noch eine Weile dabei belassen."

Diese Schwarzmaler fühlen sich nun auf frischer Tat ertappt und heulen entsprechend auf. Von einem Amateur wie Lomborg, der von Umweltforschung nichts verstehe, müsse man sich nicht belehren lassen.

Als ob man, um die Widersprüche der modernen Öko-Propaganda zu entlarven, irgendwelches Expertenwissen bräuchte! Der Wald stirbt? Der Anteil „deutlich geschädigter" Bäume in deutschen Wäldern nimmt seit Jahren ab. Die Krebsgefahr nimmt zu? In fast allen Altersklassen hat die Wahrscheinlichkeit, an Krebs zu sterben, in Deutschland in den letzten Jahren und Jahrzehnten abgenommen. Unsere Flüsse werden zu Kloaken? Seit kurzem fängt man im Rhein wieder Lachse. Die Luft wird immer schmutziger? Ein Blick in das Statistische Jahrbuch zeigt: Der Ausstoß an Schwefel- und Kohlendioxyd, Kohlenmonoxyd, Methan, Staub, Ammoniak und anderen Schadstoffen nimmt seit 30 Jahren stetig ab. Um diese Wahrheiten zu sehen, muss man weder Biologie noch Medizin studieren. Es reicht, die ökologischen Scheuklappen abzulegen und die Augen aufzumachen.

Björn Lomborg hat die Augen aufgemacht. Dafür sollten wir ihm dankbar sein.

Bei Berlin University Press erschienen:

Viktor Mayer-Schönberger
Delete. Die Tugend des Vergessens in digitalen Zeiten
Aus dem amerikanischen Englisch von Andrea Kamphuis
264 Seiten, gebunden, 24,90 Euro (D), 25,60 Euro (A)
ISBN 978-3-940432-90-2
Berlin University Press, 2010

Das digitale Zeitalter ist eines der perfekten Erinnerung: niemals zuvor haben wir so viele Informationen sammeln können wie heute. Google vergisst nie.
Welche Folgen hat diese Entwicklung? Ist das Vergessen nicht ein exzellenter, evolutionär bewährter Mechanismus zur Gewichtung von Informationen? Beeinträchtigt das permanente Erinnern nicht unser Urteils- und Entscheidungsvermögen und damit unsere Entwicklungsfähigkeit? Sind aus ihrem Kontext gerissene Informationen nicht anfällig für Manipulationen?
Viktor Mayer-Schönberger, Professor für Internet Governance and Regulation an der Universität Oxford, öffnet uns die Augen für die Gefahren der ewigen digitalen Erinnerung und zeigt die wichtige Rolle auf, die das Vergessen in unserer Geschichte gespielt hat. Er plädiert für eine genial einfache Lösung: Dateien aller Art mit einem Verfallsdatum auszustatten, damit das Gedächtnis der Menschheit nicht unter der Datenflut zusammenbricht.

»Lesenswert ist sein Ansatz, weil er manches diffuse Unbehagen in klare Worte fasst und die Bedenken in einen evolutionsbiologischen und kulturhistorischen Zusammenhang stellt. Geschrieben mit leichter Hand ist das Buch auch eine unterhaltsame Lektüre.«
Susanne Lindau, c't magazin für computertechnik, Nr. 1, 20. Dezember 2010.

»›Delete‹ liefert eine kritische Sicht auf Entwicklungen, an deren Anfang wir gerade erst stehen.«
Heidi Schumacher, Deutschlandfunk, 11. April 2011.